# 손양원의 유산

## 막내딸이 전하는 가족의 못다 한 이야기

손양원 목사, 정양순 사모의 막내딸 **손동연** 지음

쿰란출판사

## 추천의 글

**김장환 목사**(극동방송 이사장)

한국교회의 위대한 순교자 손양원 목사님도
막내딸에게는 그저 목말을 자주 태워주시던 자상한 아빠였습니다.

부친의 싸늘한 시신을 마주 대한 저자의 삶은
원망과 분노에 흔들렸지만 하나님의 크신 사랑을 통해
치유와 회복을 경험하게 됩니다.
만약 손양원 목사님께서 영어권에서 태어나셨더라도,
애양원에서 어려운 한센 환자를 돌본 것처럼
어려움에 빠진 많은 이들을 하나님의 사랑으로
돌보고 품으셨을 텐데
노벨상을 수상하시고도 남을 분이라고 생각합니다.

남모를 고통과 아픔을 친히 어루만지시며 그 모든 상처를
치유하시는
하나님의 은혜가 이 책을 읽는 모든 분들에게 임하시기를
주님의 이름으로 축원합니다.

**김성락 목사**(작가, 문학박사, 철학박사, 국제대학원대학교 부총장)

  요한계시록 14장 13절 말씀에 이르시기를 "또 내가 들으니 하늘에서 음성이 나서 이르되 기록하라 지금 이후로 주 안에서 죽는 자들은 복이 있도다"라고 하신바 순교자의 피는 교회의 씨앗이었다. 민주주의는 피를 먹고 자란다는 말도 있지만, 진정 교회와 복음은 더더욱 순교자들의 고결한 피를 먹고 자라나 왔음을 세계교회사 및 한국교회사가 이를 여실히 증명하고 있다. 더구나 한국의 순교자 하면 소양 주기철 목사 1897-1944와 산돌 손양원 목사 1902-1950가 아닌가 말이다. 그중에서도 손양원 목사가 피 흘려 순교하실 때 불과 네 살이던 어린 생명이 자라나 이 책을 세상에 내놓았다.

  작금의 시대가 제아무리 책을 가까이하지 않는 시대라고 하여도 경건한 신앙의 도서는 우리에게 선한 영향력을 끼쳐 신앙생활에 커다란 유익을 주기에 충분하다고 하겠다. 특히 '순교자의 신앙열전信仰列傳'은 더없이 중요하다고 보며, 한국이 낳은 세계적인 순교자 손양원 목사님에 대한 은혜롭고 감동적인 도서가 널리 애독되고 있는 것은 주지의 사실이다. 이에 더하여 차제에 쿰란출판사에서 새로이 출간된 본서를 통해 지금껏 밝혀진 바 없는 전혀 새로운 내용들과, 신선하고 영감靈感이 넘칠 뿐 아니라 은혜로우며 놀라운 간증들을 대할 수 있게 되었다는 사실은 하나님의 크신 은혜가 아닐 수 없다.

이 책의 저자요, 김원하 목사의 사모인 손동연은 부친인 순교자 손양원 목사의 각별한 총애를 받았던 막내딸이다. 저자는 아버지의 순교 후, 필설로서는 다 형용할 수 없는 가혹한 고난과 질고의 세월을 성장 과정에서 겪어야만 했다. 이 책에는 그 시절의 상처와 아픔이 적나라하게 묘사되어 있다. 하지만 여기서 그치는 것이 아니라, 크신 은혜로 싸매시며 고치시고 회복시키시는 보혜사 성령님의 은총이 따뜻하게 흘러넘치고 있음이 생생하게 기록되어 우리를 하염없이 감동하게 한다.

"순교자가 진리를 위해 죽는다는 것은, 단순히 한 신앙이나 한 나라를 위하여 죽는 것이 아니라 세상을 위하여 죽는 것이다. 그들의 피는 가장 고상한 주장을 정하게 하기 위하여 흘린 것이요, 그 주장은 불멸의 진리를 살찌우고, 우리로 하나님과 동행하게 하며 거룩한 자유를 얻게 하는 것"이라는 어느 시인의 말처럼, 순교자는 무엇보다도 자신은 악한惡漢이 아님이 입증되고, 결코 바보가 아님도 증언된다. 불합리한 교리는, 순교를 통하여 얻을 수 있는 그런 뚜렷한 증거를 얻을 수 없기 때문이다. 그러니 순교는 단순히 고통을 당하는 행위로 그 신앙을 증명하는 것이 아니라, 당연히 그 이상이 아니겠는가?

그런데 역설적이게도 세상의 방법이란 것은 살아 있는 선지자를 박해하다가도 죽은 순교자를 찬양하기가 일쑤인데, 대부분의 선지자가 살아 있는 동안은 필연적으로 고통에 처해지다 순교를 당하고 나면 추앙받는 일들이 역사 속에서 허다하다.

물론 이 세상에는 순교하지 않은 살아 있는 순교자도 많이 있다. 이는 죽음으로써 진리를 지키는 순교자 외에도 삶에서의 순교자도 산재하다는 의미다. 그렇다면 우리가 이 시대에 살아 있는 삶에서의 순교자로 살아가기 위해서라도 이번 손양원 목사님에 대한 생생한 순교사화를, 친절하고도 섬세한 막내따님의 안내를 통하여 접함으로 순교자의 깊은 영성을 만나게 되기를 간절히 앙망(仰望)하는 바다.

기독교 서적뿐 아니라 한국 출판계를 이끌어가는 이형규 사장께서 맡아 일하시는 쿰란출판사에서 다시 발행되었다는 것도 신뢰감을 한껏 드높이고 독자에게 더욱 친근히 다가가는 계기가 되리라고 본다. 책을 즐겨 읽는 독자 여러분에게 적극 추천하며 일독을 권한다.

**김도봉 목사**(한국호스피스협회장, 영성돌봄교육실천센터 대표)

    손양원 목사님은 한국교회 역사에서 하나님의 말씀을 삶에 그대로 적용하는 존경받는 분이다. 물체 뒤에는 그림자가 있듯이 신앙의 영웅, 헌신자, 순교자의 가족들의 한 부류는 그림자를 따라 깊은 신앙의 발자취를 따르기도 하고 다른 부류는 그림자에 덮여 심지어 불신앙을 갖기도 한다.

    손양원 목사님의 가족들이 순교자인 남편과 아버지를 회상하며 나누었던 실제 이야기와 교훈을 정리하는 작업은 손양원 목사님의 그림자에서 벗어나 자신들의 신앙을 찾아가는 길에서 배우는 살아 있는 간증이다. 손양원 목사님의 막내딸인 손동연 사모님의 《손양원의 유산》을 통해 남은 이미지는, 명예와 부, 명문 가문을 자랑하는 것은 꽃 피고 열매를 맺을 때와 같이 이 땅에 잠시 보이는 표면적 상급이며 고난은 안 보이는 뿌리와 같았다. 더욱이 하늘에 뿌리를 내리는 작업이란, 오직 고난의 원석을 고난의 보석으로 다듬어 본 사람만이 누리는 축복이라는 것이다.

    시대가 영웅을 만든다는 말처럼 민족의 설움과 아픔을 사랑의 용광로로 품어낸 영웅은 우리 뇌리에 깊이 박혀 있다. 이 책을 통해 시대가 영웅을 만들어내지 않아도 우리 주변에 평범한 사람들이 신앙의 영웅으로 성숙해 가는 과정을 가슴으로 읽고 배울 수 있을 것이다.

**김영한 박사**(기독교학술원장, 숭실대학교 기독교학대학원 설립원장, 명예교수)

    손양원 목사 막내딸 손동연 사모의 이번 간증집은 순교자 자녀들의 외적, 내적 고통을 적나라하게 밝혀주고 있다. 이 책은 특히 저자가 겪은 내적 상처의 치유과정을 전하는 내적 치유의 책이기도 하다. 저자는 순교자 딸로서 4살 때 받은 상처로 46년간 방황했는데, 50세 되던 해에 인격적으로 찾아오셔서 치유하신 하나님은 섬세하고 위대하신 분이심을 증언한다. 목말을 태워주시던 아버지가 공산당에 의해 순교하시고 시신으로 누워 계신 장면을 본 네 살배기 딸은 자신이 내버려졌다고 여기며 내면에 깊은 상처를 받았다. 겉으로는 목사의 딸이었으나 내면으로는 아버지를 죽음으로 내버려둔 무정한 하나님에 대한 원망과 반항으로 46년을 지내왔다.

    저자는 인내하시고 기다리시며 치유하시는 하나님을 증언하고 있다: "하나님은 그런 나를 오래 기다려 주셨다. 내가 인식하지 못하는 순간에도 내 마음 문을 두드리고 계셨다. 졸졸 흐르는 시냇물이 조약돌을 둥글게 만들어가듯 서서히 치유해 가셨다" 본문 중.

    이 책에는 베일에 가려졌던 손양원 목사의 아내 정양순 사모에 대한 생생한 증언이 담겨 있다. 저자의 간증 한 구절 한 구절이 영적 무게가 있고 일반 신도들만 아니라 성직자, 영성가들에게도 귀한 영적 교훈을 준다. 이 간증집은 우리에게 몇 가지 사실을 알려 준다.

먼저, 손 목사의 두 아들 동인, 동신의 가족 사랑과 효성, 순교적 정신을 알려 준다. 아버지가 수감되고 끼니가 어려웠을 때 맏형 동인이 잔치 집에서 먹었다고 도시락을 집으로 가져와 끼니를 거른 동생들이 먹도록 한 아름다운 사연은 읽는 이의 마음을 뭉클하게 한다. 효자 맏형 동인과 착한 동생 동신은 높은 꿈을 펼쳐나갈 이십 대의 나이로 평소 이웃이었던 친구가 폭도로 돌변해 이들에 구타당해 피투성이로 순천경찰서로 끌려간다. 두 형제는 "예수 부인하면 살려 준다" 해도 끝까지 신앙을 지켰다. 동인 앞 총구를 막아섰던 동생 동신은 "안 됩니다. 우리 형은 가정을 돌볼 맏형이니 차라리 나를 대신 데려가시오." 하며 울부짖었다. 동인은 동생 동신을 살리기 위해 얼마나 몸부림쳤던가. 동인, 동신은 미국에 시집간 고모가 이들의 재능과 신앙을 보고 미국으로 초청해 이들을 공부시킬 준비가 되어 있었다. 그런데 이들은 이십 대 나이에 안재선에 의해 총살당해 미국 대신 천국으로 갔다. 미국 유학 보낼 두 아들의 순교적 죽음에 대면하여 손 목사는 9가지 감사 답사를 내고 살해범 안재선을 용서하고 양아들로 받아들인 것은 사랑의 원자탄이었다. 이것은 사람이 할 수 있는 것이 아니라 하나님이 주신 사랑의 은혜를 받은 자만이 할 수 있는 특별한 하나님의 일이라는 것을 느낀다.

그다음으로 이 책은, 손양원 목사의 순교적 사랑의 배후에는 순교적 신앙을 지닌 부인 정양순 사모의 신앙이 있었음을 알려 준다. 1940년 9월 25일 신사참배를 거부했다는 이유로 일본 형사가 애양원에서 손 목사의 손에 수갑을 채우고 연행해 갔을 때 정양순 사모는 "여보, 죽도록 충성하이소! 그리하면 생명의 면류관을 네게 주리라 했습니다. 꼭 기억하이소."라며 요한계시록 2장 10절 말씀을 속사포같이 쏟아냈다. "여보, 우리 식구들일랑 아무 염려하지 마이소. 식구들은 내가 돌보고 책임질 테니 가족들 걱정으로 신사참배하지 마이소. 순교도 각오하이소. 신사참배 하면 절대 내 남편 아니니 명심하이소." "내는 주님의 일하다 죽어야지, 약사발 들고 죽지는 않을끼라. 내는 이 땅보다 저 천국에 소망이 있대이." 손 목사 별세 후 애양원이 신사참배 찬반으로 인한 총회의 분열로 참배 지지파 총회에 속하게 되자 사모는 손 목사가 양육했던 성도들을 생각하여 성경에 입각한 보수 신앙을 고수하기 위해 애양원교회 앞에 성광교회를 개척하였다.

또 이 책은, 46년이나 하나님을 원망하고 등진 저자의 내적 치유의 과정을 잘 그려내고 있다. 4살 때 시신으로 돌아온 아버지의 모습을 본 막내딸 저자는 '하나님은 아주 무섭고 잔인한 분'이며, '아버지는 쓸데없는 죽음을 자초한 것'이라고 생각했다. 저자는 "절대자를 향한 원망만이 가득했기에 교회에도 가기 싫었다. 어느 때부터인지 몰라도 교회에 일부러 나가지 않았다. 피아노는 자기 삶의 전부였다. 피아노와 같이 자고, 피아노와 더불어 지냈다. 또 콘트라베이스 통이 아늑한 그녀의 침실이 되었다. 하지만 머리 아픈 증세만 가중시켰다. 생각의 기능이 완전히 마비되는 것은 무서운 일이고 끔찍한 일이었다. 1986년, 그녀의 내면은 식물인간과 같이 되어 결국 국립극장에서의 오케스트라 협연을 마지막으로 교수 생활을 접어야 했다.

50세가 되던 해 가을, 어느 금요일에 저자의 삶은 완전히 뒤바뀌었다. "집사님은 많이 울어야 해요."라고 일러준 내적 치유자를 만나 세 통의 두루마리 휴지를 다 적신 후에야 눈물이 그쳤다. 하나님께서는 그 치유자를 통해 그녀의 길고도 질긴, 단단하게 둥지를 튼 뿌리를 수술하기 시작하셨다. 오십 평생을 괴롭혔던 쓴 뿌리가 마침내 드러났다. 저자는 그동안 "잃어버렸던 나를, 잃어버렸던 시간을 내적 치유로 다시 찾기 시작"했다. 저자는 하나님께 물었다: "이 긴 세월 동안 나를 못 본 척하고, 어떻게 이렇게 처참하게 부서지도록 놔둘 수 있습니까?" "동연아, 잘 들거라. 너를 도와주려 했으나 네가 나를 향해 마음 문을 꽁꽁 닫고 있더구나. 이중삼중으로 철저하게 닫고 있었기에 너를 도와줄 수 없었지. 네가 나에 대하여 너무나도 완고했다"본문 중. 저자는 그 말씀을 듣고 나서야, 내 평생 하나님과 나 사이를 가로막고 있던 휘장이 젖혀져 주님의 얼굴을 대면하는 기분이 들었다고 한다. 오랫동안 닫혀 있던 문이 활짝 열리며 환한 빛이 들어왔다. 주님이 다정한 목소리로 나를 부르셨다. "사랑하는 내 딸아! 동연아, 잘 들어라. 그동안 너는 악에게 속았을 뿐이다!" 본문 중

  이 책은 순교자의 아내와 자녀들이 겪는 외적 생계의 어려움, 그리고 내적, 심리적 상실감과 허탈감의 상처를 잘 설명해주고 있다. 저자는 두 분 언니에게서 찾아볼 수 없는 심한 내적 상처 속에서 46년간이나 하나님에 대한 원망과 불신 속에서 살아 왔다가 인내하시고 기다리시고 치유하시는 하나님에 의하여 내적 치유를 받은 사실을 알려 준다.

  본 저서는 손양원 목사와 그의 아내에 대한 알려지지 않은 사실에 대하여 너무나 귀한 증언을 기독교계에 하고 있다. 순교는 하나님이 주신 은혜로만 할 수 있으며 손양원 목사가 보여 준 사랑은 인간의 성품에서 나온 것이 아니라 하나님이 주신 은혜에 의해서만 이루어진 것을 알려 준다. 이 간증집을 읽는 모든 성도들이 하나님을 원망해온 저자를 46년 긴 세월 동안 기다려주시고 버리지 않으시고 찾아와 치유해주신 하나님의 사랑을 재발견하고 하나님에 대한 인격적 신앙을 돈독히 하리라 확신하며 이 책을 추천한다.

**남성혁 교수**(장로회신학대학교 전도학)

    삶에 고난이 찾아올 때 인간은 하나님을 원망한다. 그 고난은 사랑하는 가족을 떠나보낸 것이거나, 사고를 당하거나, 노력이 수포로 돌아간 것일 수도 있다. 인생에는 셀 수 없이 다양하고 예상하지 못할 수많은 사건과 이유가 있다. 신앙인에게도 고난은 예외가 아니다. 그렇기에 신앙인에게 고난이 찾아올 때 더욱 혼란스러워진다. 언뜻 생각해보면, 사랑의 하나님과 인생의 고난이 함께 있다는 것은 논리적 모순에 빠지는 듯하다. 우리가 고난을 싫어하는 이유는 성경이 말하는 고난의 의미를 오해했기 때문이다. 더 나아가 고난에서 건져달라고 기도하고 구했던 하나님의 성품을 인간중심으로 이해했을 때는 더 큰 원망이 되돌아오곤 한다.

    그러나 종교개혁자 마르틴 루터는 그리스도 예수의 고난과 그의 백성들의 고난을 '십자가 신학'으로 설명한다. 그리스도 예수께서 십자가에서 죽으심으로 사망 권세를 물리치신 것과 같이, 십자가 자체는 죽음이나 도리어 부활의 첫 열매와 영생의 약속을 위한 과정이요 수단이 되었다. 십자가는 기독교 신앙과 예수 그리스도의 상징이 된다. 그러므로 예수님을 따라 고난을 진지하게 받아들여야 하며, 십자가가 신앙인들의 중심이 되어야 한다.

    여전히 우리는 연약한 존재이기에 영원한 하나님 나라를 소망하며 흔들림 없이 살아가기 힘들다. 때로는 넘어지고 쓰러지며 고난의 의미를 도저히 이해할 수 없는 상황에 처하기도 한다. 그러나 홀로 버려진 것과 같은 고난의 삶에 하나님께서 언제나 함께하신다. 하나님은 사랑이시기 때문에, 우리의 고난을 함께 당하시고 우리의 슬픔에 동참하신다. 신학자 알리스터 맥그래스는 고난의 의미를 "우리가 죽음을 면할 수 없는 존재임을 상기시켜 주고, 우리의 본성과 미래에 대해 잘못된 생각을 하지 않도록 경고한다"고 설명한다. 신앙인들이 겪는 많은 고난의 이야기들은 창조주 하나님과 구원자 예수 그리스도 그리고 오늘도 역사하시는 성령님을 잊지 않는 은혜의 장치요 구원의 울타리가 되어 준다.

안타까운 것은, 고난의 여정을 지나온 뒤에야 모든 것이 하나님의 은혜였음을 깨닫게 되는 것이다. 그런 의미에서 '사랑의 원자탄,' '사랑의 사도'라는 이름으로 불린 손양원 목사님과 가족들이 겪은 고난의 여정을 귀한 도서를 통해 살펴보는 일은 매우 중요하다. 저자도 "얼마나 많은 밤을 지새우며 울었는지 모르겠다. 누군가는 나처럼 어리석게 살지 않기를 바라며 하나님께서 내 삶에 역사하신 일, 나를 치유해 주신 간증을 나누고자 한다"라고 고백한다. 중세 저술가인 솔즈베리의 요한_John of Salisbury_은 "거인의 어깨에 앉아 있는 난쟁이"라는 비유를 썼다. 비록 키 작은 이는 멀리 볼 수 없을지라도, 거인의 어깨 위에 올라앉으면 멀리 볼 수 있다. 이 책을 읽는 독자는 아직 인생의 연륜이 짧을지라도, 손양원 목사님이라는 신앙의 거인의 어깨에 올라앉아 하나님의 섭리를 발견하게 될 것이다. 독자들이 모든 인생의 고난을 다 겪기 전에, 혹은 고난 중 힘겨움으로 하나님이 이해되지 않는 순간에 있다면, 신앙의 달려갈 길을 다 마친 손양원 목사님의 여정을 통해 다시 한번 하나님의 은혜를 확인하는 기회가 될 것이다.

**오현철 교수**(성결대학교 설교학, 한국복음주의실천신학회장)

저자에게 아버지는 목말을 태워 주시던 자상한 분이었다. '사랑의 원자탄, 순교자, 원수를 사랑한 자'가 아니라, 우리 동연이 울리지 말고 부흥회 갔다 올 때 기차역에 데리고 오라던 딸바보 아버지였다. 그녀에게 하나님은 잔인한 분이었다. 일본 형사들에게 끌려간 아버지는 5년이 넘도록 집에 돌아오지 못했고, 이후엔 공산당에게 잡혀가 끝내 돌아오지 못했다. 두 오빠, 새 오빠, 어머니도. 세상이 온통 그녀를 중심으로 돌아갔는데 이젠 그녀만 남은 것 같았다. 하나님을 향한 원망과 아버지를 용서하지 못해 죽을 만큼 아팠고 죽지 못해 괴로웠다.

두 오빠와 아버지가 심은 소나무는 죽지 않고 훌륭하게 자라 있었다. 상상할 수 없는 긴 시련의 터널을 지나온 가족, 아버지가 돌아가신 이후 가장 오래 사신 고모, 신사참배를 거부해 퇴학당한 오빠를 기억하는 김옥희 할머니, 어려운 시기를 고스란히 함께 걸어오며 3대가 목사인 가정을 이룬 차병용 목사, 공산당에게 잡혀가 돌아오지 못한 손양원 목사의 마지막 길을 지켜봤으며 당시 예수를 믿지 않았던 차태현 장로, 어머니 판박이 유에스더와 이종수 장로, 어머니가 축복한 어린아이 중 하나였던 문순금 목사, 굳건하게 서서 흔들림이 없었던 어머니 정양순 사모. 모두 죽지 않은 소나무이자 하나님의 퍼즐이다. 그리고 주님이 필요한 불완전한 사람, 하나님의 막내딸 저자 손동연 사모는 마지막 퍼즐이다.

**한홍 목사**(새로운교회 담임목사)
　우리 한국교회 역사에서 절대 잊어서는 안 될 큰바위 얼굴 손양원 목사님. 그 귀하신 어른의 막내딸 손동연 권사님이 쓰신 《손양원의 유산》을 읽으며 순교자의 가족이 겪어야 했던 고통의 무게가 얼마나 컸는지를 알게 되어 너무나 마음이 아팠습니다. 아울러 요즘 우리 시대 크리스천들이 조금의 고통과 박해도 견디지 못하는 약한 믿음을 가진 것이 많이 부끄러웠습니다. 죽음을 두려워하지 않고 하나님께 충성했던 우리 믿음의 선진들이 있어 한국교회의 기적 같은 부흥이 있었습니다. 믿음의 가문은 잠시 방황하고 어려움이 있어도 언젠가는 반드시 성령의 은혜로 치유받고 회복된다는 것을 이 책이 증명해 줍니다. 살아있는 역사의 숨결이 가득한 이 책을 많은 분들이 읽고 위로와 도전을 받으셨으면 좋겠습니다.

**이태선 소장**(미국 시애틀, 아시안 상담치료 서비스[Asian Counseling Treatment Services, ACTS] Executive Director)

내가 손양원 목사님을 알게 된 것은 중학생 때 학교에서 단체관람으로 보았던 영화 〈사랑의 원자탄〉에서였다. 그리고 나병이라는 끔찍한 천형에 대해 안 것은 그보다 일찍 보았던 찰턴 헤스턴 주연의 영화 〈벤허〉를 보고 난 후였다. 하지만 손양원 목사님이 보여 주신 환자들에 대한 한없는 인간애가 나병에 대한 내 편견을 깨뜨렸다.

그리고 나서 손양원 목사님의 막내 따님을 직접 만난 것은 2012년 시애틀 교회에 간증 집회차 오셨을 때다. 시애틀에서 중독치료 상담센터를 운영하고 있는 나는 손동연 사모님이 지난 시절 아픔으로 인한 트라우마로부터 회복한 과정에 지대한 관심을 가지고 있었다. 그러던 차, 얼마 전 사모님으로부터 이 책을 소개받고 밤을 새워 읽어 내려갔다. 손양원 목사님의 일대기를 읽어 내려가면서 어린 시절 보았던 영화 속의 장면들이 겹쳐지고, 그 충격적인 순교에 대한 기억의 파편들이 다시금 억누를 수 없는 감동과 아픔으로 다가왔다. 그리고 책 후반부에 소개된 순교자의 막내딸로서 손동연 사모의 인간적 고뇌와 그로 인한 젊은 날의 정신적 혼란과 아픔은 비록 그 깊이와 정도는 다르지만 삶에서 내가 체험하고 경험했던 지난 시절의 트라우마가 동병상련의 마음으로 폐부 깊숙이 다가왔다.

　이 책의 진수는 바로 이런 저런 아픔을 가지고 오늘을 사는 우리에게 주는 손동연 사모의 메시지일 듯싶다. 바로 회개와 용서, 그리고 사랑이라는 하나님의 묘약이다. 이 책에서 손동연 사모가 일생을 통해 겪었던 자신의 삶에 대한 분노와 세상에 대한 절망을 이겨낼 수 있었던 것도 바로 이 세 가지 묘약을 비로소 발견하면서부터다. 아! 이 얼마나 단순 명료한 하나님의 말씀인가? 이 땅의 기독교인이라면 누구나가 한 번은 읽어야 할 우리 믿음의 바로미터가 될 것이다.

## 저자의 말

 '사랑의 원자탄', '사랑의 사도', '한센인의 친구', '원수를 사랑한 자', '신앙의 용사', '의의 면류관을 쓴 순교자', '하나님을 사랑한 순교자' 이 모두가 내 아버지를 지칭하는 말이다. 내게 아버지는 목말을 태워주시던 자상한 분이었다.
 아버지의 시신을 마주 대하던 그날, 내 삶이 뿌리째 흔들리기 시작했다. '왜 아버지가 저기에 누워 계신 거지?' 작은 몸을 부르르 떨며 주먹을 움켜쥐었다.
 '하나님은 없어! 하나님이 계시다면 이런 일이 일어날 리가 없어. 만약 계신다 해도 분명 잔인한 하나님일 거야!'
 어린 내가 할 수 있는 것이라곤 하나님께 책임을 돌리는 것뿐이었다. 믿고 싶지 않았다. 아버지의 죽음을….

 겉으로는 신실하게 하나님을 믿는 것처럼 살았다. 목사 딸이니까. 하지만 속으로는 하나님을 오해하며 살았다. 사랑하는 아버지를 데려간 잔인한 하나님으로, 아니면 마치 하나님이란 분이 존재하지 않는 것처럼. 내가 부인한다고 하나님이 없는 게 아닌데도 말이다. 나 홀로 어둠 속에 지내며 마음 문을 꼭꼭 닫고 있었다.
 하나님은 그런 나를 오래 기다려주셨다. 내가 인식하지 못하는 순간에도 내 마음 문을 두드리고 계셨다. 졸졸 흐르는 시냇물이 조약돌을 둥글게 만들어가듯 서서히 치유해 가셨다.

　내 인생의 계절을 돌아보면 겨울의 칼바람에 살을 에이듯 고통스러웠던 때도 있었고, 부드러운 봄바람이 불어오는 것처럼 행복한 때도 있었다. 그런데 하나님이 그 모든 계절을 함께 걸어주셨다. 하나님의 인도하심이었다. 그리고 마침내 하나님을 만났다. 오랫동안 숨어 계신 것만 같았던 하나님을 대면하게 되었다. 이렇게 좋으신 하나님을 모르고 산 것을 생각하니, 아니 거부하며 살아온 시간을 생각하니 너무나 후회스러웠다.

　얼마나 많은 밤을 지새우며 울었는지 모른다. 누군가는 나처럼 어리석게 살지 않기를 바라며 하나님께서 내 삶에 역사하신 일, 나를 치유해 주신 간증을 나누고자 한다.

　이 책에는 아버지에 관한 다른 저서에서 공개되지 않은 내용이 담겨 있다. 내가 직접 겪은 주님의 은혜가 토대가 되었다. 처음에는 주님을 원망하는 마음으로 시작했다. 솔직히 '남들처럼 평범하게 살게 하시지, 왜 이렇게 비정상적인 가정에서 태어나게 하신 거예요?' 하는 마음이었다.

　그런데 글을 써갈수록 내 의도와는 전혀 다른 방향으로 흘러가는 게 아닌가? 하나님은 언니의 책에서도 알 수 없었던 내용을 보여

주셨다. 하나님이 원하시는 방향으로 이끄셔서 딱 필요한 시간에 어머니의 믿음의 동지들 중 살아 계신 분들을 다 만나게 되었다. 퍼즐 조각이 맞춰지며 하나의 큰 그림으로 완성되어가듯, 베일에 가려졌던 어머니의 사연을 주님이 활짝 열어 보이셨다. 하나님께서 어머니의 이야기를 이 세상에 공개하길 원하셨던 것 같다.

어머니가 살아 계실 때 어머니로부터 직접 들었던 이야기를 비롯해, 거의 통곡하다시피 하며 옛 이야기를 들려준 나의 형제들, 두 오빠가 순교하기 전부터 우리 집에 기거하던 차병용 목사, 어머니가 자식보다 더 사랑하던 유에스더와 문순금 목사, 이종수 장로, 그리고 그 외에도 많은 분들이 증언해 주셨다. 그분들은 이 믿음의 사연을 들려줄 때 꿈에도 생각하지 못했을 것이다. 훗날 하나님의 일에 이토록 중요한 역할을 하게 되리라는 것을….

마침내 글로 엮어진 것을 보니 하나님께서 세밀하게 지휘하셨음을 부인할 수가 없다. 하나님이 모든 과정을 인도하셨음을 고백한다. 그동안 수많은 기적 같은 일을 체험했지만, 이 책을 쓰며 하나님의 살아 계심과 인도하심을 더 깊이 경험하게 되었다. 하나님께 맡길 때 그가 모든 길을 인도하신다는 것을 의심하지 않는다.

하나님은 내 삶의 지휘자이며 보호자이시다. 이 모든 것이 결코 우연이 아니었다. 하나님께서 왜 이 책을 쓰게 하셨는지 이제야 조금

알 것 같다. 세상을 한 바퀴 돌아 내가 이 땅에서 해야 할 일을 다 마친 기분이랄까. 가족의 일원으로서 내가 겪은 아픔은 결코 우연이 아니었다. 주님을 향한 감사와 찬송이 절로 나온다. 우리 가족의 삶을 통해 하나님의 살아 계심을 나눌 수 있음에 감사할 따름이다.

아버지 손양원 목사와 어머니 정양순 사모.
부모님의 삶이 이 책을 읽는 모든 이들에게 큰 도전을 줄 것이다. 하나님께서 우리 가정에 행하신 일들을 공개하는 이유는 나의 부모님을 우상화하여 높이고자 함이 아니다. 어머니의 신앙을 본받아 자손에게까지 신앙을 잘 전수해 준 이들이 살아 있을 때, 그리고 내 기억이 희미해지기 전에 이 기록을 남기고 싶었다. 그러나 무엇보다 세상과 타협하지 않는 믿음이 이 땅에 전해지길 바라기 때문이다. 하나님만 모든 영광을 받으시기 바란다.

이 책을 통하여 몇 가지 기대하는 바가 있다.
첫째, 상처가 있는 분들에게 하나님의 치유가 일어나길 간절히 바란다. 내적 치유에 도움이 되면 좋겠다. 진정한 치유에 대해 알게 되어 당신에게도 놀라운 치유가 있기를 기대한다.
둘째, 주님을 왜곡하여 보지 않고 사랑의 하나님과 대면하게 되길 바란다. 하나님은 항상 우리를 지켜보고 계신다. 기쁠 때나 슬플 때나, 언제 어디서든 함께하심을 기억하라. 당신이 가장 고통스러운 그 시간에도 주님이 함께하심을 경험하게 될 것이다.

셋째, 미워하는 자를 용서하고 사랑하게 되기를 바란다. 나를 치유해 주신 과정을 돌아보면 반드시 회개와 용서, 사랑이 전제되었다. 가장 중요한 조건이 있다. 먼저 하나님의 사랑을 깊이 경험해야 한다. 당신의 삶에 치유나 용서가 일어나지 않는다면, 하나님의 사랑을 잘 모르기 때문일 수 있다. 책을 읽는 한 분 한 분에게 사랑의 계시를 열어주시기를 간구한다.

마지막으로, 내 아버지와 어머니의 삶을 통해 "네 마음을 다하고 목숨을 다하고 뜻을 다하여 주 너의 하나님을 사랑하라"마 22:37 하신 삶이 어떤 모습인지 알게 되길 바란다. 우리는 천국에 소망을 둔 자로 주님을 만나는 그날까지 신실하게 살아야 한다. 부모님의 삶은 하나님을 향한 사랑의 표현이었다.

나는 손양원 목사의 막내딸이다. 이제는 진실로 살아 계신 하나님 아버지의 막내딸이 되었다. 하나님께서 베푸신 놀라운 은혜라고밖에 달리 표현할 길이 없다. 이번 책은 전판의 내용을 다듬어 불필요한 내용을 정리하고, 3부 나의 치유 이야기를 보완하였다. 모쪼록 아버지의 삶과 우리 가족의 이야기가 잘 전해지기를, 나의 치유 이야기가 회복이 필요한 이들에게 도움이 되기를 바라는 마음이다.

  이 책이 나오기까지 수고해 주신 쿰란출판사에 감사드린다. 내가 그토록 아플 때도 변함없이 사랑해 주고 회복되기까지 인내해 준 남편 김원하 목사와 두 아들 동일, 동화 그리고 사촌 조카 이강훈에게 말로 다 표현할 수 없는 감사를 전하고 싶다.

  마지막으로 이 모든 과정을 인도해 주신 사랑하는 내 하나님 아버지께 모든 찬송과 영광을 올려드린다.

# 차례

**추천의 글 _ 2**
김장환 목사(극동방송 이사장)
김성락 목사(작가, 문학박사, 철학박사, 국제대학원대학교 부총장)
김도봉 목사(한국호스피스협회장, 영성돌봄교육실천센터 대표)
김영한 박사(기독교학술원장, 숭실대학교 기독교학대학원 설립원장, 명예교수)
남성혁 교수(장로회신학대학교 전도학)
오현철 교수(성결대학교 설교학, 한국복음주의실천신학회장)
한 홍 목사(새로운교회 담임목사)
이태선 소장(미국 시애틀, 아시안 상담치료 서비스[Asian Counseling Treatment
  Services, ACTS] Executive Director)

**저자의 말 _ 18**

## 1부_ 막내딸이 본 '내 가족의 모든 것'

1. 애양원에서의 어린 시절 _ 28
2. 내가 태어난 집 안마당에서 _ 32
3. 두 오빠가 순교하다 _ 52
4. 나를 잃어버리다 _ 112

## 2부_ 하늘 상급

1. 어머니의 소망 _ 150
2. 정양순 사모의 순교자적인 삶 _ 157
3. 숨겨진 증인들 _ 224

## 3부_ 치유의 여정, 나의 참회록

1. 토치카가 허물어지다 _ 240
2. 깊고 세밀한 치유 _ 252
3. 하나님의 용서와 사랑 _ 277
4. 나는 하나님의 막내딸 _ 279

**마치는 말** _ 285
**참고문헌** _ 287

1부

'내 가족의 모든 것'
막내딸이 본

# 1.
# 애양원에서의
# 어린 시절

**손양원 목사의 막내딸 손동연**

애양원 바닷가, 동네 어귀에서 맑고 명랑한 목소리가 울려 퍼진다.

"목사 주택 택 택!"

아버지 목말을 타고 함박웃음을 짓던 아이, 따가운 턱수염에 작은 주먹을 대고 '목사 주택 택 택' 외치던 아이, 나 손동연, 내 기억 속 가장 행복했던 추억의 장소로 돌아가볼까 한다.

1947년 4월 13일 오후 3시, 나는 전남 여천군 율촌면 신풍리에 있는 여수 애양원에서 손양원 목사의 셋째 딸이자 막내딸로 이 세상에 태어났다. 아버지는 나를 안고 동네방네 다니며 자랑하셨다고 한다.

"우리 막내딸 예쁘지요? 미인이지요?"

어렸을 적에 하도 아버지가 예쁘다고 해서 나는 늙어서도 내가 예쁜 줄 알았다. 작은언니와 큰언니가 똑같이 하는 말이 있다.

"아버지가 하도 네 자랑을 많이 해서 여수, 순천에서 너를 보러 사람들이 줄지어 왔어."

믿거나 말거나 두 언니가 그렇게 말하는 걸 보면 정말로 아버지가 나를 자랑하고 다니신 게 분명하다. 아버지가 날 예뻐했다는 소리와 온 애양원 식구들까지 날 사랑했다는 이야기는 하도 많이 들어서 어색하지가 않다.

아버지는 설교 강단에서도 내 이야기를 자주 하셨다고 한다. 목회자들은 종종 강단에서 자녀 이야기를 하곤 한다. 그 말을 듣고 있자면 입가에 미소가 지어진다. '우리 아버지도 그러셨겠지' 하는 생각이 든다.

아버지는 우리더러 삼촌 또는 고모라고 부르라던 한센병 환자들이 있는 곳에 우리 집보다 더 많이 가 계셨다. 아버지는 거짓말쟁이였다. 내가 제일 예쁘다고 했으면서 나보다 훨씬 미운 그들을 더 사랑하셨으니까. 어떤 분은 얼굴이 다 뭉그러져 이상하게 생기고, 어떤 분한테서는 지독한 냄새가 났다. 아버지가 그들을 사랑하고 가까이하시는 이유를 다 이해할 수는 없었다. 아버지를 이해하기엔 많은 세월이 흘러야 했고, 믿음이 필요했다.

우리 집은 교회 사택으로 애양원으로 들어가는 길목에 있었다. 차가 다니는 길에서부터 약간의 언덕길을 올라 약 30미터쯤 가면 우리 집이 있었다. 대문에는 '목사 주택'이라는 문패가 붙어 있었다. 나는 아버지의 어깨에 걸터앉아 길 입구부터 언덕길을 올라갔다. 몸을 이리저리 흔들며 재롱을 부렸다. 조그마한 손으로 문패를 가리키며 아버지 턱 밑에 주먹을 대곤 천하를 호령하며 외쳤다.

"목사 주택 택 택!"

사랑받는 딸의 자신만만함이랄까. 의기양양하게 아버지의 목말을 타고 저 높은 곳에서 바라보는 세상은 재미있고 행복한 곳이었다. 세상에 부러울 것이 없었다. 아버지의 수염 난 턱은 내 전용 놀이터였다. 사포처럼 까칠하고 따가운 그 느낌은 어른이 된 이후까지도 내 모든 감각 가운데 생생하게 남아 있다. 아버지가 나를 끔찍이 사랑하시던 증거로, 내 얼굴에, 내 손끝에….

한여름 사택 마당에 있는 우물은 우리 가족들의 냉장고였다. 시원한 우물물이 담긴 대야에 수박을 담가 놓았다가 한참 더울 시간에 수박을 쩍쩍 쪼갰다. 한입 베어 무는 순간 입안에 퍼지는 그 달달함과 시원함이란! 뱃속부터 시원하게 해주는 수박을 먹으며 여름을 보냈다. 얼음 샤워장이기도 한 그 우물가, 물이 어찌나 차가운지 무더운 여름날 우물물 한 바가지만 퍼부으면 금방 입술이 새파래지며 몸이 오들오들 떨렸다. 집 뒤편에는 무명 밭도 있고, 조금 더 가면 땅콩밭도 있었던 기억이 난다.

애양원 뒤편에 밀물과 썰물이 바뀌는 갯벌이 있었다. 바닷물이 들어왔다 나가면서 수많은 꼬막과 바지락을 선물로 깔아놓고 갔다. 우리는 누가 주워갈세라 얼른 바가지를 들고 들어가 한가득 담아오곤 했다. 썰물이 되어 바닥이 딱딱하게 굳을 때면 신발을 벗고 그 위를 거닐었다. 어디서 왔는지 무지갯빛 영롱하던 돌을 발견하곤 보석이라도 되는 것처럼 거실에 한참 놔두었다. 오묘한 푸른빛을 내던 그 돌은 어디로 갔을까?

나는 온 가족의 사랑을 독차지했다. 실수로 우물에 두레박을 빠뜨리곤 들킬까 봐 눈도 못 맞추고 능청스레 거짓말을 했다. 식구들은 그 거짓말조차 예쁘게 봐주었다.

"동연아, 누가 여기 두레박을 빠뜨렸노?"

"몰라, 바람이 불어 빠졌나 봐."

"하하하."

행복한 기억이 가득한 그곳. 얼마 전에 내가 태어난 그 집에 가보니 그 우물은 사라지고 없었다. 그 집에서 유일하게 변하지 않은 것은 두 오빠와 아버지가 함께 심은 안마당의 소나무뿐이었다. 그들이 하늘나라로 떠난 것을 아는지 모르는지 이 소나무는 죽지 않고 훌륭하게 자라 있었다. 언젠가는 아, 어머니, 두 오빠 계신 천국까지 뻗어 올라갈까?

아, 아버지와의 아름다운 추억이 서려 있는 곳, 꿈과 희망과 용기를 심어준 곳, 애양원! 밤이면 수많은 별들이 아름답게 반짝거렸다. 바다에서 들려오던 잔잔한 파도 소리는 또 얼마나 내 마음을 편안하게 해주었는지.

그러나 아버지와 두 오빠의 죽음으로 인해 내 인생이 송두리째 흔들렸다. 큰 슬픔을 안겨준 곳이 되고 말았다. 나의 내면에 가장 쓰라린 기억을 남겨준 애양원. 우리 가족 이야기를 하자면 처음 이곳에 왔을 때로 돌아가야겠다.

## 2.
# 내가 태어난
# 집 안마당에서

**불어온 모진 바람**

애양원은 하나님의 사랑으로 자라는 동산이다. 그런데 나와 우리 가정에는 엄청난 비극을 안겨주었을 뿐 아니라 깊은 슬픔을 심어준 장소이기도 하다. 애양원 남동쪽 모퉁이에 있는 동도섬 한쪽 구석에 삼부자의 묘가 자리를 잡고 있다. 아버지와 어머니를 합장한 무덤과 동인, 동신 오빠의 무덤이다. 왜 그들이 거기에 묻혀 있는가? 이제부터 그 이야기를 하려 한다.

**신사 참배 거부로 끌려가다**

1940년 9월 25일, 둔탁한 군화 소리와 함께 느닷없이 일본 형사들이 집에 들이닥쳤다. 이것이 내가 태어난 우리 집 안마당에서 벌어

애양원 사택에서

진 비극의 시작이다. 수요 예배를 마친 아버지가 집 대문에 들어서자마자 한 형사가 쩨지는 듯한 목소리로 묻는다.

"당신이 손 목사요?"

"그렇소만."

"잠깐 경찰서까지 가셔야겠소."

"아니 무슨 일이오?"

그들은 다짜고짜 아버지의 손목에 수갑을 채우며 말했다.

"일단 서로 가면 알게 될 거요."

형사 둘이 아버지의 양옆 겨드랑이에 손을 끼고 낚아채듯 대문을 나섰다. 아버지는 크게 저항하지 않고 올 것이 왔다는 양 순순히 그들에게 끌려 나갔다. 이 광경을 처음부터 끝까지 지켜본 순임 언니<sub>를 키워준 언니. 작고</sub>가 증언해 준 내용이다. 어머니는 갑작스레 벌어진 일에 경황이 없던 터라 버선발로 아버지를 뒤쫓아갔다.

"여보!"

그 순간 아버지가 뒤를 돌아보며 한마디 던졌다.

"아무 염려 말고 기도나 해주구려!"

끌려가는 상황에서도 아버지의 발걸음은 당당했다. 어머니가 신발도 제대로 못 신고 황급히 아버지의 뒤를 쫓아가자 형사들이 으름장을 놓았다.

"저리 가시오. 저리 비키지 못하겠소!"

그들이 어머니를 아무리 세게 밀쳐내도 어머니는 도리어 크게 외쳤다.

"여보, 죽도록 충성하이소! '그리하면 생명의 면류관을 네게 주리라' 했습니다. 꼭 기억하이소."

어머니는 요한계시록 2장 10절 말씀을 속사포같이 쏟아냈다. 아버지가 끌려가서 어떤 일을 당할지 뻔히 알기에 아버지의 심지를 견고하게 하자는 생각뿐이었다. 마침 집에 있던 순임 언니도 이 광경을 보고는 발을 동동 굴렀다.

"아부지, 아부지! 어떡해요. 어찌 이런 일이…! 아부지, 아부지요!"

순임 언니는 울부짖다시피 이 말을 쏟아내며 뒤쫓아갔다. 아버지가 뒤돌아보며 말했다.

"순임아! 아무 걱정 말거라. 조사받고 곧 올 테니 기도나 해다오."

아버지는 금방 돌아올 테니 걱정 말라는 눈빛으로 어머니를 돌아본 후 묵묵히 끌려가셨다.

그러나 일본 형사들에게 끌려간 아버지는 그 후 5년이 넘도록 집에 돌아오지 못했다.

## 여수경찰서

아버지의 죄목은 신사 참배 거부였다.
당시 일본제국은 한국에 일본 천황을 상징하는 신사를 지어놓고 그곳에 요배절를 하게 했다.

"너는 나 외에는 다른 신들을 네게 두지 말라"(출 20:3).

기독교인들이 신사에 절을 한다는 것은 하나님의 말씀 십계명 중 제1계명을 어기는 것이다.
아버지는 신사 참배가 엄연한 우상숭배 죄이므로 강하게 거부하셨고, 성도들에게도 신사에 절하지 말 것을 분명하게 가르치셨다.
그러니 일본이 아버지를 가만 놔둘 리가 없었다.
여수경찰서로 끌려간 아버지는 취조를 당하기 시작했다.
"그대는 왜 신사 참배를 거부하는가?"
"신사란 일본 황실의 선조인 천조대신을 제사하는 곳인데, 나는 일종의 우상이라고 생각합니다. 우상을 예배하는 것은 우리 교리상 허락되지 않습니다. 기독신자는 하나님의 아들이지, 천조대신 아들이 아닙니다. 기독교에서는 신자가 자기들의 선조에게 제사하는 일도 불의로 알고 있습니다.
성경 출애굽기 20장 3절에 '너는 나 외에는 다른 신들을 네게 두지 말라'고 하였습니다. 이 말씀의 뜻은 첫째, 여호와 하나님 외에 다른 신을 믿지 말라는 것이요, 둘째로 여호와 하나님과 함께 다른 신을 믿지 말라는 것입니다. 또 출애굽기 20장 4절부터 10절에는 "우상을 만들지 말고 또 위로 하늘에 있는 것이나 아래로 땅에 있는 것이나 땅 아래 물 속에 있는 것의 어떤 형상도 만들지 말며 그것들에게 절하지 말며 그것들을 섬기지 말라 나 네 하나님 여호와는 질투하는 하나님인즉 나를 미워하는 자의 죄를 갚되 아버지로부터 아들에게로 삼사 대까지 이르게 하거니와 나를 사랑하고 내 계명을 지키는 자에게는 천 대까지 은혜를 베푸느니라"라고 명하셨습니다.

이처럼 기독교도들이 불의로 생각하는 일을 행하도록 강요하는 정부 방침은 여호와 하나님의 뜻에 가장 위반되는 것으로 하나님의 심판을 받을 때 제일 중한 심판을 받는 것입니다.

일본은 천황을 '현인신'賢人神: 인간의 몸으로 태어난 신이라고 높이 보는데, 성경 이사야 45장 5절부터 6절에서 '나는 여호와라 나 외에 다른 이가 없나니 나밖에 신이 없느니라 너는 나를 알지 못하였을지라도 나는 네 띠를 동일 것이요 해 뜨는 곳에서든지 지는 곳에서든지 나밖에 다른 이가 없는 줄을 알게 하리라 나는 여호와라 다른 이가 없느니라' 하신 말씀에 근거하여 천황을 현인신이라고 할 수는 없습니다."

"그러면 그대가 활동해온 포교는 일본을 국가로 인정하지 않는 의도로밖에 볼 수 없는데, 어떤가?"

"예수 그리스도의 재림으로 당연히 일본 국가뿐 아니라 세계 모든 국가는 멸망될 수밖에 없습니다. 세상에 생존하는 인간을 사랑한다는 점에서라도, 그리스도를 믿음으로 구원을 얻는 것이니 이 땅에 신자를 한 사람이라도 더 많게 하여 될 수 있는 대로 대다수의 인간이 무궁세계에서 영원한 생명을 누릴 수 있도록 하기 위하여 매일 일상 전도하는 것이 그리스도인의 사명입니다. 나는 주의 종으로 무궁세계 실현을 준비하기 위해서 포교, 즉 전도를 하는 데 매진할 뿐입니다."

유일신 종교

손양원

　하늘에 두 해가 있을 수 있고 일국에 두 임군이 있을 수 있으랴
　하늘 우주의 주인공이 어떻게 둘 되겠으며 십자가의 도 외에 구원이 또 있으랴
　세상에는 주인도 많고 신도 많으나 여호와 이외에는 다른 신 내게 없구나
　석가도 유명하고 공자도 대성이나 오직 내 구주는 홀로 예수뿐이니
　내 어찌 두 신을 섬길 수 있으며 예수님 이외에 속죄자 또 어디 있으랴
　이 신을 위하여는 아까울 것 무엇이며 이 주를 버리고 내 어디 가랴


### 고문이 시작되다

　아버지의 말을 들은 취조관은 "이놈 예사 놈이 아니네. 말로는 안 되겠군" 하더니 아버지를 회유하려고 온갖 수단과 방법을 가리지 않았다.
　"손 목사! 한 번 더 기회를 주는데 이 일장기에 절을 하시오. 그렇지 않으면 이곳을 나가기 힘들 거요."

아버지는 "네, 좋습니다. 나는 감옥에 있으나 감옥을 나가나 상관없소. 나는 오직 주님의 말씀대로 사는 사람이고 이곳이나 저곳이나 주님이 함께하심을 믿을 뿐이오" 하고 단호하게 말씀하셨다.

그러자 화가 난 취조관은 뺨을 후려치며 "이놈 말로는 안 되겠네" 하더니 몽둥이로 온몸을 사정없이 두들겨 패기 시작했다. 그러다 혼절하자 찬물을 끼얹어 깨우더니 다시 말한다.

"이 일장기에 절을 해라."

"아니요. 나는 못하오."

이러기를 수없이 반복했다. 아버지는 감옥에서 온갖 고문을 당하면서도 이를 악물고 믿음을 지켰다.

고문 중에는 이런 것도 있었다.

대나무 못을 손톱과 발톱 사이에 꽂아 넣는 것이다. 그러면 아버지는 찢어지는 듯한 절규를 터뜨리며 까무러쳤다.

아버지는 그 와중에도 옥중에서 쓰신 시와 일기, 편지 등을 집에 보내셨다. 그런데 늘 글씨가 삐뚤빼뚤 초등학생이 쓴 것 같았다고 한다. 나중에 알고 보니 고문으로 손이 망가져버렸기 때문이었다.

편지지엔 피와 고름 같은 것이 묻어 있었다.

주기철 목사님 전기에서 마지막에 주 목사님을 덮고 있던 거적에 손발톱이 다 빠져 있었다는 글을 본 적이 있다. 당시 손톱 고문 때문에 헐어버린 손틈에 고름과 상처로 손톱이 빠지게 되었다는 것이다.

후일에 아버지의 신학을 연구하는 학자들이 그 편지의 내용을 확인하기가 어려워 난감해하였다는 이야기를 들었다.

조그만 독방에 갇힌 아버지는 눕지도 못해 늘 앉아 있을 수밖에 없었으며, 추운 겨울날에는 몸이 꽁꽁 얼어붙었고, 영양실조에 독감까지 걸려 사경을 헤매곤 했다.

### 여수교도소

이후 아버지는 여수교도소에 수감되었다. 이곳에서도 고문은 계속되었다.

"다른 목사들은 다 신사 참배를 했는데, 왜 손 목사는 하지 않는 것인가? 어서 이 일장기에 절을 하시오. 그렇지 않으면 이 감옥소를 나가기 힘들 거요."

아버지는 말씀하셨다.

"네, 좋습니다. 나는 감옥에 있으나 감옥을 나가나 어디든 주님이 함께 계시니 상관없습니다."

그런 다음에는 가차없이 극심한 고문이 시작되었다. 그중에는 이런 고문도 있었다고 한다.

온몸에 기름을 바른 후 인두와 담뱃불 등으로 지지는 것이다. 몸이 장사라도 버티기 힘들 텐데 아버지는 이를 악물고 참다 결국 혼절하고 만다. 반죽음이 되는 것이다.

의식이 회복되면 취조관이 또다시 명령한다.

"자, 이제 일장기에 절을 해라."

아버지는 굳게 입을 다문 채 고개를 가로저을 뿐이다.

## 청주교도소

유난히 내 마음에 날카로운 비수처럼 꽂혀 있는 청주.
그쪽 방향으로 볼일이 있어 갈 때면 또다시 악몽이 떠오른다. 어릴 적 어머니에게 들어왔던 한 많은 청주교도소….
아버지는 신사 참배 거부로 여수경찰서에 검속되어 광주구치소, 광주형무소, 경성구치소, 청주보호관찰소 등에서 옥고를 치르다 청주교도소에서 종신형을 선고받았다.
청주교도소는 아버지를 가장 혹독하게 다루었던 곳이다. 내가 태어나기 전의 일이었기 때문에 구체적인 고문에 대해선 아는 바가 없거니와, 아버지조차도 꼭 해야 할 자리에서만 이야기하고 우리 식구에게는 그것에 대해 언급하지 않았다.
어렴풋이 애양원 식구들로부터 듣기로는, 아버지는 성품이 좋고 인품이 좋아 교도소에서 고문을 덜 받았다고 했다. 그래서 나도 그런 줄로만 알았다. 그러나 내가 커서 정확하게 알게 된 사실은, 아버지는 자신이 그렇게 사랑하던 애양원 식구들이 가슴 아파할까 봐 안심시키기 위해 그렇게 말씀하셨던 것이다.

신사 참배를 거부하면 고문이 이어진다. 거꾸로 천장에 매달아놓고 코에 고춧가루 탄 물을 들어붓는다. 그런가 하면 옷을 벗기고 맨몸을 가죽 채찍으로 후려쳐 온몸이 피투성이가 된다.
당시 한때 신사 참배 거부자를 고문하던 고문 기술자들이 갑작스레 돌연사하는 일들이 이어졌다. 우연이라고 보기에는 같은 일이 지나치게 반복되자, 교도소의 고문 기술자들은 서로 이 핑계 저 핑계로 신사 참배 거부자에 대한 고문을 꺼리고 슬그머니 피했다고 한다. 또 당시 신사 참배 거부자들의 강직함이 하도 골칫거리가 되니 형 만기 전에 죽어도 문제 삼지 않겠다는 지시가 있었다. 그리고 특히 손양원을 신사 참배하게 하는 자는 1계급 특진시키는 반면, 못 시키는 자는 목이 달아날 것이라는 명령이 떨어졌다고도 한다.

이 밖에도 책을 쓰기 위해 자료를 찾던 중 당시 고문 방법이 70가지나 되었다는 것을 알게 되었다. 아버지는 오직 한 가지, 신사 참배를 하도록 그토록 고문하며 회유했는데 끝까지 굴하지 않고 믿음을 지켰다. 결국 재판에 넘겨졌고 종국에는 종신형을 받고 감옥에 수감되었다.

몇 년 전이었다. 우연한 기회였지만 아버지의 감옥생활에 대한 전모를 알고 있는 분을 만나게 되었다. 그분은 역사학자로 기독교인이었는데 아버지에 대한 남다른 관심을 가지고 수감생활에 대한 전반적인 기록들을 찾아 보관하고 있었다.

그분이 보내준 자료들을 보면서 나는 경악을 금할 수가 없었다. '내가 이다지도 아버지에 대해 모르고 있었단 말인가?' 물론 아버지에 대한 아픈 기억을 떠올리고 싶지 않았지만, 아버지가 이러한 수모와 곤욕을 치르면서까지 신앙을 지켰다는 것이 내 가슴을 미어지게 했다.

그 자료엔 아버지가 감옥에서 쓴 편지, 설교집, 일기장과 함께 세세한 재판기록도 있었다.


### 아버지의 편지

다음 글은 아버지가 감옥에 있을 때 동인 오빠에게 보낸 편지다.

부산에 있는 아들 동인에게

소자들아, 삼가 죄를 범하지 말아라. 대개 사람이 죄를 범하면 죄의 종이 되어 일생을 고통으로 살게 되느니라. 나는 무엇보다도 너희들이 행여나 죄를 범할까 봐 늘 가슴에 염려한다. 물론 너희들이 그렇지 않을 것만은 의심치 않으나, 행여나 마귀의 세력에 유혹이 될까 봐 아버지 된 나로서 어찌 생각이 없을 수 있겠느냐.

나는 잡혀 있는 중에도 어릴 때부터 주의치 않은 습관적인 죄악과 싸우고 있다. 죄의 씨란 어찌도 이리 무섭고 강한지 이루 말할 수가 없다. 너희들은 깨끗하나 행여나 내 죄가 너희들에게까지 미칠까 하여 주께 간절히 빈다.

성경에 "너희가 죄와 싸우되 아직 피 흘리기까지는 대항하지 아니하고"(히 12:4)라고 훈계하였다.

죄란 가장 두렵고 무서운 것이니, 죄를 범하면 심신이 고민하여 지옥에까지 들어가게 되고, 늘 공포심이 생기고, 기쁘거나 슬프거나 감사하는 마음이 없어지며, 하나님과 사람 앞에 수치를 당하게 되어 부모 형제 친구에게까지 근심을 끼치며 대개는 망신을 당하게 된다. 그러므로 지옥보다 무서운 것은 죄니라. 죄의 값은 사망이니라.

'죄와 싸우되', 즉 죄를 원수처럼 여기고 대적하여 용납하지 말아라. 지금 돈이 의식주 문제를 해결해 주고 황금만능주의로 보배가 되었으나, 이러한 돈으로 죄를 범하게 된다면 보화가 아니라 원수로 알아 대적하여야 한다. 또한 얌전하고 훌륭한 여성이라고 좋아했으나, 그 여자로 말미암아 죄를 범할 경우에는 사랑하는 여자가 아니라 나를 대적하는 원수가 되나니, 그러므로 돈과 여자는 지옥으로 화하게 하는 것으로 여겨 염병같이 피하고 독사같이 멀리함이 제일 방책이니라.

'피 흘리기까지'란 말은 이렇듯이 무섭고 강한 죄악이니 여간한 힘과 노력으로 이러한 죄를 이길 수 없고, 피 흘리기까지의 힘과 의지가 아니면 승리의 맛을 보지 못한다는 뜻이다. 어떤 이는 나는 본래 의지가 약한 자이기 때문에 할 수 없다고 하나, 이런 것은 죄와 싸우기 싫어하는, 고난을 피하는 비겁한 핑계에 불과할 뿐이다. 싸우지 않으면 승리도 없고 이기지 못한 자는 면류관도 없는 반면, 힘쓰는 자는 주께서 도와 승리하게 하신다.

'대항치 아니하고'란 계속적 노력을 의미하는 것으로, 죄는 한 가지를 이겼다고 백 가지 죄를 다 이기는 것도 아니고, 한 번 이겼다고 영구한 것도 아니다. 인생의 3대 원수는 육체의 욕심, 세상의 허영, 마귀의 유혹이니, 이 세 가지 원수를 날마다 때마다 싸워 이겨야 하느니라. 이런 죄를 범하면 금생과 내생에 고통이 될 것을 뻔히 잘 알지만, 흔히 조금 참아보다 나중에 범죄하게 되느니라. 옛 성자들을 보면 무서운 노력과 인내를 지닌 강한 의지의 소유자였느니라.

내 사랑하는 자녀들아, 너희는 부디 아버지를 본받지 말아라. 나는 죄인 중의 괴수요, 못난 자 중 못난 자다. 나는 못난 자나 너희들은 모든 인간 중에 가장 잘난 자 되는 것이 아버지의 소원이다. 이것이 부모 된 자의 사랑의 욕심인 것 같다. 더구나 이러한 시국에 죄를 범치 아니하는 것이 국민의 제일의 길이다. 우리는 기독자이니 모든 모범적 행위와 국민의 의무에 솔선하여 보국 정신에 힘써야 하느니라.

1943년 8월

아버지가 생각하기에, 가장 큰 죄는 하나님을 부인하고 하나님 외에 다른 신을 섬기는 것이 아니었을까? 동인 오빠 역시 끝까지 예수님을 부인하지 않았다. 그 아버지에 그 아들이었다.

### 장병을 피해 도장골로

아버지가 감옥에 가 계신 동안 큰오빠 앞으로 징병통지서가 나왔다. 징병에 끌려가면 동방요배나 신사참배를 해야 했고, 살아 돌아온다는 보장도 없었다. 청천벽력 같은 일 앞에 우리 가족은 어떻게 해야 할지 몰라 하나님께 기도하기 시작했다. 아버지가 평양신학교 시절, 어머니에게 보낸 편지만 보아도 우리 집안 분위기를 알 수 있을 것이다.

> 사랑하는 아내에게
> 사랑하는 동인이는 신사 참배하는 날은 꼭 학교에 보내지 말고, 신사 앞에는 절하지 말게 하며, 나중에 학교에서 알게 되어 퇴학을 시킨다거든 퇴학을 당하면 당하였지 신당에는 절할 수 없으니 꼭 절하지 말라고 동인에게 부탁하소서. 둘째 계명이오니 반드시 못할 일이외다.

아버지가 소학교 때 동방요배를 거부했듯 동인 오빠도 신사참배를 거부하여 결국 소학교 3학년 때 퇴학을 당했다.

동희 언니의 책이 번역된 직후인 2001년경, 텍사스 달라스에 사는 번역자가 언니를 초청해 미국에 간 적이 있다. 언니가 간증을 마치고 나자 허리가 굽은 할머니가 눈물을 글썽이며 찾아왔다.

"손 권사, 내<sub>김옥희</sub> 씨가 소학교 3학년 때인가 싶소. 나는 동인이와 한 반이었는데, 동인이가 신사참배 안 한 일로 퇴학을 당해 울며 집으로 돌아갔었지…"

오빠가 퇴학당한 일은 《칠원교회사》에도 기록되어 있다.

1937년 4월, 칠원보통학교 정문에 신사가 건립되고 관민은 물론 학생들에게까지 신사참배가 강행되자, 칠원교회 성도 자녀들은 이를 거부하였고 특히 세 아이들이 강력 반대를 하였다. 화가 난 교장이 서장과 의논하여 교회 대표인 장로들을 불러 경고한 후 시범적으로 세 학생을 퇴학 처분시켰다. 당시 이 사건은 동아일보에도 기사화되었다. 1937년 10월 21일 자 기사의 내용인즉,

"지난달 22일 생업보국일에 칠원에서는 관민 일체로 신사참배를 하였음에도 불구하고 유독 기독교 신자들만이 불참배 하였기 때문에 경찰당국은 교회 대표로 손종일, 엄주신 양씨를 불러 경고를 하였는데, 지난 15일에는 관민 학생 전부가 신사참배를 하는데 그중 기독교 신자의 자제들이 불참배한 것이 문제가 되었다. 보통학교에서는 즉시 이 사실을 도 학무과에 보고하는 동시에 이들 3명에게 퇴학처분을 내리고 앞으로도 일반생도들의 신사참배의 열성을 고취키로 되었다."

그 후 큰오빠는 마산 창신학교<sub>기독교학교</sub>에 편입되어 간신히 소학교를 졸업했다 한다.

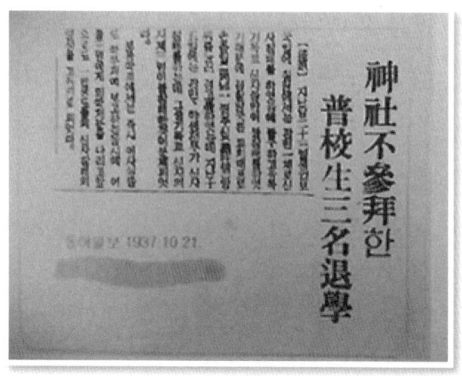

신사참배를 거부했던 손동인, 엄문섭, 엄부섭 퇴학 관련
기사(동아일보 1937년 10월 21일)

    신사참배를 안 하려다 학교까지 퇴학당했던 오빠가 징병 나간다는 것은 말도 안 되는 일이었다. 오빠는 기도 끝에 징병을 가지 않기로 결정했다. 큰오빠를 피신시키기 위해 가족들이 용단을 내렸다. 언니와 동장 오빠는 고아원에 맡겨지고, 어머니는 막내를 업고 큰오빠, 동신 오빠와 함께 남해군 하동면 북방리 골짜기, 소위 도장골이라고 하는 성산기도원으로 피신했다. 이렇게 가족들은 또다시 뿔뿔이 흩어져야 했다.

    도장골은 8.15 해방이 될 때까지 일제 정책에 순응하지 않은 교회 지도자들이나 열성 있는 신자들의 기도동산이요, 모여서 위로하고 믿음을 격려하던 은혜의 동산이었다. 동인 오빠가 징집을 피하기엔 안성맞춤이었다. 동인 오빠와 어머니는 이곳에서 박수재 목사의 인도로 예배드리고 성경을 배우고 기도하다 8.15 해방을 맞이했다. 동인 오빠는 도장골 기도원에서 얼마나 성경을 많이 읽었는지 나중에 하산해서도 국어 실력이 월등했다.

    어느 날, 낮잠에서 일어난 어머니가 동인 오빠를 보고 말했다.

"동인아, 너희 아버지가 형무소에서 곧 나올 것 같구나."

"정말이에요, 어머니? 그러면 얼마나 좋을까요! 무슨 꿈이라도 꾸셨어요?"

"방금 내가 낮잠을 자는데 꿈에, 일본이 망하고 아버지와 주의 종들이 출옥하더구나."

어머니가 이 꿈을 꾸고 얼마 안 되어 바로 8.15 해방이 되었다. 신기하게도 어머니의 꿈이 맞아 떨어졌다.

### 남편 출옥보다 중요한 하나님과의 약속

아버지는 종신형을 받고 형을 살다 해방을 맞아 1945년 8월 17일 출옥하였다.

온 세상은 해방의 기쁨으로 가득했는데, 큰오빠는 해방이 된 줄도 모르고 아직 산에서 안 내려왔다. 어머니는 감옥에 가 있는 아버지를 위해 산에서 작정 금식기도 중이었다고 유에스더<sub>어머니의 제자</sub>가 전해 주었다. 한 성도가 아버지가 풀려난 소식을 전해 주려고 급히 산으로 어머니에게 찾아갔다.

"사모님, 사모님! 기쁜 소식이 있어요. 목사님이 감옥에서 풀려나셨어요. 얼마나 반가우세요? 빨리 내려가 보셔야죠, 빨리요!"

그런데 어머니는 한마디로 단호하게 말했다.

"집사님, 나는 지금 작정기도 중입니데이. 이건 하나님과의 약속입니더. 나는 사람이 중하지 않습니더. 물론 남편도 중하지만예, 하나님과의 약속이 더 중하니 작정기도 끝나고 내려가겠습니더. 먼저 내려가 계시이소."

남편이 5년 만에 감옥에서 돌아오는데도 어머니는 하나님과의 약속을 지킨다며 작정기도 기일을 다 채우고 집으로 돌아왔다. 정말 대단한 여인 정양순, 못 말리는 나의 어머니다. 누구도 따라갈 수 없는 굳건한 신앙을 가졌기에 때론 이해할 수 없는 여인이었다.

아버지가 감옥에 계시는 동안 우리 가족이 부산 범일동 범내골 판자촌에서 살 때의 일을 고신대 이상규 교수로부터 들었다. 어머니는 어린 자식들을 데리고 이곳저곳으로 옮겨 다니며 고생이 극심했다. 그럼에도 부산의 한 교회 집사가 신사 참배에 반대해 투옥되어 있다는 소식을 듣고 그 집에 정기적으로 찾아갔다. 가난한 형편에 쌀 두서너 되, 토란 줄기, 갈치 말린 것을 어떻게든 구해서 베풀었다. 어머니는 감옥에 갇혀 있는 아버지 못지않게 숱한 고생을 하셨다. 그럼에도 어려운 사람 돌보는 일이 먼저였던 것을 보면 그 마음에 긍휼함이 가득했던 모양이다.

해방 후 언니, 오빠들이 다시 학교에 들어가려 했는데 나이가 많아 쉽지 않았다. 아버지 친구였던 나덕환 목사님이 학교에 찾아가 그간의 사정을 이야기해 주어 겨우 들어갈 수 있었다. 큰오빠는 순천사범학교현 순천공고 4학년, 작은오빠는 순천중학교 2학년, 동희 언니는 매산국민초등학교 4학년으로 들어갔다.

동신 오빠는 국민학교 2학년까지인가 다니다 할아버지 밑에서 한문을 좀 배우고 광주로, 부산으로 돌아다니면서 학업을 중단했다. 다시 학교에 들어가게 된 오빠는 12시 이전에 자본 일이 없고 새벽 5시까지 누워본 일이 없었단다. 그러면서도 성경 읽기, 기도, 주일성수는 변함없이 하였다. 두 오빠는 그간 몸은 산으로 피신해 있었어도 매일 기도와 말씀을 봐왔던 터라 영적으로 잘 무장되어 있었다. 오빠들은 산에 가 있으면서 다 표출하지 못했던 하나님을 향한 열정이 불타올랐다. 그 열정으로 승주교회현 순천제일교회 고등부와 유년부 주일학교 교사를 하며 학생들에게 찬송을 가르쳐주었다. 성경도 쉽고 재미있게 가르치니 주일학교가 크게 부흥했다. 큰오빠는 막혔던 둑이 터지듯 복음화를 위해 분주히 뛰어다녔다.

순천시내 기독학생회도 조직했다. 순천여중고, 매산여중고, 농업학교, 사범학교 학생들로 구성된 순천연합기독학생회에서 회장직을 맡았다. YMCA 기독학생회를 조직하여 초대회장이 되고, 노진식가명, 전라도 고흥, 농업고등학생은 부회장이 되었다. 동신 오빠는 순천제일교회 학생회 전도부장으로서 열정적으로 복음을 전했다. 그리고 나의 올케가 될 뻔한 언니 김정혜가 문예부장이었다뒷부분에 이에 대한 설명이 있다. 오빠들이 하나님을 위해 열심히 뛰어다니던 모습이 안재선 일당에게 눈엣가시였던 걸까? 여순 사건 때 좌익이던 안재선에게 살해당하는 단초가 되고 말았다.

## 내가 태어나다

우리 식구들이 봄날과 같은 생기로 충만할 때 내가 태어났다. 아버지 나이 44세, 어머니 39세였다. 아버지는 내가 출옥 기념 선물이라면서 "금이야 옥이야 내 딸, 출옥 기념 선물 내 새끼" 하며 무척 귀여워하셨다. 그 광경을 흐뭇하게 지켜보던 어머니가 물었다.

"여보, 동연이가 그리도 좋습니꺼?"

"아, 그럼! 우리 막내딸인데, 내 출옥 기념 선물인데!"

아버지가 나를 높이 들어올려 뱅그르르 돌리면 난 까르르 웃곤 했다. 그 모습을 보던 가족들도 같이 웃음을 터뜨렸다고 나중에 동희 언니가 말했다. 어머니와 아버지는 물론이거니와 언니 오빠들, 애양원 식구들까지 나를 무척이나 예뻐했다. 온 가족이 다 모인 넓고 둥근 밥상에서 동인 오빠가 나를 손바닥에 올려놓더니 힘자랑을 했다.

"내 동생 예쁘기도 하지."

어머니는 내가 떨어질까 손사래를 치며 말씀하셨다.

"아이구 말아라. 잘못하면 떨어져 다친데이. 큰일 난데이. 아, 근데 저 눈 좀 보이소. 고동 딱가리 같은 눈으로 날 빤히 쳐다보는 거 보이소."

"하하하!"

내가 태어나면서 우리 집엔 웃음이 끊이지 않았다. 동희 언니도 날 얼마나 예뻐했는지 모른다. 언니는 순천에서 공부하다 일주일에 한 번 집에 오곤 했다. 겨울에는 꽁꽁 언 내 손을 언니의 따뜻한 품속에 넣어 녹여주었다. 얼어서 잘 굽혀지지 않던 손이 서서히 온기가 도니 온몸이 따뜻해지는 것 같았다. 언니가 너무 좋아서 무슨 일이 생기면 어머니를 찾지 않고 "큰언니야" 하고 울었던 기억도 난다.

아버지는 나를 껴안고 주무시기를 즐겨 했다. 난 아버지 수염에 찔리는 것이 좋으면서도 싫은 척 그 품을 빠져나가 이 방 저 방으로 도망 다니곤 했다.

"우리 동연이 어디 있노?"

아버지의 목소리가 내 뒤를 바짝 쫓아오는 것 같으면 뒤도 안 돌아보고 신나게 도망쳤다. 그러다 아버지에게 붙잡히던 순간엔 내 발이 붕 떠 마치 그네를 타듯 아버지 품으로 쏙 들어갔다. 아버지는 세상에 나 하나만 있다는 듯 사랑 가득한 눈빛으로 쳐다보며 뽀뽀 세례를 퍼부으셨다. 턱수염이 따갑기도 하고 간지럽기도 하여 조그마한 손바닥으로 아버지의 수염 난 턱을 막다 어느새 포근한 품에서 잠들곤 했다. 어머니 품보다 아버지의 팔베개를 베고 잠든 적이 더 많았을 정도로 이 세상에서 가장 아늑하고 따뜻한 품이었다. 아버지가 부흥회에 가셔서 집에 안 들어오시는 날은 아버지가 너무 보고 싶어 어리광을 부리며 울었다.

"아부지, 아부지. 우리 아부지 어딨어?"

가족들이 날 달래주며 시선을 다른 데로 돌릴 때에야 아버지가 안 계신 것을 잊곤 했다. 아버지는 부흥회에 가실 때마다 방 벽에 이런 글을 붙여놓고 가셨다.

    1. 가정예배 꼭 드릴 것
    2. 새벽기도 꼭 빠지지 말 것
    3. 우리 동연이 울리지 말 것
    4. 부흥회 갔다 올 때 기차역에 우리 동연이 데리고
       마중 올 것

아버지는 가족들이 예배와 기도 중심으로 살 것을 명하시면서도 나를 꼭 챙기셨다. 부흥회를 마치고 집에 돌아올 때면 저 멀리 대문 밖에서부터 날 찾으셨다.

"동연아, 우리 동연이 어디 있노?"

# 3.
# 두 오빠가
# 순교하다

**여수·순천 사건**

1948년 10월 19일, 여수·순천 사건이 터졌다. 사랑하는 두 오빠가 이 사건으로 순교하면서 우리 집은 그야말로 쑥대밭이 되었다.

> 당시 제주 4·3 사건을 진압하기 위해서 여수에 집결했던 군인들 중 공산주의 사상에 물든 남로당 계열의 군인 일부가 반란을 일으켜 무고한 양민을 학살하는 반란군이 되었다. 이 세력에 동조했던 반란군들은 불과 4시간 만에 여수 시내의 경찰서와 각 파출소, 군청, 역 등 주요 기관을 장악할 정도로 기세가 등등했다.
> 순천까지 반란군에 의해서 점령되면서 두 도시는 삽시간에 무법천지가 되고 공산 폭도들의 세상이 되어버렸다. 반란군들은 체제에 대한 불만 세력과 좌익 추종 세력들을 한데 묶

어 인민위원회를 만들어, 자기들에게 동조하지 않는 사람이나 단체는 무조건 잡아죽이는 천인공노할 민족 대학살의 광란극을 벌였다. 어제까지의 친구를 원수로 만들었고, 이웃이 적이 되어 고발하고 보복하는 인민재판이 열리는가 하면, 계속해서 인민대회를 열어 공포 분위기를 고조시켜나갔다. 무고한 양민들을 살상하였고, 기독교인들에게는 전향을 강요했다가 거부하면 처형하였다.

정부군의 파견으로 여순 사건이 진압되었으나 일부 체포되지 않은 자들이 지리산과 백운산 등 험준한 산악지대를 근거지 삼아 남부 지역에서 빨치산 투쟁을 지속하여 4~5년 동안 남한 사회의 저변을 뒤흔들었다.

《손양원 목사의 생애와 사상-사랑의 순교자》 중

## 목격자 순임 언니

두 오빠가 순교하던 날, 순임 언니는 마침 순천 집에 있었다.

밥이 다 되면 김이 모락모락 피어나는 밥 위에 주걱으로 십자가를 그으며 기도 먼저 하고 밥을 뜨던 언니. 이미 작고했으나 살아 생전 자녀들과 우리 가족들에게 남긴 말을 토대로 하여 그때의 일을 기록한다.

토요일이면 대개 순임 언니는 애양원 우리 집으로 갔다. 그런데 그날따라 일이 있어 순천 자취집에 머물러 있었다. 이 장면을 목격하고 나에게 전해 주기 위해서였을까?

순임은 마침 부엌에 있었다. 그때 어디선가 분노로 가득한 목소리가 들려왔다.

"동인이 이 새끼 어디 있어!"

순임은 얼른 밖으로 뛰어나갔다. 여러 명의 학생이 칼과 총, 몽둥이를 들고 쳐들어와 동인을 찾기 시작했다. 방문을 벌컥 열자 마침 방에 있던 동인과 눈이 마주쳤다. 그들은 동인이를 끌어내 다짜고짜 때리기 시작했다. 동인은 금세 피투성이가 되어 고통스러워했다.

"너희들 도대체 왜 이래!"

"몰라서 묻냐? 너 기독학생 회장이지. 게다가 미국 유학을 간다고? 이 친미주의자 새끼."

"나는 예수님을 믿는 사람일 뿐이야."

"시끄러워!"

놈들이 계속해서 동인을 때렸다. 함께 있던 동신이 울부짖으며 말려도 소용없었다. 한참을 얻어맞던 동인이 신음하며 쓰러지자 동신이가 울부짖었다.

"도대체 왜 우리 형님을 때리십니까? 형님이 무얼 잘못했다고 이러십니까? 예수 믿는 게 뭐가 나쁘단 말이오."

"이놈은 뭐야! 너도 맛 좀 볼래?"

그러더니 동신에게도 몽둥이질을 하기 시작했다. 두 형제는 금세 피투성이가 되었다. 놈들이 방안으로 뛰어 들어가 사방을 뒤지기 시작하더니 물건과 가방을 마당에 패대기쳤다. 순임은 무서워서 어찌할 바를 모르고 서 있었다. 그들은 두 형제를 실컷 때리다 대문 밖으로 끌고 나갔다. 순임은 어찌할 바를 모르고 발만 동동 굴렀다.

일당은 피투성이가 된 두 형제를 순천경찰서로 끌고 갔다. 순임은 숨을 죽이며 먼발치에서 뒤따라갔다.

또 다른 곳에서는 동수<sub>동림</sub> 언니가 이 장면을 목격했다. 우리 가

손동인　　　　　　손동신

족 두 명이나 오빠들의 순교 현장을 목격한 셈이다. 동수 언니도 이 장면을 목격했으리라곤 아무도 생각하지 못했다. 이 글을 써 내려갈 때에야 동수 언니가 아직도 생생한 이야기를 조금씩 꺼내기 시작했다.

## 동수 언니의 고백

수십 년이 흐르도록 입 밖으로 꺼낼 수 없었던 기막힌 이야기!
작은언니 동수의 기억 속에는 두 오빠가 폭도들에게 두들겨 맞던 장면이 그대로 저장되어 있었다. 이제야 하는 말이지만 동수 언니는 오빠들이 죽은 이후 밤마다 그때의 광경이 떠올라 몸서리쳤다고 한다. 동희 언니만큼이나 상처가 깊었을 텐데, 어떻게 그 오랜 세월 아무런 내색도 하지 않고 묵묵히 지냈을까. 이제라도 터놓을 수 있어 다행이다.

1948년 10월 21일, 따사로운 가을 햇볕이 내리쬐던 날.
동희 언니는 가을소풍을 가고 두 오빠는 학교에 가고 없었다. 아홉 살 동수는 친구와 놀러 나갔다. 길가 여기저기에 떨어져 있는 총알 껍데기가 마냥 신기해 잔뜩 주워 치마폭에 담았다.

"영자야, 너 총알 껍데기 몇 개 주웠냐? 나는 10개 주웠지."

이러면서 가위바위보 놀이를 하며 집으로 돌아오는 길이었다. 골목에 막 들어서는데 웅성웅성 소리가 들려왔다. 다른 때와는 다르게 뭔가 이상했다. 치마폭에 싼 총알 껍데기가 바닥으로 쏟아지는 것도 모른 채 급히 집으로 뛰어갔다. 웬 비명소리와 함께 사람들이 집 쪽에 둘러서서 웅성거리고 있었다. 무슨 일인가 머리를 들이밀고 구경하려는 찰나, 옆방에 세 들어 사는 양 집사가 급히 뛰어와 동수의 손을 잡아끌었다.

"동수야, 지금 집에 들어가지 말거라. 너희 두 오빠가 누구에겐가 심하게 얻어맞고 있다. 지금 들어가면 너까지 큰일 난다!" 하며 급히 옆집으로 피신시켰다.

동수는 오빠들이 걱정돼 참을 수가 없었다. 어떻게든 오빠들을 봐야 했다. 담 너머로 살짝 보려 해도 키가 닿질 않으니 마음만 더 다급해졌다. 그때 저쪽에 있는 기왓장이 눈에 들어왔다. 몇 개를 가져와 포개어놓고 발을 딛고 올라갔다. 위쪽에 조금 벌어진 담 틈 사이로 안을 들여다본 순간 으악! 비명을 지를 뻔했다. 그 장면을 지켜보는 동수의 몸이 두려움으로 덜덜 떨렸다. 소리가 새어 나올까 두 손으로 입을 꽉 틀어막았다.

또래처럼 보이는 사람들이 두 오빠를 광 쪽에서 몽둥이로 마구 후려치고 있는 게 아닌가! '퍽! 퍽!' 때리는 소리와 함께 피가 튀었다. 오빠들의 고통스러운 신음이 동수의 귓전을 때렸다. 얼마 전 작은오빠가 하던 말이 머리에 스쳐갔다.

"동수야, 오빠 엉덩이에 뾰드락지가 나서 너무 아파 앉을 수도 없단다."

'오빠가 아프다고 했는데 저렇게 마구 때리면 얼마나 고통스러울까?' 동수는 너무 무서웠다. 마치 자신도 같이 얻어맞고 있는 것처럼 고통스러웠다. 한편으로는 다행이라는 생각도 들었다.

'총알 껍데기를 주우러 안 가고 집에 있었다면 나도 저렇게 마구 맞았을 거야…'

다리가 후들거리며 그 자리에 털썩 주저앉아 버릴 것만 같았다. 동수의 머릿속을 스쳐가는 기억이 또 하나 있었다. 얼마 전 배에 화상을 입었을 때 오빠가 밤새도록 잠 한숨 안 자고 돌봐주었던 일이다. "우리 동수 얼마나 아플까?" 하며 약을 발라주고 간호해 주던 오빠가 피투성이가 되어 있다는 게 믿기지가 않았다.

동수가 다시 울타리 틈으로 마당을 들여다보는데 오빠를 때리는 놈의 얼굴이 눈에 들어왔다. 너무 놀라 입을 다물 수가 없었다. 얼마 전에 우리 집에 놀러 왔던 큰오빠의 친구였다. 몽둥이를 들고 잔인하게 오빠들을 때리는 놈은 바로 안재선이었다! '설마 아닐 거야' 하며 눈을 비비고 찬찬히 다시 보아도 마찬가지였다.

동수 언니는 당시에는 그의 이름을 몰랐고, 그가 나중에 우리 집에 양자로 왔을 때에야 안재선이란 걸 알아봤다고 했다. 부모님이 언니에게 안재선을 오빠라고 부르라고 했으니, 언니가 얼마나 힘들었을까?


**나의 올케가 될 뻔했던 언니**

세월이 많이 지나 두 오빠의 순교 현장을 생생하게 목격한 또 한 사람을 만나게 되었다. 동인 오빠가 죽지 않았다면 내 올케가 될 뻔했던 여인이다. 오빠들이 죽은 지 몇십 년이 지나서 그녀를 통해 생생한 이야기를 들을 수 있었다. 내가 대치동 은마아파트에 살 때 동희 언니와 함께 그녀가 찾아왔다. 1980년경이었으니까 오빠들이 순교한 지도 꽤 오래된 때였다. 전에 동희 언니의 간증을 들었는데, 언니가 잘 알지 못하는 사실이 있어 증언해 주기 위해 왔다고 했다.

이름은 김정혜가명다.

언니는 오래전 동인 오빠로 인해 가슴 아팠던, 오랜 세월 묻어두었던 이야기를 털어놓았다. 오빠가 죽을 당시의 목격자들은 많았다. 그러나 마지막 모습에 대해 정혜 언니만큼 정확하게 말해준 사람은 없었다. 두 오빠는 순교할 때 부둥켜안고 죽었다고 했다. 큰오빠가 "하늘 가는 밝은 길이 내 앞에 있으니"라는 찬송을 부른 후 "아버지여 내 영혼을…" 하며 순교한 사실도 알려주었다.

언니는 오빠가 하늘나라로 간 지 몇십 년이 지났는데도 그때 이야기를 쉽게 꺼내지 못했다. 아무리 세월이 약이라지만 표정과 행동을 보니 오빠의 일을 아직도 잊지 못한 듯했다. 가라앉은 분위기에서 착잡한 심경이 그대로 전해졌다. 나는 무슨 말을 해야 할지 몰랐다. 동희 언니도 아직까지 오빠 잃은 슬픔을 간직하고 있는데 그녀라고 왜 그렇지 않겠는가. 내가 먼저 물었다.

"결혼은 하셨지요?"

"네, 결혼해서 두 아들이 있어요."

오래전 일이니 물으나 마나 한 이야기였다. 오빠가 순교한 후 무척이나 맘고생을 했단다. 정혜 언니가 겪었을 아픔을 생각하니 마음이 아팠다.

그렇게 잠시 이야기를 나누고 헤어진 후 한참이나 연락이 끊겨 만나지 못했다. 이 책을 쓰기 시작하며 다시 언니를 만나게 되었다. 우리 집과 얼마 떨어지지 않은 교회에 권사로 계셨다. 날을 잡아 그 교회로 찾아가 주일예배를 드리고 교회 식당에서 마주 앉았다. 그동안 우리 아버지에 관한 오페라나 연극, 음악회 등에 빠지지 않고 다녔다고 했다.

예전에 만났을 때만 해도 과거 일에 대해 괴로워하며 깊이 이야기하길 회피했었다. 긴 세월이 약이었을까, 아님 나이가 들어서일까. 30여 년의 시간이 흐른 지금은 비교적 담담하고 차분한 분위기로 말을 이어갔다. 86세의 정혜 언니는 아직까지도 기억이 또렷했다.

어찌 그날의 일을 잊을 수 있을까? 우리 가족과 정혜 언니를 비참한 수렁으로 몰아넣은 그 사건을 회상하던 언니는 감정이 북받치는지 눈을 지그시 감았다. 이젠 다 잊었다고 말하지만 속눈썹 끝에 눈물이 반짝였다. 숨을 고르고 감정을 절제해 가며 울먹이듯 그날의 이야기를 하나둘 풀어놓았다.

동인과 정혜는 아버지들끼리 혼인을 약속한 사이였다. 동인은 기독학생회장, 정혜는 기독문예부장중3으로 당시 기독학생회 임원은 다 목사님의 자녀들이었다.

동인은 노래를 잘했고 트럼펫도 잘 불어 무대에서 연주도 많이 했다. 잘생기고 믿음과 정의감에 불타는 성격이라 여학생들에게 무척 인기가 많았다고 한다.

하루는 아버지가 동인을 불렀다.

"동인아, 봉연 고모미국에 이민 간 고모가 한국에 와 있었다가 네가 노래하는 소리를 듣더니 미국으로 유학 보내라고 하더구나. 목소리가 너무 좋고 아깝다고. 학비는 고모가 대준다고 하는데 마땅한 처녀가 있으면 약혼하고 공부하러 가는 게 어떠냐? 혹시 마음에 둔 처자가 있느냐?"

"아버지, 정혜가 참 괜찮은 애라고 생각하고 있었어요. 믿음도 좋고요."
　아버지는 동인의 의견을 듣고 난 후 정혜의 아버지를 만나 구체적으로 이야기를 나눴다. 아버지들끼리 약속이 된 것을 동인은 알고 있었기에 기독학생회 부회장인 노진식에게 이런 말을 했다.
　"나 보성교회 목사님 딸 정혜랑 결혼해서 유학 갈 거다."

　이 내용은 얼마 전 아버지 기념관에 노진식 씨가 관람을 왔다 말해주어 전해 듣게 되었다. 정혜 언니에게도 물어보니 "아, 노진식?" 하며 그를 기억하고 있었다. 차병용 목사도 정혜 언니 이야기를 들은 적이 있다고 했다.

　정혜는 둘 사이에 결혼 이야기가 정식으로 오갔다는 것을 동인이 죽고 난 뒤에야 자신의 아버지로부터 듣게 되었다. 생각해보니 그동안 이해가 안 되던 일들이 종종 있었다.
　하루는 정혜의 아버지가 그녀를 불렀다.
　"정혜야, 너 대학을 무슨 과로 가려느냐?"
　"약학과에 가고 싶어요."
　"아버지 생각에는 영문과에 가는 게 좋을 것 같구나."
　"왜 그러세요, 아버지?"
　아버지는 구체적인 말씀은 하지 않고 영문과에 가라고만 권유하였다.
　"아버지, 저는 약학과에 가고 싶은데 왜 자꾸 영문과를 권하세요?"
　재차 물어도 아버지는 빙그레 웃으시기만 하였다. 정혜는 '약학과가 인기 있는데 왜 아버지는 영문과에 가라 하실까? 참 이상하다' 하면서도 아버지 말씀에 순종해 영문과에 가기로 했다.

정혜는 동인이 죽기 3일 전에 꿈을 꿨다. 작은 교실에서 동인과 이야기를 하고 있었다.

"정혜야, 나 먼 길 간다. 내가 갔다 올 때까지 몸 건강히 잘 있어라. 하나님께서 너와 함께하시길 기도할게. 나는 갈 길이 너무 바쁘니 이제 가야겠다."

"나도 같이 가요. 나도 데리고 가요."

정혜가 애원하다시피 말했지만 동인은 손을 흔들며 이미 저만치 가고 있었다. 정혜가 동인의 뒤를 쫓아가려는데 안재선이 교실에 드러누워 있었다. 그가 동인에게 말했다.

"동인아, 어딜 가냐? 도대체 어딜 가는데 너만 가냐?"

"너는 따라올 수 없는 데다. 따라와서도 안 되고 너하고 상관없는 곳이야. 너와 나는 다른 인생이니 알 필요 없어."

동인은 부드러우면서도 단호하게 말하며 손을 흔들며 떠나갔다.

이 외에도 정혜 언니와 동인 오빠는 꿈속에서 많은 이야기를 주고받았다. 마치 방언하는 듯했단다. 꿈에서 깨고 나니 전혀 기억이 안 나는 부분도 있고, 무슨 말인지 모르는 부분도 있었다. 가뜩이나 세월이 흐르면서 자연스레 잊힌 부분도 많아 아쉬운 마음이 들었다. 나로선 진작 정혜 언니를 만나 더 생생하게 들었으면 좋았겠다 싶어 안타까웠다.

정혜 언니는 당시 꿈이 하도 이상해서 새벽기도가 끝난 후 동희 언니에게 꿈 이야기를 했다고 한다. 지금은 동인 오빠가 죽기 3일 전 일이라는 것을 알지만 당시에는 몰랐으니까. 그런 꿈을 꾼 것이 신기할 따름이다.

## 기독학생들이 모이다

1948년 10월 21일, 아침부터 순천에 있는 기독학생회에서 릴레이 연락이 왔다.

"기독학생회 학생들의 단합된 힘을 보여주려 하니 무조건 순천경찰서 앞으로 모여라!"

다들 영문도 모른 채 시국이 시국이니만큼 뒤숭숭한 마음으로 경찰서 앞으로 모였다.

며칠 전부터 온 시내가 시끄러웠다. 거리 곳곳이 전쟁터와 같았고 많은 사람들이 모여 있었다. 정혜는 문득 엊저녁에 있었던 일이 생각났다. 친구들과 함께 저녁을 먹는 자리에서 안재선이 미치광이처럼 소리를 쳤다.

"너희들 내일 죽을 거니 오늘 배 터지게 먹고 죽어라. 으하하하!"

그것도 모자랐는지 밤에는 매산중학교 기숙사로 정혜를 찾아와 살기등등하게 소리쳤다.

"정혜, 나와라. 김정혜, 나와! 너 오늘 밤에 실컷 처먹어둬라. 낼 우리 손에 죽을 거니까!"

정혜는 설마 그럴 리 없다 생각하며 재선을 미친놈 취급해버렸다.

이 얘기를 듣고 내가 물었다.

"권사님, 그때 무섭지 않으셨어요?"

정혜 언니가 눈을 지그시 감으며 말했다.

"그때 내 믿음은 당장이라도 주님을 위해 죽을 수 있는, 순교를 각오한 단호한 믿음이었지. 하나도 무섭지 않았어."

그때 학생회의 모든 이들이 정혜 언니처럼 순교를 각오했으리라!

## 동인, 동신 오빠의 순교

　기독학생들이 단합된 힘을 보여주기 위해 순천경찰서 앞에 모였다. 당시 좌익 세력들은 기독교인들을 못 죽여 안달이었다. 그 첫 희생양이 우리 두 오빠였다. 누군가 소리쳤다.
　"저기 동인, 동신이가 온다!"
　자세히 보니 두 형제가 피투성이가 된 채 순천경찰서 앞으로 끌려오고 있었다. 안재선 일당이 두 형제의 등 뒤에서 총을 겨누고 있었다. 정혜는 눈앞에 보이는 광경을 믿을 수가 없었다. 순천경찰서 앞에 도착하자 그들이 동인에게 물었다.
　"야, 이 새끼야! 예수 안 믿겠다고 하면 살려주마. 너 예수 믿다 죽을 거냐, 공산주의를 받아들일 거냐?"
　동인은 죽음을 두려워하지 않았다.
　"너희들이 내 목숨을 빼앗는다 할지라도 나는 예수님을 부인하지 않을 테다. 다만 너희들이 회개하고 예수 믿어 구원받기를 바랄 뿐이다."
　"뭐라고? 이 새끼 아주 예수에 미쳤군. 구제불능인 자식!"
　그들이 총을 겨누자 동신이 뛰어나가 앞을 가로막았다.
　"안 됩니다! 동인 형은 우리 집 장남이에요. 부모님을 모셔야 하니 차라리 날 죽여요!"
　"동신아, 왜 이러냐! 너를 죽이려는 게 아니니 너는 어서 집에 가! 이러다 너마저 죽어!"
　두 형제는 서로 자신이 죽겠다고 했다. 그 모습을 보고 비웃던 그들이 말했다.
　"네 소원대로 오늘 죽여줄 테니, 죽기 전에 마지막으로 할 말 있으면 해봐!"

이 광경을 많은 기독학생회 학생들이 지켜보고 있었지만 감히 나서서 그들을 제압할 용기가 있는 사람은 없었다. 다들 사태를 관망만 하고 있었다. 동인이 말했다.

"마지막으로 찬송 한 곡 부르게 해다오."

"좋다! 그 청은 들어주지."

동인은 아름답고 청아한 목소리로 "하늘 가는 밝은 길이"라는 찬송을 부르기 시작했다. 그들은 약속을 지키기라도 하듯 동인이 찬송을 부르는 동안 아무 제지도 하지 않았다. 찬송이 바람을 타고 하늘을 가르며 올라갔다. 마지막 3절을 부를 때쯤 기독학생회 친구 중 누군가가 함께 따라 부르기 시작했다. 죽으면 죽으리라 하는 용기와 믿음이 하늘로 올라갔다. 좌익에게 믿음으로 맞대응하겠다는 확고한 의지의 표현이었다.

동인이 찬송을 마치자 잠시 정적이 흘렀다. 재선은 기다렸다는 듯 나서더니 아무 망설임 없이 총을 쏘았다. 세 발의 총성이 하늘을 가르며 고막을 찢는 듯했다.

"탕! 탕! 탕!" 총에 맞은 동인이 맥없이 쓰러지며 읊조렸다.

"아버지여, 내 영혼을…."

흡사 영화의 한 장면처럼 동인이 쓰러지는 모습이 정혜의 눈에 들어왔다. 아니, 머릿속에 각인되었다. 그 장면을 옆에서 지켜보던 동신이 거칠게 울부짖으며 잔인한 폭도들에게 달려들었다.

"왜 무고한 사람의 피를 흘립니까? 하나님의 심판이 무섭지도 않소? 나도 쏘시오. 나도 형님 가신 천국에 같이 가겠소!"

"와, 저놈은 지 형보다 더 지독하네. 살려둬선 안 되겠어! 소원이라는데 못 들어줄 것 없잖아? 원하는 대로 해주자!"

재선은 살벌한 미소를 짓더니 울부짖으며 달려드는 동신을 향해서도 총을 쐈다.

"탕! 탕! 탕!"

총탄에 맞은 동신이 힘없이 쓰러졌다. 잔인하게도 재선은 또다시 총구를 들이대며 확인사살까지 했다.

"탕! 탕!"

경찰서 앞에 모여 있던 기독학생들은 총소리가 나자 기겁하여 하나둘 흩어져 도망치기 시작했다. 생명을 위협하는 공포스러운 총구 앞에서는 어쩔 수 없는 모양이었다. 그러나 멀리 가지는 않고 제각기 안전한 곳에 숨어 그들의 행동을 주시하고 있었다. 정혜도 급한 대로 몸을 피했지만 동인의 시신을 두고 멀리 달아날 순 없었다. 조금 떨어진 곳에서 사태를 지켜보았다.

공개된 많은 자료를 보면, 두 오빠가 총살당한 후 산등성이(매산등)에 시신이 놓여 있었다고 기록되어 있다. 어떻게 그곳에 있게 되었는지 자세한 설명이 없었는데, 이 책을 쓰는 과정에서야 제대로 알게 되었다.

### 한 많은 장대다리

그들은 두 오빠의 시신을 순천경찰서 뒤쪽으로 옮겼다. 그러고는 무슨 생각을 했는지 곧 축 늘어진 시신을 어디론가 끌고 가기 시작했다.

한참을 끌고 가더니 두 오빠의 시신을 순천 매산등 장대다리 아래 물가에 던졌다. 무슨 나무토막 던지듯. 그들은 소기의 목적을 달

3. 두 오빠가 순교하다    65

매산등

성했다는 듯 입가에 만족스러운 미소를 지으며 사라졌다. 그곳엔 두 오빠의 시신 외에도 수많은 시체가 널브러져 있었다. 피비린내가 진동하는 처참한 현장이었다.

 기독학생들은 나무 뒤편에 몸을 숨겨 이 모든 과정을 끝까지 지켜보고 있었다. 꽤 시간이 지나 장대다리 밑이 조용해지자 나무 뒤에서 지켜보던 한 학생이 내려가 두 시신을 건지려 했다. 여기저기 숨어 있던 다른 기독학생들도 우르르 몰려나왔다. 두 오빠의 시신을 함께 장대로 끌어올려 매산등 아래에 두었다. 두 시신은 거의 하나로 엉켜 있었다.

 "동인아, 동신아! 이게 웬일이냐. 으흑!"

 온몸을 세차게 흔들어보아도 이미 죽은 시신이 무슨 반응이 있으랴. 그러나 두 오빠의 표정은 무척이나 평화로웠다. 누군가가 울먹이며 외쳤다.

 "빨리 동인이 집에 연락하자!"

 정혜 언니는 지금도 그때를 생각하면 치가 떨린다고 했다. 생전 욕 한번 안 해봤을 그녀의 입에서 거친 말이 튀어나왔다.

장대다리

"그놈들이, 그놈들이…. 동인이를 갈대 물웅덩이에 던져버렸어. 나쁜 놈의 새끼들!"

두 형제를 건져 올리는 것을 본 정혜는 심장이 터질 것 같아 도저히 그 자리에 있을 수가 없었다. 학교로 무작정 뛰어가는데 방금 본 동인의 마지막 모습이 아른거렸다. 눈물이 빗물처럼 흘러내렸다.

'사람이 어쩌면 이렇게 잔인하고 무서울 수가 있을까? 어떻게 눈 하나 깜빡 안 하고 친구를 죽일 수가 있지?'

그 후 정혜는 시름시름 앓기 시작했다. 두 형제가 서로 죽겠다던 모습이 눈앞에 아른거리고 악몽에 시달렸다. 잠을 잘 수가 없었다. 그 장대다리도 도저히 그냥 지나다닐 수가 없었다. 당연히 정상적인 학교생활도 불가능했다. 죽을 먹으면서 하루하루를 겨우 연명했다. 동인이가 마지막으로 부르던 "하늘 가는 밝은 길이"라는 찬송소리가 귓가에 맴돌았다.

'이러다 미쳐버리는 게 아닐까? 그놈을 내 손으로 죽여버려야 시원하겠어!'

이렇게 결심하고 칼을 품고 다니기도 했다. 그러나 하나님이 허락하시지 않았다. 그렇게 세월이 흐르고 남겨진 자들은 어떻게든 살아가고 있었다.

### 동인, 동신 오빠의 시신을 찾다

한편, 오빠들의 소식을 들은 동희 언니가 동수 언니와 함께 매산등으로 달려갔다. 오빠들의 시신을 어떻게 찾아야 되는지도 모른 채 무작정 옆방 양 집사와 함께 뛰었다. 순임 언니도 뒤따라갔다. 이미 그곳엔 많은 시신들이 군데군데 무더기로 쌓여 있었다. 지옥이 따로 없었다. 시신들을 한참 뒤적이며 살펴보다 마침내 오빠들의 시신을 찾았다. 언니들은 이미 싸늘하게 변해버린 오빠들의 시신을 붙들고 절규했다.

"오빠! 동인 오빠, 동신 오빠!"

그러나 이미 죽은 사람이 어찌 대답이 있으리오. 두 언니는 오빠들의 죽음을 믿을 수가 없었다. 너무 기가 막혀 그 자리에 털썩 주저앉아 오열했다.

"우리 오빠들이 죽었네. 이를 어째. 오빠야, 우리 오빠야!"

곧이어 애양원 집사님들도 얼굴이 사색이 되어 뛰어왔다.

"동인아, 동신아!"

그들의 절규가 하늘에 메아리쳤다. 곳곳에서 사람들의 울부짖는 소리가 들려왔다. 집사님들이 들것으로 오빠들의 시신을 옮기자 누군가가 하모니카를 꺼내 불기 시작했다.

내 주를 가까이하려 함은
십자가 짐 같은 고생이나
내 일생 소원은 늘 찬송하면서
주께 더 나가기 원합니다

모두가 이마에서 흘러내리는 땀방울과 눈물이 뒤범벅된 얼굴로 찬송을 부르며 걸어갔다. 그리고 저만치 세워두었던 차에 두 오빠를 옮겨 싣고 애양원으로 출발했다.

### 두 오빠의 시신이 내가 태어난 집 안마당에

1948년 10월 26일.

내가 태어난 집 안마당에 두 오빠의 시신이 들어왔다. 마침 나를 업고 있던 어머니는 황급히 순임 언니에게 나를 건네고 마당으로 달려나갔다. 들것에 실려 마당에 놓인 두 구의 시신. 어머니는 두 아들의 죽음을 도저히 믿을 수 없었다. 떨리는 손으로 담요를 잡아 젖히자 두 아들이 싸늘한 시신이 되어 누워 있었다.

"아! 하나님! 동인아, 동신아! 내 새끼들아…!"

어머니는 절규에 가까운 비명을 지르며 그 위에 엎드러졌다. 하늘엔 구름 한 점 없는데 마른하늘에 웬 날벼락인가.

"하나님, 대체 이게 뭔 일입니까요!"

어머니는 흘러내리는 눈물을 주체할 수 없었다. 두 아들의 차디찬 뺨에 얼굴을 비비며 시신을 껴안고 오열했다. 얼마나 늠름하고 사랑스러운 아들들이었던가. 얼마나 듬직하고 자랑스러운 아들들이었던가. 엊그제까지만 해도 멀쩡하던 두 아들이 주검이 되어 돌아오다니…. 하늘이 무너지고 땅이 꺼져버린 듯했다.

어머니의 오열은 그칠 줄 몰랐다. 눈물이 다 말라버려 더는 눈물이 나오지 않을 때까지. 처음엔 아버지가 신사 참배 거부로 일본군에게 잡혀가더니, 이젠 두 오빠가 주검이 되어 집 안마당에 들어왔다. 이것이 내가 태어난 우리 집 안마당에서 일어난 두 번째 비극이다. 흔히 엄마 배 속에서 경험한 일도 기억에 저장된다고들 하지 않는가. 나는 비록 두 살의 어린 나이였지만 이러한 비극적인 장면들이 나도 모르게 내면에 저장되어 있었다. 그 사실을 나중에 내적 치유를 받을 때에야 비로소 알게 되었다.

### 두 오빠의 장례식

주검으로 돌아온 자식들을 보는 아버지의 심정은 어땠을까?

1948년 10월 27일 2시, 오빠들의 장례식이 거행되었다. 애양원교회 앞뜰에 두 오빠의 시신을 담은 관 두 개가 나란히 놓여 있었다. 아버지는 눈물을 흘리며 찬송을 불렀다. 2년 후 아버지가 같은 자리에 눕게 되실 것은 꿈에도 상상하지 못한 채 말이다.

> 날빛보다 더 밝은 저 천국
> 믿는 것으로 멀리 뵈네
> 있을 곳 예비하신 구주
> 우리를 지금 기다리네
> 며칠 후 며칠 후 요단강 건너가 만나리

찬송이 울려 퍼지며 영결식이 진행되었다. 곳곳에서 흐느껴 우는 소리가 들렸다. 이인재 조사가 설교를 했다.

"손 목사님의 두 아들은 죽기 직전까지도 사람들을 향해 예수 믿으라고 복음을 전했습니다. 부모를 생각하여 서로 죽으려고 하였습니다. 총탄에 맞으면서도 '내 영혼을 받으소서' 하였으니 우리도 이 신앙을 본받아 최후까지 주님을 증거하다 주 앞에서 만납시다."

그 뒤를 이어 아버지가 답사를 했다. 누런 두건을 쓴 아버지가 준비한 감사문을 담담하게 또박또박 읽어 내려갔다.

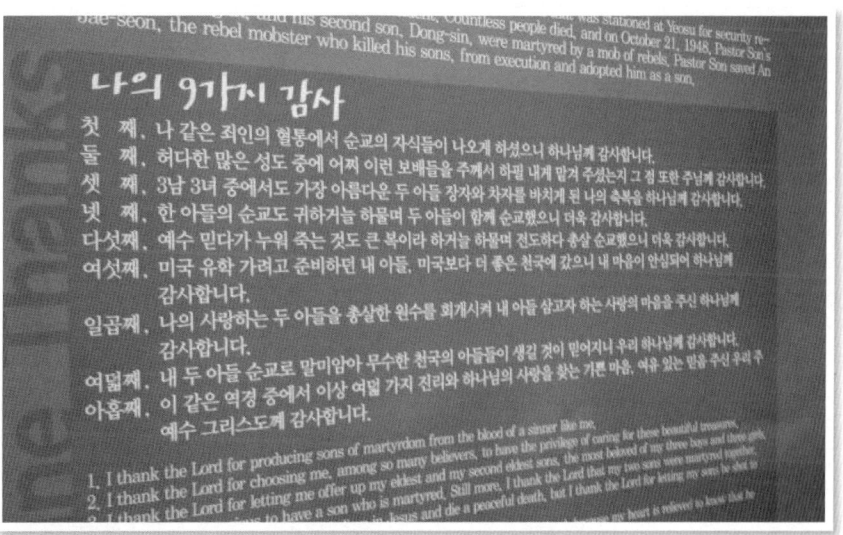

'나의 9가지 감사'

자식을 잃은 슬픔을 감사로 바꾸어 하나님께 영광을 돌리다니! 사람들은 놀라 입을 다물지 못했다. 감히 흉내 내기 어려운 큰 믿음이었다.

### 여섯 번째 감사 기도

아버지가 올려드린 감사 기도 중 여섯 번째 기도에는 특별한 사연이 있다.

동인 오빠는 미국 유학을 가려고 준비 중이었다. 지금도 쉽지 않은 미국 유학인데 어려웠던 집안 형편에 어떻게 미국 유학을 준비하게 되었을까? 그 궁금증은 가족 중 누군가가 어머니 살아 계실 때 들은 이야기를 통해 풀리게 되었다.

아버지에게 누님이 있었다. 우리는 '미국 고모' 혹은 '봉연 고모'라 불렀다.

'미국 고모'라는 호칭에는 사연이 있었다. 대동아전쟁(태평양전쟁) 때 한국 군인들이 대거 참여했다. 전쟁이 끝난 후 군인들은 하와이에 거주하였다. 그런데 이들이 나이는 자꾸 먹어가는데 장가를 갈 방법이 없으니 묘안을 짜냈다. 사진을 찍어 국내에 돌리자는 것이었다. 그래서 '미스터 김'이라는 사람의 사진이 경남 함안군 칠원에 돌아다니게 되었다.

당시에는 미국을 미지의 세계로, 코쟁이들이 사는 동네로 여겨 아가씨들이 다 거부했다. 그런데 아버지의 누나인 봉연 고모가 용기를 내어 가보겠다고 나섰다. 그렇게 해서 고모는 노총각 사진 한 장을 보고 미국으로 건너가 결혼해 살고 있었다. 때때로 어머니는 미국에 사는 이 고모와 편지로 소식을 주고받았다.

그러던 어느 날 고모가 한국에 들어오게 되었다. 그때 구제품도 많이 가지고 왔다. 우리 두 오빠가 얼마나 잘생겼는지, 고모가 한눈에 반해버렸다. 노래 실력은 말할 것도 없었다. 그래서 미국으로 성악 유학을 보내라면서 영어 공부를 할 수 있도록 책을 보내주기 시작했다. 그렇게 큰오빠는 미국 유학을 준비하고 있었다.

아버지가 신사 참배 거부로 5년 동안 감옥에 계실 때 미국 고모가 생활비를 조금씩 보내주었는데, 다들 얻어먹고 살던 시절이라 감히 쓰지 못하고 아껴두었다. 아버지가 감옥에 계실 때였기에 달러를 함부로 바꿀 수도 없어 돈이 그대로 쌓여만 갔다. 이것이 아버지가 출옥하시던 1945년까지의 일이다.

1948년 10월경, 미국 고모가 오빠 유학자금에 보태라며 목돈을 보내주셨다. 그간 모아둔 돈까지 합치니 무려 1만 환이 되었다. 지금으로 환산하면 수천만 원에 이르는 큰 금액이다. 당시 아버지 한 달 봉급이 80전이었으니 1만 환이면 엄청 큰 돈이지 않은가. 이렇게 해서 어려운 형편에도 큰오빠는 미국 유학 준비를 할 수 있었던 것이다.

그런데 며칠 후 10월 21일, 두 오빠가 순교한 것이다. 아버지와 어머니는 '9가지 감사'와 함께 오빠의 미국 유학자금 전부를 하나님께 감사예물로 올려드렸다. 힘든 시절부터 모아온 유학자금이었다.

"미국 유학 가려고 준비하던 내 아들, 미국보다 더 좋은 천국에 갔으니 내 마음이 안심되어 하나님께 감사합니다."

아버지는 천국을 진심으로 믿으셨고 하나님께 감사했기에 이 기도를 올려드린 것이다.

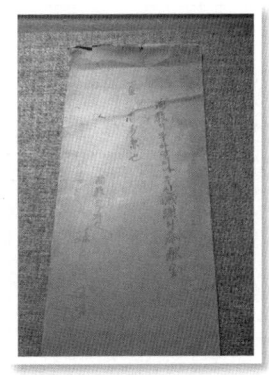

감사헌금 봉투

3. 두 오빠가 순교하다　73

"만세 반석 열리니 내가 들어갑니다" 성도들의 찬송이 울려 퍼지는 가운데 오빠들의 시신을 운구하는 상여가 줄지어 동도섬으로 향했다. 정든 집, 정들었던 애양원을 떠나 성도들의 배웅을 받으며 한 걸음 한 걸음 요단강 건너가듯 둑길을 건너 장지로 향했다. 바닷냄새가 물씬 풍겨오고 가을 들녘엔 풍요로움이 한창이었다. 위태위태한 시국과는 전혀 다른 풍경이었다. 동인 오빠가 유난히 즐겨 부르던 "하늘 가는 밝은 길이 내 앞에 있으니" 찬송이 울려 퍼지며 오빠들의 영혼은 하나님 품으로 갔다.

글을 쓰며 알게 된 사실인데, 교회 반주자였던 박춘갑 장로의 아들 박은국ㄱ명 씨의 말에 의하면, 자신의 아버지가 두 오빠를 가리켜 "쟤들은 착한 것과 별개로 아주 경건해서 순교할 애들인가 보다"라고 말했다고 한다.

그 아버지의 말씀대로 오빠들은 순교자의 반열에 오르게 되었다.

### 붉은 옷을 입은 지휘자

동인이 죽은 후 정혜는 맨정신으로 하루하루를 보낼 수가 없었다. 기도라고 해야 할지, 절규라고 해야 할지, 다만 하나님께 울부짖었다.

"하나님, 왜 동인 오빠를 데려가셨어요? 천국에 음악가가 필요했나요? 천국에 아름답고 청아한 목소리가 없어 그를 뽑아 갔나요? 말씀해 주세요. 천국엔 그만한 인물이 없나요? 왜 데려가셨어요? 도로 살려내세요! 제발 나도 그곳에 데려가 주시든지 한 번만이라도 보게 해주세요."

갑자기 정혜의 눈앞이 환해졌다. 비몽사몽간에 천국을 보았다. 말로 표현할 수 없는 아름답고 찬란한 빛이 가득했다. 입구에서부터 천군천사들이 지키고 있었다. 주위를 둘러보니 분명히 천국이었다.

어디선가 너무나 우렁차고 황홀한 찬양 소리가 들려왔다. 정혜는 자신도 모르게 그 소리에 이끌리듯 발걸음을 옮겼다. 웅장한 합창단이 주님을 찬양하고 있었다. 말로 표현할 수 없는 아름다운 합창 소리였다. 지휘자의 얼굴을 자세히 보니 동인이었다!

'아! 동인 오빠가 여기서…!'

환하고 기쁨이 가득한 얼굴이었다. 틀림없이 동인이었다. 정혜는 깜짝 놀라 숨을 죽이고 동인을 쳐다보았다. 붉은 옷을 입고 지휘하고 있었다. 늠름하고 잘생긴 모습 그대로였다. 정혜는 자신도 모르게 '동인 오빠!' 하고 부를 뻔했다. 동인이 지휘를 막 마치고 박수 소리가 들려오는데 정혜도 함께 크게 손뼉을 치다 놀라서 깼다.

정혜는 이제 동인의 죽음을 받아들일 수 있을 것 같았다.

'아! 내가 슬퍼할 필요가 없구나. 동인 오빠는 저 아름다운 천국에서 좋아하는 음악으로 예수님을 찬양하고 있구나! 시기, 질투, 살인, 억울한 일도 없는 곳에서…. 내가 너무 힘들어하고 보고 싶어 하니 하나님이 비몽사몽 간에 보여주셨어. 아버지, 감사합니다.'

정혜에게 깊은 평안이 찾아왔다.

### 어린 보리 순 하나

어머니는 기도하다 보면 어느덧 두 아들의 묘소에 가 있었다.
"동인아, 동신아! 이 무정한 것들아!"

울다 지쳐 까무러칠 때까지 기도하며 그리움을 쏟아내곤 했다. 어느 날, 두 아들 묘소 곁에서 울며 기도하다 무심코 눈을 들어보니 봉분 위에 어린 보리 순이 피어 있는 게 아닌가? 어머니는 잡초려니 생각하고 뽑아버리려다 멈칫했다. 채 피지 못하고 간 두 아들이 생각나 차마 뽑을 수가 없었다. 격앙된 마음이 북받쳐 보리 순을 붙들고 슬피 울었다.

어린 참새 한 마리가 방 안으로 들어왔을 때는 참새를 살려 보내며 오열했다.

"아부지 하나님, 우리 동인, 동신이도 다시 살려 보내주시면 안 되겠습니꺼?"

안 될 것을 알면서도 어머니는 하나님께 그 마음을 토하고 있었다. 어떤 날은 마루 밑 한 구석에서 나뒹굴던 신발 한 짝을 발견하곤 그 신발을 가슴에 안고 울었다.

"동인아, 동신아. 내 새끼들아! 너무 보고 싶고마. 한 번만이라도 다시 볼 수 있음 좋겠데이!"

하나님도 어머니의 이 애끓는 심정을 아셨겠지만, 그렇다고 오빠들을 다시 살려보낼 순 없었다.

동인 오빠는 생전에 부모에 대한 효심이 지극했다. 아버지가 옥고를 치르는 동안 우리 가족이 부산에 살 때 쌀 한 톨이 없었다. 어머니가 "내가 어디 가서 동냥이라도 해와야겠다"며 그릇을 들고 대문을 나설라치면 동인 오빠가 애원하다시피 말렸다.

"엄마, 어떻게 엄마를 보내요. 제가 갈게요!"

그렇게 쌀을 구해와 가족들을 책임지고 보살피던 착한 아들이었다. 또 내가 태어날 때 나를 받은 서 집사에게도 아들 노릇을 잘해 주었다고 한다. 아들이 없는 서 집사가 우리 가족을 부러운 듯 바라보자, 그 마음을 알았는지 동인 오빠가 "집사님, 제가 집사님 아들 노릇 잘해드릴게요" 하며 어깨도 주물러드리고 늘 자상하게 대해 주었던 것이다. 어머니는 그 다정했던 아들이 눈에 밟힐 때마다 애절한 눈빛으로 먼 하늘을 바라보곤 하셨다.

효심 깊은 두 아들이 저 천국 하나님 품에 잘 있을 거라고….

## 아가, 다른 데로 시집가거라

두 형제가 천국으로 간 지 1년이 지나 기독학생들이 동도섬에 있는 두 형제의 무덤을 찾았다. 엊그제만 해도 같이 웃고 지내며 신앙의 도전을 주던 친구가 무덤 속에 있다는 것이 아직도 실감이 나지 않았다. 사방에서 친구들의 흐느껴 우는 소리가 들려왔다. 정혜도 한참을 울며 기도하다 자리를 막 뜨려는데 뒤에서 누군가의 목소리가 들렸다.

"아가, 아가! 내 좀 보재이."

뒤를 돌아보니 동인의 어머니였다. 정혜는 친구들에게 먼저 가라고 손짓하고는 아무 말 없이 한참 동안 동인의 어머니를 뒤따라갔다. 정혜는 동인의 어머니가 왜 자신을 불러 데려가는지 궁금했지만 무어라 물어볼 수가 없었다. 내가 태어난 집 뒤 콩이 심어져 있는 밭두렁에 이르러서야 어머니가 입을 열었다.

"아가, 앉거래이."

동인의 어머니 눈가엔 이미 눈물이 고여 있었다. 길게 한숨을 내쉬며 무슨 말을 할 듯 말 듯 했다. 아기에게 젖을 물리곤 목을 뒤로 젖혀 슬픔을 삼키듯 한참 하늘을 쳐다보다 이내 고개를 떨구었다.

그렇게 몇 번을 반복하다 숨을 깊이 들이마신 후 울음 섞인 목소리로 천천히 입을 뗐다.

"아가, 우리 동인이는 천국으로 갔다 아이가."

이 한마디를 겨우 하곤 다시 눈물을 삼키는 듯했다. 그러고는 하늘과 땅을 번갈아 쳐다보다 말을 이어갔다.

"우리 동인이는 이미 갔으니, 너는 좋은 사람 만나 결혼해 잘살거래이."

정혜는 동인과 활동했던 시간들과 마지막 모습이 떠올라 눈물이 났다. 동인의 어머니를 보니 더욱 마음이 아파 어떤 말도 할 수가 없었다. 정혜도 동인에게 연민의 정을 가지고 있었기에 다시금 북받쳐 오르는 눈물을 가눌 길이 없었다. 어머니의 눈물이 목을 타고 흘러내렸다. 보채는 아기를 다독이며 젖을 먹이는 둥 마는 둥 하다 치마로 눈물을 훔치던 어머니가 말했다.

"아가, 잘 가거래이…. 그리고 잘살아래이. 하나님께서 너를 보호해 주실 기다."

동인의 어머니는 힘없이 일어나 그 자리를 조용히 떠나갔다. 정혜는 어머니가 떠나간 후에도 우두커니 앉아 눈물만 흘렸다.

후에 정혜는 자신의 아버지에게 이야기를 듣고 나서야 동인과 자신의 부모님 사이에 정식으로 혼인 이야기가 오갔다는 것을 알게 되었다.

### 다시 보고 싶은 정혜

어머니는 저녁을 먹은 후 마루에서 아기를 재우며 하늘을 보고 있었다. 그날따라 유난히 달이 깨끗하고 밝았다. 무심코 입에서 나온 한마디.

"동인아, 오늘 낮에 네 색시가 될 뻔한 정혜를 만났다. 피부가 하얗고 너무 곱더래이. 꼭 잘 익은 복숭아처럼 볼이 빨갛더래이."

낮에 본 정혜의 얼굴이 아련히 떠오르더니 선명하게 달에 비쳤다. 어머니는 고개를 가로저었다.

'아니데이. 그 처자를 만나면 자꾸 동인이 생각이 난다 아이가. 보고 싶어도 참아야 한데이. 내 생각만 할 수는 없데이. 그 처자도 힘들 긴데 내가 참아야재…'

곧이어 동인의 얼굴이 달빛에 떠올랐다.

'아, 동인아! 보고 싶데이.'

그러나 아무리 다짐해도 도저히 참을 수가 없었다.

"동희야, 이리 와봐라."

"엄마, 왜요?"

"정혜를 불러오래이. 아무래도 한 번 더 봐야 살겠고마."

"싫어요. 그 언니가 시험공부 하느라 얼마나 바쁜데요. 이상하게 생각할 게 뻔해요. 내가 오란다고 오겠어요? 안 오려고 할 게 뻔해요."

"그라모 기숙사 학생을 다 불러오거래이."

"네?"

어머니는 정혜만 오라고 하기가 민망했던지 기숙사 학생을 다 초청했다. 원래 기숙사에는 33명의 학생이 있었는데 그중 31명이 우르르 몰려왔다. 구례교회 목사님의 두 딸은 집에 쌀을 가지러 가느라 오지 못했다. 그 당시는 생활이 어려워 기숙사비 대신 쌀을 내기도 했다.

모두 모여 왁자지껄 저녁을 먹었다. 어머니가 동희에게 감자를 찌라고 했다. 정혜가 뒤따라나가 동희와 함께 가마솥에 불을 지피고,

감자를 한 소쿠리 가득 쪄왔다. 학생들이 모두 환호했다. 다들 머리를 맞대고 뜨거운 감자를 호호 불어가며 맛있게 먹고는 수다를 떨었다 그날 애양원에서 다 같이 잠을 잤다.

어머니는 정혜 언니를 바라보며 만감이 교차되는 듯했을 것이다. 오죽 정혜를 옆에 두고 보고 싶으셨으면 기숙사 인원 전체를 재워서 보냈을까. 낮에 정혜 언니에게 잘 가라는 말을 할 때 어머니의 심정은 어땠을까? 죽은 아들이 생각나 얼마나 마음이 아프셨을까? 그 이후 어머니는 또 한 번 기숙사 학생 모두를 집으로 불러 밥을 먹이고 재워 보내며 정혜 언니와 만나는 시간을 가졌다.

시간은 기다려주지 않는다고 했던가. 팔십 세가 훌쩍 넘었음에도 정혜 언니는 그날의 일을 정확히 기억하고 있었다. 여전히 어제 일처럼 생생했다. 장대다리를 지날 때마다 그 일이 떠올랐다. "하늘 가는 밝은 길이"라는 찬양이 들려올 때면 눈시울이 촉촉이 젖어 들었다. 정혜 언니가 몇 번씩 되뇌었다.

"그만큼 잘난 사람은 오늘날까지도 본 적이 없어. 그렇게 노래 잘하는 사람도 없었지…."

"어떻게 그렇게 잘 기억하세요?"

"나는 아직도 너무 생생해. 어떻게 잊을 수 있겠어? 감히 아무나 따라가지 못할 믿음이었고 바라볼 수도 없는 인품이었지. 내가 복이 없었던 거야."

담담하게 말을 이어가던 정혜 언니의 목소리가 살짝 떨린다. 정혜 언니의 마음엔 동인 오빠의 노랫소리와 얼굴이 오롯이 남아 있었다. 눈을 감아도 여전히 동인 오빠의 모습이 생생하게 살아 움직이는가

보다. 죽는다고 잊힐까. 두 오빠 순교 후의 정혜 언니의 심경이나 생활은 보지 않아도 뻔하다. 사랑하는 사람을 잃은 이에게 주는 하나님의 최고의 선물이 망각이라고 했던가. 정혜 언니는 아버지 집회에 수없이 다니며 은혜를 받고서야 회복되었다고 했다. 성령의 불길이 그곳을 덮어 수많은 사람들이 회개하고 뒤집어졌다. 사람들의 병이 낫고 온 교회가 부흥의 불길로 타올랐다. 정혜 언니도 부흥회를 통하여 예수님을 만났고 믿음이 새로워졌다.

정혜 언니는 여섯 살 때 어머니가 돌아가신 후 계모 밑에서 자랐다. 그리고 동인 오빠의 죽음을 목격했다. 결혼이란 것을 하게 되었는데 몸이 너무 아파 이혼당했다. 현재 두 아들은 외국에 살고 있고 정혜 언니는 홀로 산다. 어찌 보면 불행한 삶이라 할 수 있을지도 모른다. 그러나 그녀는 그렇게 생각하지 않았다. 천국의 소망을 붙들고 기쁨으로 살고 있었다.

죽음이 자신을 삼키려던 시절, 칼바람 이는 혹독한 겨울을 지나 주님께서 주신 장수의 축복을 누리고 있었다. 식사를 마치고 자리를 뜨며 내가 마지막으로 물었다.

"혼자 사니 외롭지 않으세요?"

그녀가 환하게 웃는다. 교회 벽에 걸린 사도신경을 보며 읊조리듯 그러나 확신에 찬 어조로 읽는다.

"영원히 사는 것을 믿습니다. 아멘."

그녀의 중심은 하늘에 대한 확신으로 전혀 흔들림이 없었다.

"하나님께서 살아 계셔. 내 모든 것을 알고 계시지. 나를 버리지 않으시는 분이야. 하늘나라가 있으니 나는 아무 걱정 없어."

이제 팔순을 넘겨 파파 할머니가 된 정혜 언니는 하늘소망을 품고 주님만 바라보며 살고 있었다. 그 옛날 순천경찰서 앞에서 죽으면 죽으리라 했던 그 믿음이 어디로 가겠는가. 외롭지 않느냐고 물은 것이 갑자기 부끄러워졌다.

정혜 언니를 만나기 위해 몇 번 더 그 교회에 방문했다. 언니는 매 주일, 같은 시간, 같은 자리에 앉아 식사한다. 언젠가 그녀가 보이지 않으면 하나님의 부르심을 받은 것이리라. 천국에 가면 붉은 옷을 입은 동인 오빠가 반갑게 맞이해 주지 않을까? 주님 옆에 서서 손 내밀어주지 않을까?

"잘 왔다, 정혜야. 참 어려웠을 텐데 외로울 때, 슬플 때 주님만 의지하는 모습이 너무 아름다웠단다. 이제 모든 수고 내려놓고 우리 주님 품에서 쉬자. 기쁘고 즐거운 천국 삶을 살자."

사람의 인생은 유한하다. 이 세상은 잠깐 왔다 가는 곳. 하늘나라가 목적지 아닌가. 아름답고 좋은 하늘나라 가서 예수님을 만나는 것이 소원 아닌가. 애통하는 것이나, 곡하는 것이나, 아픈 것이나, 사망이 없는 곳. 예수님의 집, 천국! 나도 천국에서 예수님을 만나게 될 그날을 사모한다.

아, 어찌 잊으리오
우리의 순교자 동인, 동신 오빠

김소엽(한국기독예총 회장, 대전대학교 석좌교수)

젊디 젊은 푸르른 나이
높은 꿈을 펼쳐나갈 이십대의 나이
꿈도 펴지 못하고 봉오리째

값진 순교의 피를 흘린 형제여

누가 상상인들 했으리오
배곯았던 그 시절
사랑을 그렇게 베풀어 주었는데
친구가 몽둥이 들고 와 휘두를 줄이야

피투성이로 끌려간 순천경찰서에서
예수님 부인하면 살려 준다 해도
두 형제는 끝까지 신앙을 지켰네
그 배신, 그 수모를 어떻게 견뎠을까
그 아픔, 그 고통을 어떻게 참았을까

동인 형 앞 총구를 막아섰던 동신은
안됩니다 우리 형은 가정을 돌볼 맏형이니
차라리 나를 대신 데려가시오
동인은 동생 동신을 살리기 위해
얼마나 몸부림쳤던가

잔치가 열려 배불리 먹었다며 번번이
도시락을 집에 도로 가져다 동생들을 먹인
효자 맏형 동인과 착한 동생 동신은
미국 유학의 꿈 뒤로 한 채
두 형제 부둥켜안고
잔인한 총칼 앞에 순교당했네

깨끗한 영혼 순결한 영혼을
산 제물로 받으신 하나님께서
그의 외아들의 온전한 순종을 받으셨을 때처럼
얼마나 가슴 저미게 기뻐하셨으랴

영혼이 맑아 목소리도 그렇게 청아했던가
'하늘 가는 밝은 길이 내 앞에 있으니…'
그렇게도 찬양하길 좋아했던 동인 오빠가
그 찬양 길 밟고 하늘나라 가던 날
유난히도 청명했던 가을날
1948년 10월 26일의 일을
장대다리는 알고 있으리라
그날의 그 슬픔을 안고 지금도 유유히 흐르리라
동인 오빠가 즐겨 부르던 트럼펫 찬양이
가을 하늘 붉게 수놓으며 울려 퍼지면
우리 두 형제 주님 품안에 편히 쉬고 있으니
용서하라 다 용서하라
하늘 음성으로 들리네


### 안재선이 잡혔다는 소식을 듣다

두 오빠가 죽고 얼마 후 안재선이 잡혔다. 그는 자백했다. 자신이 주동자이고 자신이 쏜 총에 두 형제가 죽었으며 확인사살까지 했음을. 정혜 언니 외에 두 오빠의 죽음을 본 목격자들도 똑같이 증언한다. 부잣집에서 자란 그가 뭐가 부족하다고 그런 짓을 저질렀는지 모르겠다. 한때 광기에 사로잡혀 자신이 벌인 일에 책임질 수도 없음을 그는 몰랐을 것이다. 재선 오빠에 관해 어디에도 나와 있지 않은 이야기를 어머니가 자식처럼 사랑했던 유에스더로부터 듣게 되었다.

오늘따라 유난히 어머니의 마음이 초조하다. 마루를 연거푸 왔다 갔다 한 게 몇 번인가.

'재선을 죽이면 어짭니꺼? 아니 사형시키면 우짜노! 하나님, 우리 동인, 동신이는 이왕 죽었지만 재선이마저 죽으면 우짭니꺼. 제발 재선이를 살려주이소. 제발 죽지 않게 해주이소, 하나님!'

어머니의 마음은 마냥 심란하기만 했다. 이미 아버지는 장례식에서 두 아들을 죽인 원수를 용서하고 양아들로 삼겠다고 선언했다. 어머니도 재선을 아들 삼겠다며 얼마나 기도했던가. 용서하게 해달라고, 사랑할 수 있게 해달라고 얼마나 간절히 기도했던가. 아버지는 어떻게 안재선을 살려낼 수 있을지 지혜를 달라고 하나님께 간절히 구했다.

애양원의 차 집사가 다급하게 소리를 지르며 집으로 찾아왔다.
"사모님! 지금 안재선이 잡혀서 진압군 부대 내에 있다네요!"
"그래요?"
어머니는 아버지께 말했다.
"여보, 얼른 가서 한번 만나보십시다. 빨리 서둘러야 됩니더. 서두르지 않으면 안됩니더. 그동안 사형이라도 당하면 우짭니꺼. 지금 차가 있을지 모르지만 빨리 가면 해가 지기 전에 당도할 수 있을 겁니더."
아버지와 어머니는 시간을 놓칠까 봐 황급히 진압군 부대로 달려갔다. 아버지는 계급이 높아 보이는 사람에게 찾아온 의도를 간절히 말했다. 아버지의 말을 조용히 듣던 그가 말했다.

"그건 말도 안 되는 소리요!"

듣는 이마다 말도 안 되는 소리를 한다며 손사래를 쳤다. 아버지는 안 되겠다 싶었던지 부대장 만나기를 간청했다. 간신히 만난 부대장에게 아버지가 던진 한마디는 "안재선은 내 두 아들을 죽인 원수요. 하지만 그를 회개시켜 내 양아들로 삼겠소"였다.

부대장이 이 말을 듣더니 말도 안 되는 소리라며 일언지하에 거절했다. 그대로 물러날 아버지가 아니었다. 장시간에 걸쳐 부대장을 설득했다.

"나는 목사요. 그를 용서하는 것이 주님의 가르침이오. 하나님의 말씀에 순종하여 실천에 옮기는 것이 성도의 도리요. 내가 성도들에게 그렇게 가르쳐왔소. 그런데 내가 실천하지 않는다면 어떻게 성도들에게 그리 살라고 하겠소. 자기의 죄를 물어 사형시키는 것은 당연하나 그를 회개시켜 양아들로 삼고 새로운 삶을 살아가도록 반드시 교화시키겠소."

아버지는 재선의 사면을 위해 간청했다. 한참 동안 아버지의 이야기를 들은 부대장이 재선의 면회를 허락했다.

"목사님의 진심은 알겠소만, 당장 내 마음대로 결정할 일은 아닙니다. 일단 만나나 보세요."

면회실로 나온 안재선은 힘 잃은 사자와 같았다. 두려움으로 가득 찬 눈빛으로 서 있었다. 곧 사형을 앞두고 있으니 얼마나 불안했을까? 가뜩이나 동인의 아버지가 찾아왔다는 말을 듣고 공포는 극에 달해 있었다. 때려 죽여도 할 말이 없을 터였다. 문에 들어선 동인의 아버지를 보자마자 얼굴빛이 흑갈색으로 변했다. 유에스더는 그의 얼굴이 흡사 두려움에 떨던 사자 같았다고, 어머니께 들은 대로 그 표정을 흉내 냈다. 아버지가 입을 열었다.

"재선아! 내가 동인 애비다. 나는 너를 용서한다. 그리고 분명히 말해두지만 이제부터 나는 너를 내 아들로 삼겠다. 내가 너를 반드시 살려내겠으니 아무 걱정 말고 안심하거라."

아버지가 그를 꼭 껴안았다. 재선은 너무도 당혹스러웠다.

'아니, 쳐 죽여도 시원찮을 마당에 용서하고 아들 삼겠다는 말은 무엇인가?'

도저히 이해가 안 됐지만, 자신을 용서하겠다며 끌어안은 목사님 품에서 눈물이 왈칵 났다. 그가 진심으로 용서를 구하며 흐느꼈다.

"아닙니다. 제가 죽어 마땅한 죄를 저질렀습니다. 제가 왜 그랬는지, 이제 와 생각하니 너무도 후회됩니다. 그런데 아들이라니요. 으흑."

아버지는 진정으로 재선 오빠를 용서했다.

### 죽음의 문턱에서

그 후 아버지는 나덕환 목사님과 큰언니를 진압군 부대로 보냈다. 죽어도 가고 싶지 않은 곳, 자기가 왜 거기에 가야 하느냐는 언니의 물음에 아버지가 말씀하셨다고 한다.

"동희야, 성경을 자세히 보아라. 분명히 원수를 사랑하라고 하였다. 용서만 가지고는 안 된다. 원수를 사랑하라 했으니 사랑하기 위해 아들을 삼아야 한다. 안재선을 죽인다면 네 두 오빠의 순교를 값없이 만드는 것이 되지 않겠느냐?"

언니는 그런 아버지의 뜻을 전하며 사면시켜주기를 간청했다. 이것이 받아들여져 '팔왕카페'에서 사형장으로 가길 기다리던 안재선을 살려낼 수 있었다.

어떻게 자식을 죽인 자를 용서하고 양자까지 삼을 수 있었을까? 우리 형제들은 도저히 아버지를 이해할 수 없었다. 훗날 우리가 하나님의 사랑을 깨닫고서야 아버지를 조금이나마 이해할 수 있었다. 아버지는 '용서를 넘어선 사랑'을 몸소 실천한 것이다. 부모님이 안재선을 용서할 수 있게 된 것은 온전히 하나님의 사랑 때문이다. 사람들은 그런 아버지를 대단한 사람인 양 높였던가 보다. 하지만 아버지는 한낱 사람인 자신을 높이는 것을 무척 부담스러워하셨다.

위부터 시계 방향으로 나덕환 목사님, 동희 언니, 나순금 언니

### 차병용 목사의 증언

당시 애양원 안에 미감아<sub>한센병에 감염되지 않은</sub> 아이들을 돌보는 곳이 있었다. 내 기억에 우리 집을 거쳐간 아이들은 수없이 많았다. 늘 아이들이 많았다. 아버지가 외부 집회에 다녀오실 때마다 고아를 한 명씩 데리고 오셨기 때문이다. 다들 어려운 시절이라 한 집에 딸들이 서너 명쯤 되면 남의 집에 양자양녀로 보내는 일이 부지기수였다.

아버지는 긍휼한 마음으로 그런 아이들을 데려오셨다. 그러나 전국에 사경회를 다니느라 집을 자주 비우셨기 때문에 아이들을 돌보는 것은 어머니 몫이었다. 순임 언니와 그 여동생 양례, 신자, 미열, 순자, 윤경 등 이름조차 기억할 수 없는 수많은 고아들을 어머니가 다 거두었다. 어머니가 돌보던 그들의 얼굴이 지금도 생생하다. 부모님이 순임 언니를 친딸처럼 사랑했기 때문에 난 처음에 순임 언니도 친언니인 줄로만 알았다.

어머니는 그들 중에서 사명자들을 알아보곤 성경학교에 보내 신학 공부를 시켰다. 그중 한 명이 차병용 목사다. 그는 주변 마을에 살았지만 너무 가난하여 우리 집에서 살다시피 했다. 차병용 목사는 우리 집안에 대하여 많은 부분을 목격한 최고의 증언자다.

이 글을 쓰면서 차병용 목사를 만났다. 꿈인가 생시인가. 차병용 목사는 내 친오빠와 다름없는 분으로, 우리 가족과 함께 모든 일을 겪으며 동고동락했다. 참으로 우리 가족 역사의 산 증인이라 할 수 있다.

그의 나이 열네 살부터 그러니까 우리가 애양원에 들어갈 무렵부터 아버지가 순교하시고 우리 가족이 애양원을 떠나 흩어질 때까지 그는 소년기와 청년기를 우리와 함께 지냈다. 10여 년쯤 우리 가정의 역사를 같이 보고 겪었다.

그가 왜 하필 그 시기에 우리 집에 와서 우리 가족의 굴곡진 역사가 끝날 때쯤 헤어졌을까? 이 글 때문에 그가 우리 집에 산 것이 아닌가 생각될 정도로 그는 중요한 사건들을 많이 목격했다.

아버지가 돌아가시며 우리 집의 비극이 끝났다. 그도 자연스레 우리 곁에서 사라졌고, 그 후 그를 만날 수 없었다. 어느새 우리의 기억에서 까마득히 잊혔는데 이 글을 쓰면서 다시 만나게 된 것이 놀랍다. 그를 통해 여태까지 공개되지 않았던 내용을 알게 되고 잃어버렸던 퍼즐 조각을 찾았다. 하나님의 은혜로 이 글을 쓰게 된 것이 분명하다!

작은오빠가 국민초등학교 4학년 때의 일이다. 반 친구들이 작은오빠를 심하게 괴롭혔던 모양이다. 친구들이 운동장에서 작은오빠를 에워싸고 주먹질을 하려는 찰나 차병용이 달려들어 호통을 쳤다.

"야, 너희들! 왜 친구를 괴롭히냐? 한 번만 더 그러면 내가 가만 안 둔다!"

오빠를 괴롭히려던 무리들이 혼쭐나 줄행랑을 쳤다. 당시 차병용은 5학년인 데다 또래 아이들보다 덩치도 키도 컸다. 그도 애양원 근처 신풍에 살며 국민초등학교에 다니고 있었다.

차병용이 물끄러미 생각에 잠긴다. 작은오빠를 도와준 사실을 고맙게 여긴 어머니와 아버지가 그를 집으로 불러 흰쌀밥에 미역국을 정성껏 끓여 대접해 주었는데, 자신은 평생 쌀밥이라곤 처음 먹어본 순간이었다고 했다. 집안 형편이 어려워 쌀밥이라곤 구경도 못 해본 터였다. 그는 그때부터 우리와 한 집에 살면서 예수를 믿게 되었고, 우리 집안의 아들처럼 성장했다. 후일 부산으로 가서 신학교를 졸업

한 후 전남 지방에서 목회하다 은퇴하고, 지금은 아들 목사 교회에 원로로 계신다. 어느덧 팔순이 된 노(老) 목사가 전한다.

"사모님은 무서울 정도로 자신에 대해 인색하고 절약하며 살았어요. 그러나 항상 보따리를 들고 다니며 어려운 사람들에게 베푸는 성격이었지요. 어두운 밤, 사모님이 보따리나 쌀을 머리에 이고 다닐 때 난데없이 하늘에서 빛이 쫘악 내려와 사모님의 앞을 환히 비춰주었다는 말도 들었어요.

제가 '사모님, 밖이 캄캄해요. 어두운데 머리에 무거운 것까지 이고 어떻게 가려고 하세요? 미끄러지거나 넘어질 수 있으니 여기서 주무시고 가세요' 하면 '주님이 하늘에서 앞길을 환히 비춰주신다 아이가. 무서울 게 뭐 있나?' 하셨지요.

사모님은 밤길도 무서워하지 않고 자신 있게 다니셨어요. 아마 하나님이 밤중에도 도우신다는 것을 알았기에 그러셨으리라 생각합니다."

이 부분은 친구 오정자 님도 동일하게 증언해준 이야기다.

차 목사는 내 얼굴을 빤히 쳐다보더니 눈물을 글썽이며 말했다.

"제가 그리던 사모님의 얼굴을 많이 닮았네요. 꼭 사모님을 보는 것 같습니다. 사모님의 사랑을 한시라도 잊을 수가 없었어요. 저를 친자식처럼 아끼고 보듬어주신 것이 너무너무 고마웠습니다. 목사님이 바쁘셔서 사모님에게서 사랑을 더 많이 받았어요. 그 사랑을 받으며 자랐고, 주님을 위해 생명을 바치리라는 결심을 했습니다."

그는 우리 집 이야기를 꺼내며 연신 눈물을 닦았다. "아! 지금도 기억이 생생하다"라는 말을 연발하며, 수많은 세월이 흐른 지금까지 뚜렷하게 기억하는 옛 이야기를 해준 것이다. 옆에서 지켜보고 있던 차 목사의 사모도, 나도 다 같이 눈물을 삼켰다. 그 역시 아버지와 어머니 믿음의 판박이였다.

어릴 적 기억에 우리 부모님은 가정예배를 매우 중요하게 여겼는데, 그도 똑같이 기억하고 있었다.

"목사님과 사모님은 예배를 매우 중요하게 여기셨죠. 우리 부부가 이렇게 나이 들어 잘 움직이지 못해도 지금까지 하루도 안 빼고 가정예배를 드립니다."

'그럼 지금도 주일에는 돈도 안 쓰고 차도 안 탑니까?' 하고 물으려다 참았다. 하나 마나 한 질문이라서. 어머니의 다른 수제자와 똑같이 대답할 것이 뻔하기에 물을 필요가 없었다.

그의 이야기를 들으며 얼굴을 보는데 안개가 걷히듯 서서히 그분의 모습이 기억나기 시작했다. 역사는 사라지지 않고 누군가를 통해 이어지는가 보다.

차병용 목사 부부

### 두 아들은 분명히 천국에

 시간이 흐르면 아들 잃은 괴로움이 잊힐까? 그리움이 사그라들까? 그렇지 않은 것이 분명하다.
 어머니는 괴로움 가운데 하루하루를 기도로 연명하고 있었다. 어머니는 나를 안은 채 "동인아, 동신아!" 하고 두 오빠의 이름을 되뇌며 울다 실신하곤 했다. 잠시도 죽은 오빠들을 마음에서 놓지 못하고 있었다. 하루아침에 두 아들을 잃었는데 어찌 제정신일 수 있을까.

 어느 날 아침, 차병용이 자고 일어나니 아직 6시가 조금 안 되었다. 보통 해뜨기 한 시간 전이면 밖이 환한데 동쪽을 봐도 해가 뿜어내는 찬란한 광채가 없었다. 하늘을 쳐다보니 아직도 달이 떠 있었다. '이상하네!' 하며 계속 하늘을 쳐다보는데 갑자기 달이 서서히 움직이더니 그의 눈앞에서 딱 멈추었다. 너무도 기이한 현상을 목격하곤 방에 있는 사모님을 불렀다.
 "사모님, 사모님! 어서 나와 보세요! 하늘 좀 보세요. 뭔가 이상해요."
 애양병원장 아들인 차정식 형제와 서 집사도 불렀다. 그때 하늘 구름 사이로 예수님의 얼굴이 환히 나타나는 게 아닌가! 모두 입이 쩍 벌어져 하늘만 쳐다보고 있었다. 곧이어 동인과 동신의 모습이 서서히 나타나더니 마침내 선명하게 나타났다! 두 형제가 죽기 직전에 입었던 옷 그대로, 살아 있을 때 모습 그대로였다. 두 형제는 아래를 쳐다보며 '우리는 천국에 잘 있으니 걱정하지 말라'는 듯 환한 미소를 짓고 있었다. 너무 뚜렷하고 선명한 모습이었다. 그 장면을 보고 있던 어머니의 눈가가 촉촉해지더니 안도의 한숨을 내쉬며 말했다고 한다.

"우리 동인이와 동신이가 예수님이 계신 곳에 잘 있데이. 확실히 이 땅보다 더 좋은 천국에 있고마! 감사합니더, 아부지."

이보다 더한 위로가 있을까? 하나님께서 어머니에게 너무나 힘이 되는, 확신 가운데 거할 수 있는 큰 선물을 주셨다! 이 광경을 우리 집과 좀 떨어져 있는 애양원의 두 가정도 똑같이 보았다고 한다. 그 후에야 비로소 어머니는 독수리와 같이 새 힘을 얻어 목사님을 좇아 심방 대열에 앞장서며 환우들을 돌보고 위로하였다.

"사모님은 사랑하는 두 아들이 주님과 함께 있다는 것을 안 뒤로 슬픔을 완전히 잊었습니다. 그리움이나 애절함이 없어진 듯했어요. 이 세상보다 더 좋은 하늘에 잘 있다는 것을 알고 안심하셨지요. 그래서 안재선을 진정으로 용서하고 그를 아들로 생각하게 되었던 것 같습니다. 주위 사람에게도 말씀하셨어요. '나는 재선이에게 고맙데이. 우리 동인, 동신이가 순교하게 해주었으니 참으로 고맙다'고 늘 이야기하셨어요."

안용준 목사님이 《사랑의 원자탄》이라는 책을 쓸 때 차병용 목사를 찾아왔다. 다른 이야기와 함께 이 일도 말해주었지만 웬일인지 책에 싣지는 않았다고 한다.

### 안재선이 '아들'이 되어 우리 집에 오던 날

이날을 기록해야겠다. 두 오빠의 죽음이라는 처절하게 고통스러운 시간을 지나 도저히 마주하고 싶지 않은 그날이 찾아왔다. 나 목사님과 재선, 그리고 그의 어머니가 집에 찾아온 것이다.

집에 있던 어린 나이의 동수 언니는 안재선이 찾아오자 세상의 모든 것이 정지된 듯한 기분을 느꼈다. 두 오빠가 두드려 맞던 장면들이 떠올라 가슴이 방망이질쳤다. 밖에 나가신 어머니를 기다리던 동수 언니는 마음을 가눌 길이 없어 이리저리 왔다 갔다 했다. 아직도 죽은 두 오빠의 얼굴이 눈앞에서 아른거려 숨조차 쉴 수 없는데 그놈을 오빠라고 불러야 한다니 정말 끔찍한 일이었다. 확인사살까지 한 잔인한 놈을 어찌 오빠라고 부르란 말인가? 얼마 전 어머니와 있었던 일이 떠올랐다.

동수 언니는 오빠들이 죽은 후에도 그때 목격했던 장면이 생생하게 떠올라 견딜 수가 없어서, 언제라도 그를 보기만 하면 죽여버리고 싶은 마음만 가득했다고 한다. 어머니나 동희 언니의 마음도 그렇지만 동수 언니의 마음은 오죽했을까? 언니는 내게 옛 이야기를 해주며 눈물을 훔쳤다.

동수는 두 오빠가 죽던 그날 밤 너무 무서워 한숨도 못 잤다. 그리고 어느 날 그동안 차마 입 밖으로 꺼내지 못했던 이야기를 어머니에게 털어놓았다.

"엄마, 안재선이 우리 오빠들을 피투성이가 되도록 때리고 총으로 쏴 죽였어요. 그런데 왜 내가 그놈을 오빠라고 불러야 됩니꺼? 흑흑."

어머니는 마음이 조급해졌다.

'조금 후면 재선이가 찾아올 텐데 큰일이데이. 아이들의 마음이 이렇게 풀어지지 않으니 우짤꼬…'

"동수야, 이리 와서 엄마 무릎에 앉아보래이. 맛있는 거 뭐 줄꼬. 뭐 먹고 싶노? 내가 느그 마음을 왜 모르겠노. 재선이가 오면 그저 '오빠 왔습니꺼?' 하고 인사하그라. 그리고 오빠라고 부르래이. 느근 아직 이해하지 몬하겠지만 그래야칸데이."

어머니가 동수를 달랜다한들 쉽사리 통할 리가 없었다. 동수는 막무가내로 싫다고만 했다. 어머니는 답답한 마음에 동수를 데리고 예배당으로 갔다. 강대상 앞에 엎드려 하나님께 매달렸다.

"하나님, 하나님!"

하나님의 이름을 부르니 목이 메여 오는데 동수는 계속 어머니 치마를 붙들고 매달렸다.

"엄마, 나 오빠라고 안 부를래요. 흑흑. 오지 마라 해요. 나 오빠라고 부르기 싫어요. 나는 안재선이 무섭단 말이에요!"

동수는 떼를 쓰며 어머니의 치맛자락 속에서 뒹굴었다. 어머니도 동수를 껴안고 엉엉 울었다.

"하나님, 하나님…부디 우리 동수에게 너그러운 마음을 주이소."

이렇게 기도할 뿐이었다. 어머니는 마음 한 구석에 남아 있을 법한 미움도 다 올려드렸다. 아이들의 마음속 상처를 보듬어줄 수 없다는 나약한 마음까지 밀려들어 하나님께 매달리지 않을 수 없었다.

어머니에게도 이날처럼 긴장되고 난감한 날이 또 있었을까. 언젠가는 재선이 찾아오리라 생각했다. 얼마나 하나님께 기도하며 마음의 준비를 했던가. 두 오빠의 사랑을 많이 받은 아이들이 더 걱정되었다. 동수는 안재선이 두 오빠를 땅에 눕혀놓고 피투성이가 되도록 때리는 것도 보지 않았던가? 재선에게 원한이 가득한데 '오빠'가 되어 집에 오는 것을 받아들일 수 있을까? 아이들의 심정이 충분히 이해가 되고도 남았다.

한편으론 '재선이를 받아들여 양아들 삼겠다고 집에 데려오는 것인데 행여나 아이들이 재선이를 미워하면 어쩌나? 재선이의 마음을 불편하게 하면 어쩌지? 재선이가 얼마나 마음이 아플까?' 하며 안절부절못하였다. 어쩌면 어머니는 두 딸이 받을 충격보다 안재선의 마음을 더 걱정했는지도 모르겠다. 어느새 언니들의 얼굴에도 세월의 흔적이 가득하다. 이제 어머니의 마음을 이해할 수 있을까? 큰언니 동희도 오래전 기억을 더듬으며 어머니의 심정을 헤아려본다. 어머니는 재선 오빠를 진심으로 사랑했노라고….

### 안마당에 들어선 안재선

어머니는 언젠가 재선이 찾아올 것을 알고 있었다. 예배당에 가서 하나님께 기도도 했지만 얼마간 마음의 평온을 찾지 못했다. 많지도 않은 빨랫감을 주섬주섬 챙겨 빨래터로 갔다. 빨래를 물에 담가서 돌에 놓고는 방망이로 맥없이 두들기며 생각에 잠겼다. 급하게 순임이 달려왔다.

"어머니, 재선이가 왔어요! 얼른 집으로 가세요."

어머니는 빨래를 챙겨 순임에게 내던지듯 맡기고 집으로 향했다. 어머니의 분주한 발걸음에 긴장감과 기대감이 묻어났다. 마당에 들어서니 나 목사님과 재선, 그의 어머니가 일제히 어머니를 쳐다보았다. 그들은 죄인처럼 엉거주춤 서 있었다. 아니, 재선이야말로 두 아들을 죽인 죄인이었으니 볼 면목이 없는 건 당연하였으리라. 어머니는 마음새를 다잡으며 손님들을 따뜻하게 맞이했다.

"나 목사님 오셨습니꺼? 재선아, 잘 왔다, 잘 왔어. 어머님도 모시고 왔구나. 다들 먼 길 오느라 고생 많이 했습니더. 얼릉 들어가입시더."

어머니는 세 사람을 소중한 손님 모시듯 방으로 안내했다. 잠시

어색한 침묵이 흐른 후 어머니가 흐느껴 울기 시작했다.

"나 목사님이 기도해 주이소."

"사랑이 많으신 아버지…" 그가 이 한마디를 내뱉고 눈물을 펑펑 쏟는다. 한바탕 눈물바다를 이루고 나덕환 목사님의 기도가 끝나자 어머니가 속삭이듯 한마디를 내뱉었다.

"아부지, 감사합니다. 오늘 새 아들을 보내주셔서 감사합니데이."

참으로 깊은 고뇌와 사랑이 담긴 말이 아닌가! 그리고 어머니는 재선의 팔을 붙잡고 울기 시작했다.

"재선아, 니는 동인, 동신이 대신 내 아들이데이. 누가 뭐라캐도 니는 내 아들이니 아무 걱정하지 말그래이. 동인, 동신이도 니가 우리 가족이 된 것을 천국에서 기뻐할꺼고마."

"사모님…."

재선도 말을 다 잇지 못했다.

"목숨을 살려주신 것만도 감사한데… 흑흑."

재선의 눈에서 참회의 눈물이 하염없이 흘렀다. 재선의 어머니도 목이 메여 차마 말을 잇지 못했다. 재선은 이때 '이 은혜를 다 갚을 길이 없구나. 이제부터라도 동인이 부모님께 아들 노릇 하며 착하게 살자'는 생각만 했다고 한다.

어머니가 눈물을 훔치며 말했다.

"다들 먼 길 오느라 시장하실 텐데, 얼릉 식사를 하셔야 하지예. 순임아, 내가 준비해둔 거 있재? 얼른 끓여서 가져오그래이."

"예, 어머니. 곧 가져올게요."

어머니는 집에 들어서기 전 순임에게 밥상을 준비하라고 말해두었다. 순임은 금세 밥상을 뚝딱 차려서 들여왔다.

마침 그 자리에 같이 있던 차병용도 그날의 일을 생생하게 기억하고 있었다.

"유난히 기억나는 장면이 있습니다. 안재선이 집에 왔을 때 마침 목사님은 집에 계시지 않았어요. 사실 그 전에 목사님이 사모님에게 돈을 주시며 재선이가 오면 대굿국을 끓여주라고 하셨습니다. 사모님은 큰 대구를 사 와서 손님 맞을 준비를 미리 해놓으셨지요. 재선이가 오던 날 대굿국을 끓여 내왔어요. 그리고 가장 맛있는 부위의 살을 발라 호호 불더니 김이 솔솔 나는 흰쌀밥 위에 얹어주며 말씀하셨어요.

'재선아, 얼매나 배가 고프냐? 밥 마이 묵으래이. 남자는 밥을 먹어야 힘을 쓴다 안카나.' 그렇게 친아들처럼 재선을 챙겨주시던 모습이 어찌나 인상적이었는지 지금까지도 눈에 선합니다. 두 아들을 죽인 원수인데, 어떻게 저렇게 하나 싶었지요. 저도 그날 한 상에서 같이 밥을 먹어서 기억하고 있습니다."

재선을 바라보는 어머니의 눈에 눈물이 그득했다.
"재선아, 대구 맛있재? 밥 더 묵으래이."

어머니는 중얼거리듯 계속 그 말만 반복했다. 동인, 동신 대신 재선을 맏아들로 받아들이려는 어머니의 결심이었으리라. 수없이 기도하고 다짐하며 그날을 기다려왔다. 만나면 할 말이 많을 거라 생각했는데, 막상 마주 앉고 보니 입이 떨어지지 않았다. 그저 "밥 마이 묵으래이" 하는 말만 쏟아놓다 밥상을 물러냈다. 그 자리에서 서로 무슨 이야기를 더 주고받겠는가? 나덕환 목사님이 입을 열었다.

"자, 이제 재선이도 어머님께 인사를 했으니 오늘은 이만 돌아가자. 앞으로 어머니 뵈러 자주 오거라."

어머니는 그 말에 화들짝 정신이 든 듯 재선의 손을 잡으며 말했다.

"재선아, 그래 넌 내 아들이데이! 자주 와야 한데이."

"예, 어…어머니…."

"재선아, 잘 가그래이."

어머니는 신풍역까지 나가 재선을 배웅하며 눈물을 흘렸다. 복잡한 감정을 애써 감추며 그들을 보내며 돌아오는 길, 어머니는 자신도 모르게 긴 안도의 숨을 내쉬었다.

"휴우…."

재선을 만나 그를 마주하던 순간 만감이 교차되었으리라. 두 아들을 죽인 원수의 얼굴을 대하자니 선뜻 정이 가지 않았다. 그러나 이미 그를 용서하고 아들로 받아들이기로 작정하지 않았는가. 제발 그 마음이 바뀌지 않기만을 바랐다. 애써 반가운 마음을 가지고 그를 대하자니 거짓말 같기도 하여 어머니의 마음은 복잡했다. 무슨 말을 어디서부터 어떻게 해야 할지, 어색함 없이 대해 주어야겠다는 마음만 가지고 정신없이 재선과의 첫 대면을 마쳤다. 어머니에게는 그 하루가 천 년 같았으리라. 곁에서 지켜보던 차병용도 덩달아 깊은 한숨을 내쉬었다. 어머니의 마음을 그 누구보다도 깊이 헤아리던 차병용이었다. 어머니의 입에서 기도가 튀어나왔다.

"하나님, 감사합니데이. 오늘 제 마음을 지켜주셔서 감사합니데이!"

차병용은 어머니를 부축하며 함께 대문으로 들어섰다. 그때 어머니가 갑자기 무슨 생각이 났던지 급히 방으로 뛰어 들어갔다. 이 방 저 방을 한참 뒤지더니 이미 태워 없애버린 줄 알았던 두 오빠의 사진을 어디선가 찾아냈다. 사진을 보자마자 참았던 눈물이 터져 나오며 눈앞이 흐려졌다.

"동인아, 동신아. 오늘은 느그들이 유난히 보고잡고마. 느그들 어딨노? 이 무심한 것들아! 하나님예! 어찌 이런 일이 있을 수 있습니꺼?"

어머니는 엎드린 채로 한동안 울음을 멈추지 못했다. 이게 인간의 마음 아니겠는가? 환상 중에 두 아들이 천국에 잘 있는 것을 보고 안심하며 힘을 얻었고 또 재선을 아들로 품겠다고 했지만, 속에서부터 올라오는 아들에 대한 연민과 그리움으로 마음이 한없이 무너졌다. 어머니가 오열하자 이를 지켜보던 차병용이 어머니를 일으켜 세우며 부축했다.

"사모님, 진정하세요! 이제 그만 우세요. 이러다 병 나시겠어요. 그동안 용케 잘 참으셨잖아요."

가까스로 진정한 어머니의 머릿속으로 스쳐가는 생각이 있었다.

'그래! 우리 동인, 동신이는 저 좋은 하늘나라에 가 있재?'

어머니는 황급히 마루로 나갔다. 그날따라 유난히 붉은 빛을 뿜어내던 태양이 서서히 저물며 달이 떠오르는 듯했다. 한참 동안 하늘을 뚫어지게 바라보던 어머니의 눈가엔 어느새 눈물이 말라 있었다. 목소리는 몹시 떨리고 있었지만 확신에 찬 어조로 말했다.

"동인아, 동신아. 느그들 다 보았재? 내 오늘 승리했다. 이겼재. 참 잘했재? 느그도 하늘에서 기쁘재? 느그는 가고 없지만 하나님이 새 아들을 주셨고마. 너무 감사하대이!"


## 박은국의 증언을 전해 듣다

위 이야기는 차병용 목사가 말해준 것이지만, 박은국의 딸도 같은 이야기를 해주었다. 얼마 전 여수에서 두 오빠 장례식 때 기도했던 박춘갑 장로의 손녀를 우연히 만났다. 나는 그녀를 몰랐는데 어느

박춘갑 장로(아래 좌)와 손양원 목사 및 제직들

교회에 방문했다가 생각지도 않게 그녀를 만나게 된 것이다. 놀랍고도 재미있는 하나님의 퍼즐 맞추기가 아닌가.

그녀의 할아버지 박춘갑 장로는 한센병에 감염되지 않은 미감아였는데, 얼굴이 찌그러지는 병 때문에 선교사들이 애양원에 들여보냈던 것이 인연이 되어 애양원에 재직하였다. 그 아들 박은국은 우리 아버지 부임 때부터 장례까지 반주자로 봉사했던 분이다. 내가 만난 박은국의 딸이 자신의 아버지로부터 들은 이야기를 내게 해주었는데 중요한 퍼즐이 되기에 여기에 기록한다.

"아버지가 양순 사모님 옆집에 살 때였어요. 무슨 일이 있어 사모님 댁 다락에 잠시 몸을 피한 적이 있었답니다. 어두운 다락에서 손에 잡히는 게 있어 가만 보니 손 목사님의 일기장이었대요. 문틈으로 새어 들어오는 빛에 비추어 조금씩 읽어 내려가다 보니 자기도 모르게 전체를 다 읽고 크게 감동을 받았다고 하셨어요. 일기장에

아버지 장례식에서 반주하고 있는 박은국

애양원학교 교사 사진. 윗줄 박은국(좌3, 중학교 졸업 후 선생님이 됨)

있던 내용을 구체적으로 기억하지는 못하지만, 남을 미워하는 것을 무서워하고 하나님의 계명을 최우선순위로 여기는 신앙철학을 엿볼 수 있었다고 하시더라고요.

그렇게 다락에 몸을 피하고 있을 때 마침 안재선이 찾아왔다 돌아가는 장면도 보셨대요. 아버지가 소천하시기 직전에 저희한테 해주신 이야기예요. 아버지는 옛일을 추억하며 잠시 생각에 잠기더니 나즈막이 말씀하셨어요.

'나는 다락에서 숨죽이고 그 장면을 지켜보면서 고개를 크게 가로 저었단다. 도저히 흉내 낼 수도, 따라갈 수도 없는 믿음이라고 생각했지. 하늘 아래, 땅 위에 두 번도 있을 수 없는 일이라 생각하고 혀를 내둘렀어. 사모님의 믿음이 목사님의 믿음보다 더 좋더구나. 사모님이 분명히 승리하셨다는 생각이 내 머리를 스치는 순간, 심장이 터져 나갈 것만 같더라.'"

박은국의 증언 또한 차병용 목사의 증언과 맞아떨어졌다. 이 또한 하나의 퍼즐이자 산 증인이 아닌가? 신기하게 이분도 딸에게 모든 이야기를 털어놓은 뒤 돌아가셨다. 시간이 흘러 그 딸을 통해 이 증언을 전해 듣게 되었으니 하나님의 인도하심이 아닐까? 내가 전혀 몰랐던 이야기들을 이렇게 다른 사람을 통하여 다시 전해 듣게 되어 모든 것에 더 확증을 갖게 되었다.

어머니가 재선 오빠를 그렇게 사랑할 수 있었던 것은 오로지 하나님의 사랑 때문이다. 그 사랑을 맛보았기에, 그 사랑을 힘입었기 때문이리라. 생때같은 두 아들을 죽인 원수를 아들 삼다니…. 그 마음을 어찌 다 헤아릴 수 있을까? 남편과 두 아들의 핏자국이 가슴에 맺혀 아직 마르지도 않았을 텐데, 그 엄청난 아픔을 용서와 사랑으로 품은 것이 감격스럽고 신기할 따름이다. 이것이 하나님의 사랑이고 은혜이리라. 어머니가 부르심받던 날 하나님께서 이렇게 말씀하시지 않았을까?

"잘하였도다. 착하고 충성된 종아! 힘든 선택인 것을 아는데 참 잘했구나. 사랑하고 용서하는 것이 쉽지 않은 일이지. 너는 나의 사랑과 용서를 실천했구나. 이제 여기서 네 아들들과 함께 천국의 상급을 마음껏 누리려무나. 슬픔도, 아픔도, 죽음도 없는 내 집에서…."

## 국기 배례 폐지

아버지도 그랬지만 어머니의 우상관은 매우 엄격했다. 모든 면에서 하나님보다 위에 있는 것을 몹시 싫어하였고 그 부분에 굉장히 민감했다. 우리가 어렸을 때부터 항상 그 점을 강조하며 가르치셨다. 국민학교 때 난 조회 시간에 국기에 대하여 경례하는 것도 잘못된 건가 싶어 꺼렸다. 아버지가 십계명 1, 2계명을 어기지 않으려 감옥에 가지 않으셨던가? 우리도 제2계명을 범하는 건가 싶어 그 시간만 되면 늘 불안했다. 누누이 들어왔던 이야기라 국기를 높이고 그 앞에 경의를 표하는 것도 우상숭배라고 생각했다.

이러한 생각이 자리 잡고 있던 탓에 '국기에 대하여 경례!' 하는 구령이 떨어지면 가슴부터 두근거렸다. 선생님이 알면 야단맞을까 봐 걱정이 이루 말할 수가 없었다. 쿵쾅거리는 가슴을 진정시키고 인사를 하는 척 어정쩡하게 흉내를 내곤 상황을 모면했다. 그러다 나중에 국기 배례에 대한 아버지의 해석을 접하고서야 자유롭게 되었다.

원래 우리나라는 일제에서 해방되고 얼마 후까지도 '국기에 대하여 경례!' 하면 국기 앞에 고개를 숙이는 것, 다시 말해 국기 배례를 해야 했다. 그러나 아버지가 살아 계실 때 이 의식이 바뀌었다. 아버지를 비롯한 여러분들이 당시 이승만 대통령에게 찾아가 건의했다. 국기에 대한 배례는 우상숭배의 죄를 범하는 것이라 주장하며 이를 시정하기 위해 힘썼다. 전국을 돌아다니며 설교할 때도 국기 배례가 일제의 잔재임을 강조했다.

## 국기 경배에 대하여(1947년 11월 16일 주일 오후)
행 14:8-18; 마 24:24

국기에 경배하는 나라는 다 망한다. 조선교회 지도자들이여, 너희는 진정한 선지자들의 책임을 다하라. 조선의 운명은 조선교회에 있다. 하나님의 선지는 하나님의 묵시를 받아 나라의 흥망성쇠를 말하였다. 하나님은 선지자에게 다 보여주신다. 오늘날 교회 지도자의 책임은 중하다.

듣고도 보고도 알고도 말하지 않는 지도자여, 너희 죄는 더욱 중하다. 나라를 사랑하느냐? 국가의 흥망성쇠는 종교가 바로 잡는다. 종교가인 정치가들이여, 종교로써 국가를 지배하라. 국기 경배는 우상숭배이다. 우리는 예수의 사진에도 경배하지 않는다. 우상인 줄 알면서도 섬기는 자가 있고, 우상인 줄 모르고 우상을 만드는 사람도 있다.

성경은 사람에게도 절을 못하게 한다. 조선의 삼강오륜 중에 절은 세 가지가 있다. 여자가 남편에게, 아들이 아버지에게, 백성이 임금에게. 그 외에는 없다. 국기 경배는 우상숭배다. 임금의 얼굴을 본 후 절해야 한다.

국기는 기(旗)를 행렬할 때, 만세를 부를 때, 국경일에 사용하는 것이다. 국기는 경배하기 위해 만든 게 아니다. 우주의 주인이 누구냐? 주인은 경배하지 않고, 주인이 만든 물건에 경배하니 죄다.

이승만 대통령을 만난 후

1949년 5월 11일, 아버지와 몇몇 분이 이승만 대통령을 만났다. 당시 지방 곳곳에서 국기 배례 문제로 기독교인들이 큰 고통을 당하고 있었기 때문이다. 해방 후 어떻게 국기 배례를 없애게 되었는지는 아버지가 일기로 기록해두었다.

5월 11일(수) (음 4월 4일)
오늘 오후 4시에 이 대통령 각하를 면회하게 되다. 총회 총대로 회장 최재화 목사 이하 여섯 분과 감리교회 대표 한 분과 기독공보사 기자 한 분과 더불어 나와 함께 합 아홉이 면회케 되다. 이유는 총회에서 내가 제의한 국기 배례는 하지 말자는 것이다. 총회에서는 하지 않기로 가결되었으나 국가에까지 않기로 하여 대통령에게까지 진정하기로 한 것이었다. 지난 6일날, 7일날에는 국무총리로부터 문교부 장관에까지

3. 두 오빠가 순교하다  107

면회하여 상의할 때는 우리들의 말을 이해하지 못하시어 다소 상치가 되었다. 오늘 대통령께서는 잘 이해하여 주시어 대단히 감사하였다.

우리 집에 살던 차병용 목사로부터 이에 관련된 내용을 직접 듣게 되었으니 이보다 더 확실한 증인이 있을까? 그가 율촌국민초등학교 4학년 때의 일이다.

조회 시간이었는데, 운동장에서 신나게 뛰어놀던 아이들을 불러 줄을 쫙 세우더니 고개 숙여 국기 배례를 시켰다. 차병용 역시 그 시간만 되면 너무나 불안했다. 어디로 도망갈 수 있으면 좋겠다 싶은 적이 한두 번이 아니었다.

'아, 국기 배례 시간이다. 어떡하지? 어떻게 도망가지?'

차병용의 가슴이 두근거리기 시작했다. 이윽고 교장 선생님이 "국기에 대하여 경례!" 했는데도 차병용은 고개를 숙이지 않았다. 옆에서 고개를 숙여 절을 하던 친구가 고개를 살짝 돌려 그를 쳐다보더니 미간을 찌푸리며 말했다.

"야, 너 임마, 왜 절 안 해? 교장 선생님한테 이른다?"

차병용은 끝까지 고개를 숙이지 않았다. 십계명의 1, 2계명을 지키려 감옥에 갔다 오신 손 목사님을 보지 않았는가? 어떤 형상을 만들어놓고 거기에 절하는 것은 하나님 앞에 죄가 됨을 그도 알았다. 그런데 어떻게 국기에 대하여 경례를 할 수 있겠는가? 하나님께서 모든 것을 알고 계신다는 생각이 그의 머리를 스쳐갔다.

결국 그 친구는 차병용이 국기에 대하여 경례를 하지 않았다고 교장 선생님께 일러바쳤다. 교장 선생님이 당장 이름을 적어오라고 하였고, 차병용은 그날로 교장실로 불려 갔다.

"야, 너 임마! 왜 국기에 대한 경례를 안 해? 나라를 사랑하지도 않는 이 나쁜 자식!"

교장 선생님이 불같이 화를 내며 뺨을 한 대 후려쳤다. 눈앞에서 불이 번쩍했다.

"너 똑바로 말 안 해? 왜 국기에 대한 경례 안 해? 더 맞아볼래? 네가 뭐가 잘났다고 국기에 대해 경례를 안 하는 거야, 어?"

교장 선생님은 호되게 다그치며 화가 풀릴 때까지 마구잡이로 후려쳤다. 병용은 신사 참배 거부로 감옥에서 참혹한 고문을 당한 손목사님을 생각했다. 얼마나 얻어맞았을까? 차병용은 벌겋게 부어오른 얼굴을 들어 교장 선생님에게 분명하게 이야기했다.

"저는 예수님을 믿기 때문에 십계명의 1, 2계명에 위배되는 국기에 대한 배례를 하지 않습니다."

그는 하나님 앞에 이것이 얼마나 중요한 일인지를 잘 알았다. 손목사님 댁에 와서 배운 것이었다. 그렇게 호되게 야단을 맞고 집으로 돌아와 저녁상 앞에 앉았는데 목사님이 물었다.

"병용아, 너 왜 이리 시무룩하냐?"

하나도 빼놓지 않고, 국기 배례 문제로 크게 야단맞고 왔음을 말씀드렸다. "얼마나 무섭게 혼났는지 모릅니다, 목사님."

그러고는 갑자기 뭐가 그리 서러운지 눈물이 나기 시작해 그의 어깨가 들썩거렸다. 하나님 앞에서 신앙을 지키는 문제에 대해 목사님과 많은 이야기를 나누었다.

"병용아, 그게 우상이다. 국기도 우상은 우상이지. 네가 그렇게 많이 맞았다니 내 마음이 아프구나. 내가 그 문제를 해결하마."

아버지는 심각한 얼굴로 수첩에 뭔가를 적었다. 며칠 후 교단 총회에서 이 문제를 가결시킨 후 몇 분과 함께 대통령에게 찾아갔다. 당당하고도 진지하게 대통령을 설득하기 시작했다.

"꼭 우리가 태극기 앞에서 머리를 숙이는 것만이 나라를 섬기는 것이 아니외다. 차라리 오른손으로 가슴에 손을 대고 '나는 나라를 사랑합니다' 하면 되지 않겠습니까?"

"손 목사, 머리를 숙이는 것이 뭐가 나쁘단 말이오?"

대통령이 말했다.

"그렇게 생각해서는 안 됩니다. 국기 앞에 고개를 숙이는 것은 우상숭배이며 일제 강점기 동방요배의 잔재입니다. 우리는 가슴으로 나라를 사랑하면 됩니다. 가슴은 우리 몸의 중요한 부분이기 때문에 오른손을 가슴에 얹고 나라를 사랑하는 마음으로 하는 것이 더 좋겠습니다."

"내가 생각은 해보겠소만, 손 목사가 이렇게 찾아와서 이야기한다고 쉽게 바뀔 일이 아니오."

아버지는 이대로 물러설 수 없다는 생각에 한 번 더 완곡하게 말하였다.

"우리가 나라를 사랑하지 않는 마음으로 국기에 절하는 것보다 오른손을 왼편 가슴에 대고 나라를 사랑하는 것이 더 적합하다고 생각합니다."

아버지가 대통령을 뵙고 돌아와서 말씀하셨다.

"대통령께 말씀을 드려서 생각해보겠다 하셨지만 당장 해주실지는 의문이다. 즉시 이루어지지 않아도 우리는 잠잠히 기도하며 기다리자꾸나."

얼마 지나지 않아 나라에서 국기에 대한 의식을 바꾸기로 결정하였다. 할렐루야!

차병용 목사는 국기에 대한 경례를 할 때마다 이 일이 생각난다고 했다. 그가 호되게 야단맞지 않았다면 아마 국기 배례는 없어지지 않았을지도 모른다.

# 4.
# 나를 잃어버리다

### 6·25 한국전쟁이 터지다

"목사님, 목사님! 전쟁이 터졌어요. 큰일 났어요!"

끔찍한 6·25 한국전쟁이 터졌다! 우리 식구들은 무언가 심상치 않은 일이 일어났음을 직감했다. 얼마 지나지 않아 인민군들이 여수·순천까지 밀고 내려왔다. 그들은 예수 믿는 사람들을 극도로 미워했다. 목사는 더더욱 미워해 잡아간다는 소문이 파다했다. 애양원에서는 어떻게든 아버지를 피신시키려고 애쓰며 아예 배까지 준비해놓았다. 아버지는 황급히 집으로 돌아와 어머니에게 물었다.

"여보, 애양원에서 우리에게 배로 피난을 가라는구려. 배까지 준비해놓았다는데 당신은 어찌 생각하오?"

어머니는 일언지하에 거절했다.

"당신, 무슨 말을 하는 겁니꺼? 절대로 도망가선 안 됩니더. 우째서 목자가 양을 버리고 자기만 살자고 도망간단 말입니꺼? 내하고 의논할 필요도 없이 안 됩니더. 도망갈 생각은 아예 하지 마이소."

어머니의 대답은 너무도 단호했다.

"여보, 걱정 마시오. 나도 같은 생각이외다. 당신 의향을 물어보았을 뿐이오. 절대로 도망가지 않을 테니 걱정 마시오."

아버지가 말을 마치고 교회 쪽으로 향했다. 어머니는 행여나 아버지 마음이 흔들릴까 뒤따라가며 소리쳤다.

"여보, 명심하이소! 절대로 도망가면 안 됩니더. 절대 그 마음 변치 마이소."

이 내용은 어디에도 기록이 없고 한 집에 살았던 병용 오빠만 알고 있던 사실이다. 어머니는 우리에게조차 하지 못했던 말을 병용 오빠에게는 다 털어놓았다. 그런 이유로 우리 집 사정을 소상히 아는 그가 힘주어 말해준 내용이다.

성도들은 계속해서 아버지가 피난길에 오르도록 종용했다. 친구 나덕환 목사도 피난길에 오르라고 재촉했다.

아버지는 "내 눈을 빼고, 내 코를 베고, 내 입이 찢기고, 내 손이 잘리고, 내 발이 떨어지고, 내 목이 끊어져 석 되밖에 안 되는 피가 다 쏟아지고, 내 뼈가 부서져 가루가 되어도, 내 주의 사랑을 갚을 길이 없는데, 내 어찌 목사가 되어 피신을 하겠는가?" 하며 딱 잘라 거절하였다.

재선 오빠도 찾아와 강하게 권하였다고 한다.

"아버지, 이제 더는 머뭇거릴 여유가 없습니다. 저와 함께 부산으로 피난 가요."

그러나 아버지는 "세상에 피난처가 어디 있느냐. 피난처는 오직 주의 품뿐이다" 하며 거절하였다.

다급해진 재선 오빠는 어머니와 자녀들이라도 데리고 가려 했지만 어머니마저 단호하게 거절했다. 더는 망설일 수 없다고 생각한 애양원 제직들이 아버지를 강제로 배에 태웠지만, 아버지는 다시 애양원으로 돌아왔다.

이때 아버지가 내뱉은 말은 더는 도망가라는 말을 할 수 없게 만들었다.

"애양원 성도가 다 도망가고 단 한 사람만 남는다 해도 비겁하게 나만 살겠다고 피신하지 않을 테니, 더는 말하지 마시오. 말해봐야 소용이 없을 것이요!"

아버지에겐 한 마리의 양을 귀히 여기던 예수님의 마음이 있었음이 분명하다.

마침내 인민군이 여수를 점령하여 배급제를 실시하자, 애양원 식구들 중에 몇 명이 아버지를 찾아와 간곡히 설득했다.

"목사님, 형식적으로라도 인공기를 걸고 배급을 탑시다. 이러다 우리 모두 굶어 죽겠어요."

아버지는 단호한 어조로 거부했다.

"내가 죄를 지을 수 없는 동시에 여러분에게 죄를 지으라고 권할 수도 없습니다. 저들은 무신론자요, 유물론자요, 반신론자입니다. 인민군은 그냥 군대가 아니라 반신론자들의 군대입니다."

애양원으로 돌아온 아버지는 환우들이 하나님 나라에 집중하도록 날마다 금식하며 집회를 했다. 순교까지도 각오하는 집회였다. 당시 차병용도 이 집회에 참석하고 있었다고 한다. 죽음의 공포가 가득한 분위기 속에서도 아버지는 설교를 계속했다.

"우리가 순교하는 것만큼 참된 믿음은 없습니다!"

## 인민군에게 끌려가다

1950년 9월 12일, 그날도 교회에서 예배를 드리고 있었다.

오후쯤 되자 인민군들이 교회로 들이닥쳤다. 총을 든 자들의 군홧발이 마룻바닥에 닿으며 요란한 소리가 울려 퍼졌다. 예배당에 공포스러운 분위기가 감돌았다.

"여기 손 목사가 누구야? 어디 있어. 당장 이리 나와!"

그들이 공포탄을 쏘며 소리치자 예배당이 아수라장이 되었다. 겁에 질린 성도들이 소리를 지르며 여기저기 흩어져 웅크렸다. 그때 여자 성도 한 명이 창문으로 뛰어내려 도망치려 했다. 그 모습을 본 아버지가 호통을 쳤다.

"그렇게도 죽음이 두려우냐? 순교가 얼마나 귀한 건데, 혼자 살려고 도망가느냐!"

그 여성도는 아버지의 외침을 뒤로 한 채 2층 창문으로 도망쳤다. 꽤나 높은 곳이었을 텐데, 살고자 하는 열망이 얼마나 강했으면 2층에서 뛰어내렸을까? 그 이후 그녀가 어떻게 되었는지는 아무도 모른다. 그런 와중에 한센인들 사이에 '목사님을 이대로 잡혀가게 해선 안 된다'는 의합이 있었던지 하나둘 인민군들에게로 다가가기 시작했다. 구부러진 손과 일그러진 얼굴로 밀치듯 다가오자 인민군들이 움찔하며 뒤로 물러섰다.

"저리 가! 이 더러운 문둥이들. 저리 비키지 못해?"

한센인들은 겁에 질린 그들의 모습을 보고 더 힘을 얻었다. ㄱ자로 꼬부라져 피고름이 흐르는 손을 휘휘 내저으며 외쳤다.

"못 잡아간다. 우리 목사님 못 잡아간당께! 당신들 여기 들어오면 이 나균이 묻어 죽을 줄 아시오."

몰려 있던 한센인들이 합세하여 필사적으로 그들을 막아섰다. 인민군들은 나균에 감염되는 것이 무서웠던지 그날은 아버지를 잡아가지 못하고 되돌아갔다. 애양원 식구들은 안도의 한숨을 내쉬었다. 그러나 그 안도감도 오래 가지 못했다. 다음 날도 인민군이 쳐들어와 문을 벌컥 열고 샅샅이 뒤지더니 아버지를 찾아냈다. 마침 기도하고 있던 아버지가 고개를 돌려 그들을 쳐다보았다.

"동무가 손 목사요?"

"그렇소만."

"잠깐 사무실까지 같이 갑시다. 조사할 일이 있으니!"

아버지는 손이 뒤로 묶인 채, 결연한 의지가 가득한 얼굴로 그들을 따라나섰다. 수년 전에는 신사 참배 거부로 일본 형사의 포승에 묶여 끌려갔는데, 이번엔 인민군에게 끌려갔다.

마침 집에 있던 어머니와 순임 언니가 아버지가 잡혀간다는 소식을 듣고 나를 둘러업고 뛰어나왔다. 어머니는 시야에서 사라져가는 아버지의 뒷모습을 바라보며 그 자리에 털썩 주저앉았다.

"아, 아! 또다시 이런 일이…. 하나님!"

"여보! 걱정 말구려. 아무 일 없을 거요. 금방 갔다 올 테니 너무 걱정 마시오. 기도나 해주구려."

이 한마디는 아버지가 살아생전 가족에게 남긴 마지막 말이 되었다. 아버지는 결국 시신이 되어 돌아왔다.

### 재선아, 아버지 좀 구해다오

아버지가 인민군에게 잡혀간 다음 날, 소식을 들은 재선 오빠가 부랴부랴 우리 집으로 달려왔다. 어머니는 재선 오빠에게 간절하고도 다급하게 부탁했다.

"재선아, 니 마침 잘 왔데이. 아버지가 공산당에게 잡혀가셨다 아이가. 니도 마침 같은 공산당이었다 아이가. 니라면 아부지 소식을 알 수 있을 끼다. 아부지를 살릴 수도 있으니 급히 지서로 가서 좀 알아보그래이. 아부지를 살려보래이. 재선아, 제발 부탁이데이."

"어머니, 싫어요. 제가 그걸 어떻게 할 수 있겠어요? 저는 할 수 없습니다."

"뭐? 니는 아부지가 죽어도 좋으냐?"

"그건 아니지만… 전 못해요…."

어머니의 그 안타까운 맘을 재선 오빠가 알아주면 좋으련만….

"재선아, 제발 부탁이데이. 아부지를 살릴 수 있는 사람이 니밖에 없데이. 빨리 가보래이."

"어머니, 전 못해요. 제가 그걸 어떻게 합니까?"

단칼에 거절하는 재선의 말에 어머니는 자리에 털썩 주저앉았다.

"아! 이런 법이 어디 있노? 지 애비는 지를 어찌 구해줬는데…."

재선 오빠는 그렇게 어머니의 가슴에 못을 박았다. 재선 오빠가 무슨 힘이 있어 아버지를 구할 수 있었을까마는, 사람은 원래 그런 것이 아닐까? 어쩌면 두려웠을 것이다. 어머니가 왜 그 마음을 모르랴. 그 일을 감당할 자신이 없는 것을 아셨을 것이다. 어머니는 그 일에 대해 두고두고 말씀하셨다. 아버지를 구하고자 하는 의지라도 보였으면 어머니가 그렇게 서운해하지는 않으셨을 것 같다.

### 아버지 유언을 전해 준 한 사람

한 가지 아쉬운 점은, 아버지의 죽음을 끝까지 목격하고 어머니에게 유언까지 전해 준 한 사람의 행적을 찾지 못했다는 것이다.

그 이름은 차진국가명으로, 아버지와 유일하게 같은 날, 같은 시각 감옥에 갔다 아버지의 마지막 숨이 끊어지는 순간까지 함께한 사람이다. 형장에서 살아난 그가 어머니께 뛰어와 아버지의 최후 모습과 유언을 전해 주었다.

차병용은 우리 집에 같이 살았기에 차진국에 관해 직접 들었고, 어머니를 통해서도 차진국에 대해 많이 들었다고 했다. 이종수가명, 문순금, 유에스더도 차진국이 구사일생으로 살았다는 것을 알고 있었다. 안용준 목사님 책에도 있지만 그를 어렴풋하게나마 아는 사람들이 대략적으로 전해준 내용을 싣는다.

차진국은 사상범으로 구암리 청년회장이었다. 당시 이미 결혼을 해서 딸 하나, 아들 하나를 두었다. 살아 있다면 현재 95세쯤 되었을 것이다. 그는 형장에서 살아난 후에 시의원에 출마하여 당선되기도 했다. 그에게는 차이욱, 차이천, 차삼욱이라는 형제가 있고, 그의 집에는 큰 살구나무가 있어 저녁이면 차병용과 동네 청년들이 그 집으로 살구를 따 먹으러 가곤 했다.

처음에는 그에 관해 이 정도의 이야기만 들을 수 있었다. 아버지와 마지막을 함께한 차진국, 나는 그의 측근이라도 만나 이야기를 자세히 듣고 싶었다. 하지만 오랜 세월이 흐른 탓에 찾기가 쉽지 않았다. 고향에서는 차진국이 아버지와 같은 사형장에 있다 기적적으로 살아나왔다는 사실을 많은 분이 알고 있었다. 나는 그 사실을 몰랐기에 차진국의 행적을 찾는 것이 꽤 힘이 들었다. 이 넓은 하늘 아래서 과연 만날 수 있을까 싶으면서도 혹시나 하는 마음에 수소문하며 지냈다.

어느 날 아침, 핸드폰을 만지작거리는데 차 씨 성을 가진 이름 석 자가 눈에 띄었다. 언제 입력했는지조차 기억나지 않았다. 나도 모르게 버튼을 눌러놓고는 아차 후회했다. '모르는 사람이면 어쩌지?' 생각하던 찰나 수화기 반대편에서 "여보세요" 하는 소리가 들렸다. 나는 반사적으로 물었다.

"혹시 차진국 씨 아세요?"

"아, 예. 그분은 우리 작은아버지인데 이미 돌아가셨어요. 그 아들이 인천에 살고 있습니다. 전화번호 가르쳐드릴 테니 연락해 보시겠어요?" 하는 게 아닌가! 아, 하나님의 퍼즐 맞추기가 시작되고 있었다.

그렇게 해서 통화하게 된 그분은 차진국이 살아 집으로 돌아가 낳은 아들이었다. 그가 세 살 때쯤 아버지가 소천했단다. 그는 흐느끼고 있었다. 나도 네 살 때 아버지가 돌아가셨기에 그의 마음을 잘 알 것 같았다. 내 아버지와 그의 아버지의 마지막 모습에 대해 나누는데 갑자기 눈물이 터져 나왔다.

이제 차진국의 아들과 내가 태어난 신풍 구암에 사는 차진국의 측근 중 그때의 사연을 잘 아는 분과 친척들, 어머니와 차병용, 김창수로부터 들은 내용으로 아버지의 감옥 생활과 마지막 최후를 정리해 보려 한다. 차진국이 살아난 후, 동네 사람들과 애양원 사람들이 그로부터 엄청난 이야기를 듣게 되었으니 그들 모두 이 일의 증인이다.

## 첫 번째 대기소

인민군에게 잡혀간 아버지는 여수경찰서로 가기 전 율촌지서에 잠깐 머물게 된다. 그곳엔 이미 지역의 우익 인사들이나 교화대상자들이 잡혀 와 있었고, 모두 겁에 질려 웅크리고 있었다.

여기서 아버지는 한 청년을 만난다. 그의 이름은 차진국, 사상범으로 아버지보다 먼저 잡혀 와 있었다. 구암리에 사는 청년회장인데, 주위에서 천재라는 소리를 들을 정도로 똑똑했다. 그를 아는 사람들은 한결같이 그에 대해 이렇게 말한다.

"눈이 번쩍번쩍하고 아주 영리하게 생겼어요."

그가 한쪽 구석에 웅크리고 있을 때 건너편에 있던 머리카락이 구불구불한 사람이 큰소리로 말했다고 한다.

"오늘 중으로 손양원 목사를 안 잡아 오면 인민위원회를 세울 수 없다. 꼭 잡아 와야 해!"

인민군은 아버지를 잡는 데 혈안이 되어 있었다. 진국은 평소에 아버지를 잘 알고 있었다. 그는 속으로 생각했다.

'아, 손 목사님도 곧 잡혀 오시겠구나! 어디에 피신이라도 가셨어야 하는데…'

그때 문이 확 열리며 인민군이 한 남자를 끌고 와 벽에 내동댕이쳤다.

"이 새끼, 여기서 조용히 있어. 예수 믿어라 어쩌라 하지 말고!"

벽을 짚고 가까스로 일어선 남자를 자세히 보니 손 목사님이었다. 진국은 깜짝 놀라며 속삭이는 목소리로 말을 걸었다.

"목사님, 목사님도 오셨군요!"

아버지가 몸을 추스르고 고개를 드는데, 안면이 있는 진국과 눈이 딱 마주쳤다.

"아, 진국아, 너도 왔구나. 이게 어찌 된 일이냐? 청년회장이더니 사상범으로 잡혀 왔구나."

"목사님, 우리는 어찌 되는 거죠? 어떻게 될 것 같으세요?"

"진국 청년, 너무 염려하지 말게. 너는 절대 죽지 않으니 조금도 염려할 것 없다. 그러나 나는 죽는다. 만일 네가 살거든 우리 집에 가서 나의 죽음을 알려다오. 나는 천당 가니 부디 걱정 말고 예수 잘 믿고 천당에서 다시 만나자고."

"목사님! 목사님은 죽고, 저는 산다는 말이 무슨 뜻입니까?"

"나중에 알게 될 게다. 우리 가족에게 꼭 그렇게 전해 다오."

아버지는, 차진국은 살지만 아버지는 죽는다는 것을 정확히 아는 사람처럼 확신에 찬 목소리로 말했다. 차진국은 고개를 갸우뚱하며 생각했다.

'이상하다. 나는 살고 목사님은 죽는다니 참으로 이상한 말씀을 하시는구나. 같이 잡혀 왔으니 죽어도 같이 죽고 살아도 같이 사는 입장인데, 꼭 누가 미리 가르쳐준 것처럼 말씀하시네.'

후일 그 말대로 된 것을 보니 성령님께서 미리 가르쳐주셨음이 분명하지 않은가?

## 여수경찰서 감방에서

아버지는 율촌지서에서 여수유치장<sup>여수내무소 교화장</sup>으로 끌려갔다. 그들은 어떻게든 아버지를 전향시키려 했지만, 아버지는 오히려 예수님의 사랑을 전하며 전도했다. 여수유치장 감방은 총 7개로 한 방

정원이 20여 명쯤 되었다. 그런데 두 배도 넘는 인원이 콩나물시루와 같이 빽빽하게 들어앉아 있으니 다리를 뻗을 수도 없었다. 움직일 공간이 없어 거의 껴안다시피 있어야 했다. 잠을 잘 때조차 몸을 웅크려 쪼그리고 자야 했기에 피가 안 통해 자주 다리의 감각을 잃었다.

아버지는 다른 감방에 있다가 김창수와 차진국이 있던 방으로 옮겨가게 된다. 새벽에 잠이 깬 김창수는 아버지가 쪼그리고 앉아 기도하는 모습을 보았다. 차마 아는 체하지는 못하고 자신도 모르게 고개를 숙였다.

그다음 날 아버지가 이쪽 끝에서 화장실까지 양팔을 벌려 감방 크기를 쟀다. 그 길이가 세로로 2개 반, 가로로 3개였다. 그 모습을 이상하게 여기던 창수가 조심스레 말을 걸었다.

"동신 아버지! 저 창수예요."

"창수 너도 왔느냐?"

"목사님, 얼른 제 옆으로 오세요. 아, 참…이 자리는 화장실 바로 옆인데…"

아버지는 "냄새 좀 나면 어떠냐. 그 자리도 괜찮다" 하며 사람들을 비집고 창수 옆으로 왔다. 죽을지 살지 불안하기만 하던 창수의 마음이 한결 편안해졌다. 신기하게도 아버지 바로 옆에 차진국이라는 청년이 앉아 있었다. 진국은 또 물었다.

"목사님, 우리는 어찌 될까요?"

"어찌 되긴. 너는 사니 걱정하지 말거라. 하나님이 너는 살려주신다. 그러나 나는 죽는다."

진국은 '목사님이 왜 자꾸만 이상한 소리를 하시지?' 하고 생각하다가도 어쨌거나 산다고 하니 기분은 좋았다. 감옥에서 지내는 하루하루가 천 년 같았다. 죽을지 살지 모르는 불안한 상황에서 빨리 이 감옥소를 탈출하고만 싶었다. 감옥소는 참으로 사람이 살 곳이 아니었다. 인민군은 툭 하면 불러 자백서를 쓰라느니 어쩌느니 온통 자기네 기분대로였다. 무슨 이유인지도 모른 채 고문을 당해야만 했다. 멋대로 죄를 만들어 "너 여러 사람 죽였지?" 하고 다짜고짜 뺨을 후려치며 몽둥이로 때렸다. 매일 불려가 온몸이 피투성이가 되도록 맞고 오는 게 예사였다.

차진국은 아침에 불려가 저녁 늦게 감방으로 돌아왔다. 비틀비틀 걸어들어오는데 옷 전체가 피투성이였다. 창수 역시 예외일 수 있으랴. 몽둥이로 얼마나 끔찍하게 얻어맞았는지 지금까지도 그 일에 대해선 말하지 않으려 한다. 언니 책에도 "하도 매를 많이 맞아 지금까지도 자녀가 없다"고 기록하고 있다.

하루는 아버지가 아침부터 불려가 밤늦게까지 돌아오시지 않았다. 진국은 마음이 초조했다. '목사님도 몽둥이로 많이 맞으시는 게 아닐까?' 밤늦게 돌아온 아버지가 그 자리에 털썩 고꾸라졌다. 얼마나 얻어맞았는지 온몸이 피투성이였다. 아버지는 그날 밤 끙끙 앓느라 한숨도 주무시지 못했다. 진국은 바로 옆자리에서 아버지의 일거수일투족을 지켜보았다. 감방이 좁고 빽빽해 잘 때마다 거의 아버지를 껴안다시피 하고 잤다. 아버지가 고문당하고 오던 그날은 아버지의 고통스러운 신음에 그도 같이 잠을 이룰 수 없었다.

다음 날 아버지와 같이 앉아 있던 진국이 매우 불안한 어조로 또 물었다.

"목사님, 우리는 어찌 될까요?"

그동안 몇 번을 묻고 들었던 대답이지만, 불안한 마음을 달래려는지 또 물었다. 그때마다 돌아오는 대답은 같았다.

"어찌 되긴. 너는 산다. 걱정하지 마라. 하나님이 너는 살려주신다. 그러나 나는 죽는다."

그 상황에서 '너는 산다'는 말보다 더 듣고 싶은 말이 있을까? 얼마나 안심되는 말이었는지, 그 후로도 묻고 또 물었다.

다음 날 밥이 나왔다. 말이 밥이지 꽁보리밥에 소금뿐이었다. 까맣고 딱딱해서 씹을 수도 없고 입 안에서 밥알이 굴러다니기만 했다. 그나마도 양이 적어 더 먹고 싶다고 야단들이었다. 아버지는 항상 그 밥의 반을 나누어 앞뒤나 옆 사람들에게 나눠주었다. 뒤에 앉아 있던 진국도 배가 곯은 차에 "감사합니다" 하고 받아 먹었다.

더운 감옥에서 고통스럽게 지내던 어느 날, 창수가 지나가는 간수에게 물 좀 달라고 했다.

물 한 주전자가 오자 서로 먹겠다고 아우성이었다. 간수가 한 사람에게 한 컵도 안 되는 물을 주더니만 "끝이다!" 하고 외쳤다. 창수는 몹시 화가 났다.

"목마른 사람에게 그렇게 물을 조금 주면 어떻게 합니까?"

간수는 "저 새끼가 아직도 정신을 못 차렸나? 당장 입 닥쳐!" 하더니 그 자리를 떴다.

창수는 그때만 생각하면 악몽이라고 말하며 치를 떤다. 오죽하면 아버지도 일제강점기 때 감옥 6년이 여수유치장에서의 하루와 같다는 말을 하셨을까?

감옥소 생활 중 추석이 되었다. 그들도 명절의 의미를 조금은 아는지, 그나마 인정이 조금은 남아 있는 것인지 흰쌀밥에 김치가 나왔다. 감옥에 들어와 처음 먹어보는 쌀밥과 김치라 얼마나 맛있게 먹었는지 모른다고 한다. 창수는 남은 김치를 옆에 두고 잘 때 코에 대고 냄새를 맡으며 잤다고 한다.

1950년 9월 28일 이른 아침, 차진국은 간밤에 꿈을 꾸었다. 어쩐지 좋은 꿈인 것만 같아 기분이 좋았다.

"목사님, 간밤에 이상한 꿈을 꿨어요. 주위가 온통 캄캄했는데 갑자기 하늘이 환해지더니 위에서 책 한 권이 내려와 내 앞에 딱 멈춰 서는 거예요. 그 책을 펼쳐보다 잠이 깼습니다. 이게 무슨 뜻일까요? 웬일인지 하늘이 저를 도와주는 꿈인 것 같아요."

꿈 이야기를 들은 아버지가 말했다.

"실은 나도 간밤에 꿈을 꾸었단다. 죽은 동인이, 동신이가 흰옷을 입고 날 부르더구나. 진국아, 나는 죽고 너는 하나님이 도와서 사는 꿈인 것 같다. 너는 분명히 산다. 정말 하나님은 살아 계시니 여기서 살아 나가면 꼭 교회에 나가거라."

"네?"

그날 아침, 아버지는 웬일인지 주먹밥도 안 먹고 진국에게 다 주셨다.

"나는 죽을 몸인데 먹으면 뭐하겠느냐. 너는 반드시 살 테니 많이 먹어두어라" 하시며 예수 잘 믿으라고 했다.

밤이 되자 갑자기 인민군들이 소리치며 밖으로 나오라고 했다.

"전원 집합! 지금부터 행군이 있다."

야밤에 웬 행군인지…. 사실은 서울이 수복되었다는 소식을 들은 인민군이 포로들을 죽이고 도망가려고 다른 말로 적당히 둘러댄 것이었다. "너희들 말 잘 들으면 살려줄 테니 말 잘 들어, 임마!" 하고는 양손을 밧줄로 묶더니 굴비 엮듯이 엮기 시작했다.

차진국은 아버지 옆에서 같이 묶이려고 제일 먼저 아버지에게로 뛰어갔다.이 부분은 그의 친척들이 증언해 준 바다. 창수도 아버지와 같이 묶이려고 옆으로 갔지만, 이미 누군가가 아버지와 함께 묶여 있었다. 김창수는 이후 여러 곳에서 "나는 목사님과 같이 묶이려고 갔으나 목사님이 웬 젊은 청년과 함께 묶여 있었다"라고 진술했다. 김창수는 아버지와 같이 묶인 남자가 차진국인 줄은 몰랐다. 자신 말고 또 산 자가 있다는 이야기를 소문으로만 듣고 어렴풋이 알고 있었다. 이렇게 퍼즐 조각이 맞춰져 갔다. 참 신기한 하나님의 인도하심이다.

## 미평과수원으로 가는 길

인민군은 죄수들을 10명씩 한 조로 묶어 여수에서 순천까지 도보로 이송시켰다. 아버지 앞에서 걸어가던 진국의 머릿속은 내내 꿈 생각으로 가득 차 있었다. 아버지와 차진국은 둘째 줄에 같이 묶여 있었고, 김창수는 셋째 줄 선두에 있었다.

아버지가 이 땅에서 마지막으로 걸은 미평과수원으로 가는 길, 웬일인지 신발이 없이 맨발로 걸어갔다고 차진국과 김창수가 전한다. 마지막 기회를 놓치지 않으려는 듯 아버지가 전도하기 시작했다.

"여러분, 지금이라도 예수 믿으시오. 늦지 않았소! 천국은 확실히 있소!"

화가 머리끝까지 난 인민군들이 소리쳤다.

"감방에서 전도하는 것도 모자라 여기서도 전도해? 입 닥치고 조용히 걸어가! 우리는 이 땅에서 천국 이루고 살 테니 동무나 천당 가서 잘살아!" 하며 개머리판으로 사정없이 내리쳤다. 아버지는 평소에도 "강단에서 설교하다 죽거나, 노방에서 전도하다 죽거나, 고요한 곳에서 기도하다 죽거나 할지언정, 약사발 들고 앓다 죽을까 두렵다"고 하셨다.

과연 그 말씀대로 이제 곧 죽을 것을 아셨음인지 어떻게든 한 사람에게라도 더 복음을 전하려 하셨다.

한참을 걸어가다 허기지고 배고플 때쯤 주먹밥이 나왔다. 아버지는 먹지 않았다. 그 주먹밥을 아무한테도 안 주고 진국에게만 주었다고 한다. 공중에서는 폭격기가 으르렁댔다. 한참을 걸어 지칠 대로 지칠 무렵 미평과수원이 눈앞에 보이기 시작했다. 창수의 마음이 다급해져 손의 밧줄을 풀기 시작했다. 금세 손목이 벌겋게 부어올랐다. 차진국도 아버지와 묶인 손을 풀려는데 너무 단단히 묶여 있었다. 그는 포기하지 않고 계속 손을 이리저리 움직이며 말했다.

"목사님, 제가 어떻게든 풀어드릴 테니 얼른 같이 도망가요!"

"내 걱정은 말고 자네나 도망갈 생각 하게나."

아버지는 이때를 놓칠세라 죽음의 공포로 두려워 떨고 있던 청년들에게 천국 소망을 심어주기 시작했다.

"혹 여러분이 살아남는다면 예수 잘 믿어야 됩니다. 만일 죽더라도 예수 믿고 죽는 사람은 천당에 갈 것이니 조금도 두려워할 것이 없습니다. 천국은 확실히 있습니다."

아버지는 예수를 전한 대가로 개머리판에 맞아 피 흘려가며 미평과수원에 도착했다. 앞에서부터 한 줄씩 차례로 과수원 안으로 들어갔다. 곧이어 총소리가 울려 퍼졌다.

"탕! 탕! 탕!"

사람들이 나무토막 쓰러지듯 맥없이 픽픽 쓰러져갔다. 삶과 죽음은 종이 한 장 차이라 했던가. 순서를 기다리던 이들은 두려움에 휩싸이기 시작했다. 김창수도 심장이 터질 듯한 긴장감으로 손을 덜덜 떨며 줄을 푸는데 기적적으로 밧줄이 풀렸다. 그는 미친 듯이 뛰기 시작했다. 죽기 아니면 살기로 앞만 보고 뛰었다. 뒤에서 "저 새끼 잡아라!" 하는 소리가 들리더니 총성이 들렸다.

그가 그때의 심경을 후일 내게 말했다.
"나는 그때 도망치다 잡혀 두들겨 맞아 평생 꼽추나 병신이 되더라도 너무 살고 싶었어. 그래서 죽을힘을 다해 밧줄을 풀고 도망쳤지!"
그때를 회상하며 아찔한 표정을 지었다.
김창수는 기적적으로 도망쳤지만, 아버지와 차진국은 둘째 줄에서 나란히 죽음을 기다렸다. 아버지는 묶인 손을 억지로 모아 기도하기 시작했다.
총성과 함께 죽음이 임박해 오자 차진국은 간밤에 꾼 꿈을 생각했다. 아버지가 '너는 산다'고 한 말도 생각하며 어떻게든 살아야겠다고 다짐했다. 어쩌면 그가 산 것은 아버지의 유언을 전해주기 위해서였을지도 모른다.
인민군들은 아버지와 차진국이 나란히 묶인 조를 몇 걸음 물러 세우고는 차례로 총격을 가했다. 총소리가 나는 순간, 차진국은 얼떨결에 몸을 구부렸다. 그가 옆 사람과 함께 넘어지며 총알이 그의 옷을 스치고 지나갔다. 죽은 듯 엎드려져 있는 차진국의 귀에 뚜렷한 말소리가 들렸다. 어찌 된 영문인지 목사님에게 바로 총을 쏘지 않고, 총을 겨누고 무언가를 묻는 것 같았다.
"마지막으로 할 말 없나?"
목사님이 그들에게 시계인지 무엇인지를 넘겨주며 말했다.
"천국은 확실히 있으니 예수 믿고 구원받으시오. 꼭 믿으시오! 이 세상은 잠시 잠깐이고 후일에 다 부활해서 영생합니다."

차진국은 여기가 천국인지 지옥인지 분간도 되지 않는 상태에서 숨죽여 그 말을 듣고 있었다. 속으로 '정말 목사님은 목자구나' 하고 생각했다. 그는 나중에 두고두고 자식들에게 말했다. 죽음을 앞둔 아버지의 모습을 전하며 "목사님은 참 목자"라고 했다. 차진국의 아들이 자랑스러워하며 그 말을 내게 해주었다.

아버지의 말을 들은 인민군이 화가 머리끝까지 나서 개머리판으로 아버지의 입을 후려쳤다.

"입 닥쳐! 또 그 소리 하네. 이 새끼, 아직도 예수 믿으라는 소리야?"

이가 다 부러지고 입에서는 피가 줄줄 흐르기 시작했다. 아버지의 입이 다 뭉그러진 이유가 그것이다. 곧이어 아버지가 총을 맞고 차진국 위로 쿵 하고 맥없이 쓰러졌다. 진국은 아버지가 숨이 끊어지기 직전, 신음하듯 마지막으로 내뱉은 말을 어렴풋이 들었다.

"아버지…. 저들을 용서해 주소서."

아버지는 스데반처럼 죽는 순간까지도 원수를 용서했다. 용서가 얼마나 중요한지 알았기에 그랬을 것이다. 아니, 어쩌면 예수님을 보았기 때문이 아닐까?

### 총알도 피하게 하시는 하나님

차진국은 잠깐 정신을 잃었다 큰소리에 정신이 번쩍 들었다. 목사님을 죽인 잔인한 자들의 목소리였다.

"아직도 살아 있는 놈이 있는지 대검으로 재검사하고 확인사살하라우."

누워 있는 동안 피비린내와 화약 냄새 때문에 토할 것만 같았다. 그러나 머릿속은 살려는 욕망으로 가득 차 금세 다른 것은 잊었다.

순간적으로 몸을 일으켜보려 했지만 다른 시신에 다리가 눌려 도저히 움직일 수가 없었다. 숨을 죽이고 동정을 살폈다. 한참 지났는데 어디선가 '으으윽' 하는 신음이 들렸다. 아직 숨이 끊어지지 않은 사람이 또 있는 모양이었다. 그는 '끝까지 정신을 잃지 말고 살아야지. 칼에 찔려도 절대 소리 내지 않으리라!' 생각하며 고개를 다른 시체 속에 파묻고 기다렸다. 몸이 덜덜 떨렸다. 집에 있는 식구들, 아들과 네 살 된 딸의 모습이 머릿속에 지나갔다. 간밤에 꾼 꿈과 목사님 말씀이 생각 났다. 크게 숨을 들이쉬고 이를 악물었다.

그때 '푹!' 하고 칼이 들어왔다. 그는 순간 실신했다. 한참 후 정신을 차리고 보니 이상하게 하나도 아프지 않았다. 분명히 칼이 꽂혔는데 고개를 살살 돌려보고 다리를 구부려보아도 상한 데가 전혀 없는 것 같았다. 정신을 바짝 차리고 머리부터 몸 구석구석을 만져보니 상처 난 곳이 한 군데도 없었다. 피 묻은 곳도 없었다. 칼이 겨드랑이 밑 옷만 찌르고 그냥 지나가버린 것이다. 이것이야말로 기적이었다! 모든 생명은 하늘에 달려 있다더니 다른 이유로는 설명할 도리가 없었다. 그것도 몇 번씩이나! 목사님이 "너는 살 테니 많이 먹으라"며 주먹밥을 주시던 장면이 머릿속을 스치고 지나갔다.

진국이 몸을 살살 움직이는데 찐득한 뭔가가 손에 닿았다. 곁에 있던 시체에서 흘러나온 피일까? 등골이 오싹하고 섬찟했다. 이미 주위는 칠흑같이 어둡고 조용했다. 몸을 살살 일으키려다 말고 누가 있는지 조심스럽게 좌우를 살펴보았다. '다 철수했나?' 아무도 없는 것을 확인하고 일어서려는데 누군가 손을 잡는 것 같았다. 순간 뒤통수가 쭈뼛하고 이마에 식은땀이 흘렀다. 몸을 천천히 돌이켜 뒤를 돌아보니 손에 밧줄이 걸려 있었다. 아직 목사님과 함께 묶여 있었다. 손목을 이리저리 돌리며 당겨보기를 몇 번 반복하자 겨우 풀렸다.

곁에 있는 손 목사님을 만져보니 피가 낭자했다. 몸은 빳빳하게 굳어 있고 눈은 뜨고 있었다. 혹시 살아 계신가 하여 몸을 살짝 밀며 속삭이듯 불렀다.

"목사님, 목사님…."

미동이 없었다. 목사님은 이미 싸늘해져 있었다.

'아, 목사님은 스스로 순교를 택하셨구나. 아까 밧줄을 풀 수 있었는데도 사양하시더니 기어코! 유치장과 감옥에 갇혀 있을 때, 너는 살고 나는 죽으니 예수를 믿어라 하셨는데 그대로 됐구나!'

차진국은 당시 예수를 믿지 않았다. 성령께서 아버지를 통해 말씀하신 것이 분명하다. 그는 살살 걸어 나오다 미친 듯이 뛰기 시작했다. 단숨에 쌍봉산을 넘어가는데 큰형<sub>차이천</sub>의 처갓집이 근처인 것이 생각났다. 입었던 옷을 벗어던지고 팬티 바람으로 뛰는데 돌아가신 목사님의 말씀이 새삼 생각났다.

"너는 산다. 살면 꼭 내 말을 가족에게 전해다오."

진국은 내일 날이 밝으면 빨리 가서 사모님께 유언을 전해드려야겠다고 생각했다. 한참을 달려 형님의 처갓집에 도착한 차진국은 바지를 하나 얻어 입고 밤을 지새웠다. 방금 전에 있었던 악몽 같은 일 때문에 몸이 덜덜 떨리고 마음을 가눌 길이 없어 뜬눈으로 보냈다. 아침이 밝아오자마자 정신 없이 목사님 댁으로 내달렸다. 잠시 숨을 고르며 하늘을 쳐다보다 자신도 모르게 혼잣말을 했다. 눈에서 눈물이 흘렀다.

'저 하늘을 다시는 못 볼 줄 알았는데 다시 보게 되다니!' 그는 그제야 꿈 생각이 나며 탄성이 절로 나왔다.

'아, 하나님이 나를 도와주셨구나. 나는 분명히 살아났어!'

그러면서 손 목사님 생각이 나 목이 메었다. 새벽녘에 우리 집에 도착한 진국은 애써 눈물을 참고 다급하게 문을 두드렸다.

"사모님, 사모님!"

곧이어 놀란 어머니가 달려나왔다. 어머니의 눈에 온몸이 상처투성이에 땀이 뒤범벅된 청년이 들어왔다.

"아니⋯어쩐 일입니꺼?"

그가 숨을 몰아쉬며 말했다.

"손 목사님이 돌아가셨습니다. 저에게 마지막 유언을 전해주라 하셨어요. 나는 먼저 천국 가니 예수 잘 믿고 천국에서 만나자고 전해 달라고 하셨습니다. 으흑."

어머니는 차진국으로부터 아버지의 마지막 말을 전해 듣곤 하염없이 울었다. 그리고 연신 고백했다.

"하나님, 감사합니다. 하나님, 감사합니데이!"

진국은 이상했다. 남편이 죽었는데 감사하다니 참으로 이해가 되지 않았다.

어디서, 어떻게 알았는지 어느새 동네 사람들과 애양원 사람들이 진국을 둘러싸고 이야기를 듣고 있었다.

한편, 차진국의 부모와 친척, 동네 사람들은 난리가 났다.

"형무소에 있던 자들을 인민군이 미평과수원에서 총으로 쏴 죽였다는데, 우리 진국이도 죽었겠구나. 진국아, 진국아!" 하며 부모와 친척들은 진국의 시체라도 찾기 위해 들것을 들고 미평과수원으로 갔다. 시체와 시체가 마구 엉켜 뒹굴고 있었다. 피범벅이 된 시체를 하나하나 들춰보며 진국을 찾기 시작했다. 어떤 시체는 눈을 뜨고 있고, 어떤 시체는 혓바닥이 나와 있었다. 어떤 시체는 엎어져 있고, 어떤 시체는 웃고 있는 듯했다. 머리끝까지 쭈뼛쭈뼛했지만 무섭다는 생각을 할 겨를도 없이 제발 진국을 찾기만을 바랐다.

아무리 뒤져도, 끝까지 뒤져도 진국은 없었다. '그럴 리가 없는데, 이상하다! 더 찾아보자' 했지만, 이미 살아서 형님의 처갓집에 가 있는 진국이 있을 리 만무했다. 친척들은 하는 수 없이 집으로 돌아오고 말았다며, 그때 진국의 시신을 찾으러 갔던 구암에 사는 사촌<sup>이정봉</sup>이 내게 말해주었다.

### 하얀 시트 아래 똑바로 누워 있던 아버지

1950년 9월 29일, 이날은 나의 운명의 날이었다. 아니, 우리 식구들의 운명의 날이었다!

내 나이 네 살, 우리 집 안마당에서 죽을 때까지 잊지 못할, 도저히 머리에서 지워지지 않는 끔찍한 일이 일어났다. 그 일로 내 삶은 송두리째 바뀌고 말았다. 나를 그토록 사랑해 주던 아버지가 주검으로 우리 집 안마당에 들어선 것이다!

하얀 시트 아래 똑바로 누워 있는 아버지.

아버지를 본 순간 나는 어디론가 도망가버렸다. 사람들이 아버지의 시신을 옮겨 깨끗하게 닦아드린 후 사진을 찍을 때 난 그 자리에 없었다. 내가 없어지는 바람에 한동안 사진을 찍지 못하다 나중에야 찍었다고 들었다. 나는 어디에서 무엇을 하고 있었을까? 그때 주님은 어디에 계셨을까?

당시 우리는 내가 태어난 집 애양원 입구에 살고 있었다. 아버지는 2년 전 두 오빠가 실려 왔던 그 길로, 하얀 시트에 덮인 채 들것에 실려 왔다. 아버지의 순교 소식을 들은 방내식(가명) 목사와 애양원 청년들이 20킬로미터 떨어진 미평과수원으로 달려가 아버지의 시신을 찾아온 것이다. 애양원 식구들은 이미 소식을 듣고 눈이 퉁퉁 부은 채 애통해하며 아버지를 맞이했다. 곳곳에서 흐느껴 우는 소리가 귓가를 때렸다.

이때 어머니의 마음은 오죽했을까. 2년 전 두 아들의 죽음도 감당 못할 일인데, 그 상처가 아물기도 전에 기둥 같은 남편이 죽었으니….

아버지의 시신이 들어온 이후부터 장례식까지, 우리 집은 온통 쑥대밭이었다. 사람들은 울며불며 아버지의 시신을 만지고 비비고 야단법석이었다. 아버지의 얼굴은 피투성이였고 눈은 뜨고 있었다. 입을 틀어막은 솜은 붉은색으로 물들어 있었다. 아버지는 죽기 직전까지도 전도하다 총 개머리판으로 인정사정없이 얻어맞았다. 확인사살로 인해 대검에 찔린 자국도 있고, 두 손바닥에는 총알이 관통한

어두운 얼굴의 막내딸

듯 구멍이 나 있었다. 한마디로 시신은 만신창이였다.

### 나를 잃어버리다

아버지의 시신은 웬일인지 눈을 뜨고 있었다.

난 어머니가 아버지의 눈을 감겨드릴 때 "우린 어찌 살라고? 뭐가 한이 되어 그렇게 눈을 뜨고 갔소?" 하거나, "잊고 가소, 잊고 가소. 그렇게 사랑하던 막내딸 동연이를 잊고 눈 감고 편히 가소" 할 줄 알았다. 아버지가 나를 그토록 사랑했던 것을 누구보다 잘 알기에….

그러나 어머니의 입에서 나온 첫마디는 뜻밖이었다.

"여보! 잊고 가소, 잊고 가소. 애양원 걱정일랑 그만하고 편히 눈 감고 가소. 이제 편히 눈 감고 가소!"

아버지는 어머니가 세 번이나 눈을 감겨주신 후에야 눈을 감았다. 주위 사람들은 어머니가 아버지의 시신을 보지 않는 것이 좋겠다고 했지만, 어머니는 오히려 반대했다고 한다. 이 모습을 지켜본 오마르다 권사가 다음과 같이 회고한다.

"사모님은 손 목사님의 머리를 쓰다듬고 머리를 잡고 기도하기 시작했어요. 너무나도 은혜로워 다 같이 하늘나라에 가는 기분이었지요. '한 가정에서 삼부자가 순교하는 영광을 주셨는데? 왜 우느냐?' 하시며 주위 사람과 애양원 식구들이 울지 못하게 했습니다."

아버지 시신이 우리 집 안마당에 들어오는 순간, 나는 나를 잃어버렸다. 잃어버린 나를 찾기 위해 나는 아주 오랜 세월을 방황해야 했다. 아버지의 죽음을 믿음으로 승화시키지 못한 탓이리라. 하기야 네 살밖에 안 된 어린아이가 사랑하는 아버지의 죽음을 어떻게 받아들일 수 있었겠는가. 세상에서 날 제일 사랑한다면서 나를 두고 간 아버지가 거짓말쟁이라고 생각하는 수밖에…. 날 버리고 간 아버지를 용서하지 못함으로 스스로 내 인생에 불행을 끌어들이는 결과를 낳았다.

머리에 금이 간 게 아닌가 생각될 정도로 언젠가부터 머리 아픈 증세가 시작되었고, 얼굴에선 웃음기가 사라지고 분노 가득한 얼굴이 되었다. 마치 울지 않는 병에 걸린 것처럼 절대 울지 않았다. 힘든 일이 있을 때마다 하나님에 대한 원망만 쏟아냈다. 이 악몽이 내 삶을 뿌리째 흔들어놓았다. 차라리 꿈이었으면 좋으련만….

### 용서할 수 없는 아버지

아버지의 시신이 땅속으로 들어감과 동시에 내 몸에서 힘이 빠져갔다. 난 오른손 주먹을 꽉 쥐고는 이를 악물고 부르르 떨었다.

"나를 버리고 간 아버지를 용서할 수 없어! 아버지를 데려간 하나님도 절대 용서하지 않을 거야. 예수도 믿지 않을 거야. 절대 교회에 안 나갈 거야!"

사랑하는 아버지를 다시는 볼 수 없다는 슬픔이 내 마음을 강타했다. 곧 울음이 북받쳐 올랐다.

'아부지, 아부지! 나는 아부지가 너무 미워! 나를 그토록 사랑한다 해놓고 애양원 환자들을 더 사랑했잖아요. 나를 사랑한다면서 나를 두고 먼저 갔잖아요!'

이 모든 슬픈 일들이 내 내면에 고
스란히 저장되고 있었다. 내가 그때 무
슨 생각을 했고 어떤 감정이었는지는
내 나이 50세 이후에 내적치유를 받으
며 알게 되었다. 어머니는 하관 직전, 아
버지에게 "여보, 먼저 가 있으이소" 하고
담담하게 말했지만 두 오빠의 무덤 앞
에 서는 순간 절규했다.

아버지의 하관식

"동인아, 동신아! 아부지가 느그 옆으로 가셨고마. 오늘 저녁부터
느그 삼부자는 같이 지내게 되었지만 내는 우찌 살꼬!"

아버지는 두 아들과 함께 동도섬 한 모퉁이에서 깊이 잠들었다.
아버지 시신은 동인, 동신 오빠의 무덤 뒤편에 장사되었다. 아버지
는 이 세상에 사랑과 용서, 화해의 옷을 남기고, 슬피 우는 애양원
식구들과 우리 가족의 곁을 떠나 그토록 사모하던 하늘나라로 가
셨다.

### 어떠한 지우개도 지울 수 없는 장면

아버지의 마지막 모습이 늘 마음을 짓눌렀다. 충격적인 그 장면
이 떠오를 때면 꿈속에서 있었던 일처럼, 내가 태어나기 전에 있었던
일처럼 여기려고 애써 노력했다. 억지로라도 그 일을 회피하며 사는
게 상책이라고 생각했다.

날 그토록 사랑해 주던 아버지를 잃은 허전함과 아버지의 처참한
마지막 모습이 잠시 동안은 희미해져버린 것만 같았다. 하지만 결코

지워지지 않는 커다란 피멍으로 내 안에 고스란히 저장되어 있었다. 이 장면을 세상의 그 어떤 지우개가 지울 수 있을까? 아버지의 마지막 모습이 떠오를 때마다 너무 고통스러웠다. 내 마음 가장 깊은 곳에 넣고 지퍼를 닫고 자물쇠로 잠갔다. 그 누구도 건드리지 못하도록 두껍게 콘크리트를 치고 토치카두꺼운 철근 콘크리트와 같은 것으로 공고하게 구축된 곳. 안에 기관총, 대포 등의 무기가 비치되어 있음를 구축했다. 아무리 세계적으로 유능한 의사가 내 가슴을 열어 찾아보려 해도 찾을 수 없도록 아주 깊이 꽁꽁 숨겨두었다. 그래서 아버지를 잃은 슬픔이 참으로 오랜 세월 가슴속에 남아 있었나 보다.

　죽음의 파도가 우리 가족을 순식간에 삼키고는 어느새 시치미를 떼고 또다시 남은 가족들을 노려보고 있었다. 내 마음을 헤아려주는 이 하나 없고 신앙으로 이끌어줄 사람도 없었다. 내면은 점점 더 깊은 상처로 움츠러들어 곪아갔다. 날개가 꺾이고 비 맞은 참새마냥 완전히 풀이 죽어 있었다. 나뿐 아니라 우리 가족 모두가 자신을 잃어버렸다. 아버지 목말을 타고 천하를 다 얻은 듯 의기양양하던 내 모습은 온데간데없이 사라졌다.

## 아버지 순교 후

　어린 시절의 기억을 더듬어보면, 2년 터울로 생긴 이 엄청난 비극으로 인해 온 가족이 큰 슬픔에 잠겨 있었던 것 같다. 길고 무거운 침묵이 우리 가정을 눌렀다. 우리는 서로 얼굴만 쳐다볼 뿐 아무 말도 하지 않았다. 사소한 말에 상처받을까 봐 침묵할 수밖에 없었다. 조금만 건드려도 폭발할 것처럼 답답하고 침울한 분위기였다. 가슴이 터질 것 같아 어디론가 뛰쳐나가고 싶었다. 하지만 어린 내가 할 수 있는 건 아무것도 없었다.

밖에서 가랑잎 소리나 빗방울 소리, 발자국 소리만 나도 행여 아버지나 두 오빠가 어디 갔다 돌아온 게 아닐까 생각했다. 아버지나 두 오빠가 돌아올까 봐 문을 닫고 잘 수도 없었다. '우리가 나쁜 꿈을 꾼 건 아닐까? 꿈이라면 얼마나 좋을까?' 하고 생각했던 적도 한두 번이 아니다.

어느 날 우리 식구들이 한 방에 모여 있었다. 마침 라디오에서 아주 구슬픈 가락의 노래가 흘러나오는데, 우리는 약속이나 한 듯 일시에 울음보가 터져 대성통곡했다. 그 곡이 어떤 곡이었는지 지금도 또렷하게 기억이 난다.

간혹 자다 일어나보면 어머니가 울며 기도하고 있던 적이 많았다. 큰언니는 먼 산을 바라보며 맥 놓고 슬픈 표정으로 있었다. 무엇인가 땅에 쓰기도 했는데 지금 생각해 보면 허탈한 마음을 추스르느라 그랬던 게 아닌가 싶다. 어머니는 아버지가 순교한 미평과수원둔덕동과 두 오빠가 죽은 순천경찰서 쪽으로는 절대 가지 않았다. 꼭 가야 할 일이 있으면 아무리 멀어도 다른 길로 돌아갔다. 나중에 들으니 큰언니도 그랬다고 한다.

한번은 비가 오는데 큰언니가 나가서 들어오지 않았다. 한참 만에 들어온 언니에게 어머니가 물었다.

"동희야, 니 비 오는데 어디 갔었노?"

"두 오빠와 아버지 찾으러 갔었어요."

"느그 오빠들하고 아버지는 죽었지 않나?"

"엄마, 나 그거 안 믿어! 살아 있어, 살아 있다고요!"

큰언니는 오랫동안 두 오빠와 아버지의 죽음을 믿지 못했다. 언니는 그때를 이렇게 회상한다.

"나도 그때 두 오빠 산소 옆에 조그마한 오두막 하나 짓고 살고 싶었어. 공부를 하고 있어도 오빠 발자국 소리가 들리는 것만 같더라. 오빠가 마치 '동희야, 울지 마라. 너도 예수님 잘 믿고 나 있는 천국에 오면 되잖니? 부디 예수님 잘 믿어라' 하는 것 같았어. 그 음성이 귓가를 스칠 때가 많았지."

어머니는 어머니대로 깊은 고통의 시간을 기도와 믿음으로 견뎌내고 있었다. 그러나 심한 피해의식은 떨쳐내지 못하신 듯했다. 벽이 무너질까 봐 벽 쪽에 못 누우셨다. 길을 건널 때면 우리 손을 으스러지게 잡고 두려움이 가득한 표정으로 주위를 살피며 건너곤 했다. 혹여 자식들이 잘못되기라도 할까 봐 잠시라도 눈에 띄지 않으면 큰 소리로 이름을 부르며 찾는 습관이 생겼다. 우리는 마음 놓고 집 밖을 출입하지 못했다.

국민초등학교 3학년 무렵, 어머니가 내 이름을 크게 부르며 학교에 찾아오신 일도 있었다. 자식들이 잘 있나 확인하지 않으면 불안을 떨쳐낼 수 없으셨던 모양이다. 철이 없던 나는 남루한 차림으로 학교에 찾아온 어머니가 창피해 숨어버렸다.

어머니와 같은 운명을 가진 여인이 이 세상에 또 있을까? 지금 생각하니 마음이 바늘로 콕콕 찌르는 것처럼 아프다. 어렸던 내가 어찌 그 마음을 다 헤아릴 수 있었으랴. 그 당시엔 아주 큰 슬픔을 겪은 가족이라고만 막연히 생각했을 뿐이다. 왜 그런 침울한 분위기 속에서 자라야 했는지 구체적인 내용은 몰랐다. 그러다 내가 결혼해 자녀를 낳고 큰언니의 간증집을 제작하는 과정에서야 알게 되었다.

삼부자 묘

## 멈추어버린 인생 행로의 시계

'목사 주택' 팻말과 우리 집은 여전히 같은 자리에 있는데 아버지만 어디로 가고 없었다. 아버지가 나를 안고 자던 그 침대는 주인을 잃고 그 자리에 덩그러니 놓여 있었다. 내 어릴 적 기억 한쪽을 차지

하는 그 침대. 그 시절에는 흔치 않은 것이라 남들이 무척 부러워했다. 나중에는 아버지의 체취가 배어 있는 그 침대마저 없어지고 '목사 주택' 팻말도 아예 떼버렸다. 내 삶에서 아버지의 흔적이 '영원히' 사라져버렸다.

깊은 슬픔이 나를 집어삼켰다. 나를 그토록 사랑해 주던 아버지가 내가 보고 싶어서라도 다시 올 것 같은데, 아무리 기다려도 돌아오지 않았다. '아부지가 다시 돌아오면 따가운 수염이 날 찌르더라도 도망가지 않을 거야. 아부지가 오면 목말 타고 목사 주택 택 택 해야지' 하는 생각만 빈 메아리가 되어 허공을 맴돌았다.

아버지가 영원히 내 곁을 떠난 순간, 내 인생 행로의 시곗바늘이 멈추고 더는 가지 않았다. 그때부터 내 마음에는 하나님과 아버지에 대한 원망이 가득 찼다. 내 스스로 아버지의 죽음을 끌어들여 인생을 송두리째 망가뜨리는 실수를 하고 만 것이다.

### 내가 태어난 곳, 애양원을 떠나다

우리는 갈 바를 알지 못한 채 정든 애양원을 떠나야 했다. 애양원교회에 새로운 담임목사가 부임해 와서 사택을 비워줘야 했기 때문이다. 아버지 없는 애양원은 우리와 아무 상관없는 장소가 되었다. 우리 식구들이 하나님의 부르심을 따라 이곳에 온 게 엊그제 같은데, 불과 몇 년 만에 왜 이리 처참한 모습으로 사랑하는 애양원을 떠나야 하는 건지…. 우리 기억 속에 아버지와 두 오빠의 피가 아직도 마르지 않은 것 같은데, 그들을 동도섬 한적한 모퉁이에 깊이 잠들게 하고 남은 가족들은 쓸쓸히 뒤돌아서야 했다. 아버지와 두 오빠의 죽음을 이해할 수 있는 사람은 어머니를 제외하곤 아무도 없었다.

아, 애양원!

우리 식구들의 아름다운 기억의 한 페이지를 장식했던 곳, 두 오빠와 아버지와의 추억이 고스란히 남아 있는 곳, 우리와는 필연적인 인연이 있는 곳, 내가 태어나고, 아버지와 두 오빠가 그토록 사랑하던 애양원 식구들이 있는 곳.

해가 질 무렵, 하늘의 붉은 노을은 물감을 칠한 듯이 아름다웠다. 언니, 동생과 신발을 벗은 채 바닷가 모래밭을 한참 거닐며 찬송을 부르다 보면, 어느덧 해가 져 신발도 못 찾은 채 집으로 가야 했다. 내가 잃어버린 신발 한 짝은 자기를 찾으러 와주길 이제나저제나 기다리고 있겠지만, 나는 돌아갈 수가 없었다. 우리의 아름다운 추억과 노랫소리, 아픔과 분노를 모래 속에 묻어둔 채 아무 미련도 없이 애양원을 떠나야 했다. 뒤돌아볼 필요도 없는, 살아남은 자들만의 애처로운 행렬이었다. 추억이 가득한 한편, 크나큰 고통을 당한 곳이라 말로 다 표현할 수 없는 착잡한 감정이 스며들었다.

가장 사랑하는 사람을 잃은 우리가 누굴 사랑할 수 있으며, 무슨 낙으로 살아야 할까? 애양원에서 일어났던 이 일에 대해 아무렇지 않은 듯 입 밖으로 꺼낼 수 있는 사람은 우리 식구 중 아무도 없었다. 아버지와 두 오빠가 있는 쪽으로는 고개를 돌릴 수도, 쳐다볼 수도 없었다. 언젠가 흘러간 옛이야기를 하듯 아무렇지 않게 이야기할 날이 올까? 오랜 세월이 흐르면 이곳을 다시 찾을 수 있는 용기가 생길까? 애양원을 잊지 못할 것을 알면서도 다시 돌아올 수 있는 용기를 가진 자는 우리 식구 중 아무도 없었다.

4. 나를 잃어버리다

애양원을 떠난 뒤 우리 식구들은 뒤도 돌아보지 않았다. 뒤돌아볼 필요도 없었고, 아무런 미련도 없었다. 후일 애양원을 찾았을 때 내가 태어난 집 안마당을 둘러보니 아무 일도 없었다는 듯 평화롭고 고요한 적막이 흐르고 있었다. '목사 주택' 팻말이 다른 사람 이름으로 바뀌어 있고, 아버지와 두 오빠가 심은 소나무는 어느새 아름드리나무가 되어 우뚝 서 있었다. 그때를 회상하며 '마당아'라는 시를 지었다.

마당아

손동연

마당아, 너는 잊지 말아다오
여기서 일어났던 일들을.
세월이 가고 또 몇천 번 바뀌어도
너만은 여기서 일어났던 슬픈 일들을 잊지 말아다오.
우리 두 오빠가 죽어 이 마당에 들어왔던 일을,
2년 후 아버지까지 죽어 이 마당에 들어왔던 그 슬픈 일을.
목사 주택 팻말이 땅에 나뒹굴고
다른 사람의 팻말로 바뀔지라도
혹 우리는 이 일들을 잊을지라도
너만은 여기에서 일어난 일들을 절대로 잊지 말아다오.

## 가족들이 뿔뿔이 흩어지다

불어온 풍파는 참으로 얄궂게도 우리를 가난의 늪으로 내몰았다. 아버지와 두 오빠는 순교의 제물로 하늘 상급을 받았겠지만, 남은 가족은 험난한 삶을 살아야 했다. 여러 기독교 단체에서 돌봐주기는 했어도 현실은 야속하리만큼 우리를 궁지로 내몰았다. 애양원에서 나와 딱히 갈 곳 없는 우리 가족들은 뿔뿔이 흩어지게 되었다. 어느 날 어머니가 눈물을 글썽이며 울먹이는 목소리로 나에게 말씀하셨다. 유난히 나를 예뻐하던 어머니의 슬픈 눈!

"동연아, 니 엄마하고 떨어져 다른 집에서 살 수 있재? 엄마가 보고 싶어도 조금만 참으래이. 우리 식구들 금방 같이 살 수 있데이. 그동안 오 집사님 집에 좀 가 있거래이. 그 집사님은 맘이 아주 좋고 믿음이 좋아서 너에게 잘해줄끼데이."

나는 그 말의 의미를 몰랐다. 어머니가 잠깐 어디 갔다 오는 줄 알고 맑은 눈망울을 하고 고개를 끄떡였다. 아마 부산 대청동이었던 것 같은데, 어머니가 그 집(피아노가 있었던 것으로 기억한다)에 날 맡겼다. 집안의 모든 문제가 정리되면 곧 나를 데리러 오실 줄 알았다. "엄마 금방 올끼데이" 하고 눈물을 훔치며 떠난 어머니는 내가 국민(초등)학교 3학년이 되어서야 날 찾아왔다.

며칠간은 어머니가 언제 오실까 이제나저제나 기다렸다. 그러나 문 밖을 서성이며 온종일 기다려도 어머니는 오지 않았다. 난 낯선 여 집사님을 향해 '엄마'라고 부르기 시작했다. 그래야 어머니가 덜 보고 싶을 것 같아 누가 시키지도 않았는데 '엄마'라고 불렀다. 누구나 입에 풀칠하기도 어렵던 시절, 형편이 되는 대로 이 집 저 집으로 옮겨다닐 때마다 그 집의 여자 어른이 내게 잘해주든 말든 다 엄마라 부르며 지냈다. 어머니가 너무 보고 싶어 내게 잘해주는 분에게는 더더욱 "엄마, 엄마!" 하고 불렀다.

그러면 정말로 어머니가 보고 싶은 그리움이 사그라드는 것 같았다. 그 시절을 지나려면 차라리 그게 나았으리라.

어느 의사의 말처럼, 너무 괴로운 기억이라 애써 덮어두려 했던 것일까? 어머니가 왜 나를 그 집에 맡기고 갔는지, 어머니와 다른 가족들은 어떻게 살았는지 잘 모르겠다. 언니는 언니대로, 어머니는 어머니대로 어디론가 떠났다. 내가 언제, 어디에 살았는지 기억이 흐릿할 정도로 자주 이 집 저 집으로 옮겨 다녔다.

그 시절 가장 힘들었던 것은 어머니를 보고 싶어도 볼 수 없다는 사실이었다. 어머니가 너무 그리웠고 가족들이 모여 사는 것이 내 평생 소원이었다. 나는 풀이 꺾일 대로 꺾였다. 아버지가 살아 계실 땐 아버지를 믿고 아주 당당했는데, 이젠 갈 곳 없이 얻어먹는 거지 신세가 된 것 같았다.

아버지와 어머니 손을 잡고 가는 아이들이 너무나 부러웠다. 그들을 멍하니 쳐다보며 나도 모르게 뒤를 따라간 적도 있다. 아버지가 너무 보고 싶은 날은 꿈속에서라도 한번 만나보길 소원했지만 나타나지 않았다.

부산인지 어디인지 기억도 가물가물한 그때, 어떤 생각에 휩쓸려 어딘가를 향해 가고 있었다. 몹시 침울해 있는데 한 가족의 모습이 눈에 들어왔다. 아버지가 딸의 손을 다정하게 잡고 길을 걸어가고 있었다. 너무 부러워 눈물이 핑 돌았다. 나도 모르게 그 가족을 따

어릴 적 나

라가면서 마음속으로 중얼거렸다.

'아! 나도 아부지가 있었는데…우리 아부지는 나를 무척이나 이뻐 했는데…진짜인데…거짓말이 아닌데….'

너무 부럽고 심사가 뒤틀려 휙 돌아서서 뛰기 시작했다. 뭔가가 가슴에서부터 머리끝까지 치밀어 오르며 속이 배배 꼬였다. 순간 울컥했다. 왜 그런 모습만 내 눈에 들어오는지…. 그런 모습을 안 보자고 집에만 있을 수도 없고, 눈을 감고 다닐 수도 없으니 어떻게 해야 하는 걸까?

그런 아픈 기억들이 나를 힘들게 했다. 어머니는 어머니대로 나를 품에서 떼어내 다른 집에 맡길 때마다 얼마나 괴로우셨을까?

어느 날 문득, 내가 그동안 몇 사람을 엄마라고 불렀나 헤아려보니 모두 여섯 사람이었다. 학교는 몇 번 옮겼나 생각해 보니 국민초등학교만 여섯 번이었다. 학교를 옮길 때마다 어머니가 바뀌곤 했다.

국민초등학교 3학년 무렵, 애양원에서 집을 마련해 주어 드디어 온 식구가 부산에 모여 살게 되었다. 어린 시절 중 가장 행복했던 때가 아닐까 싶다.

# 2부

## 하늘 상급

# 1.
# 어머니의 소망

**아, 나의 어머니 정양순**

아버지와 두 오빠의 순교는 세상에서 크게 부각되었다. 하지만 어머니에 대해서는 잘 알려져 있지 않다. 수많은 믿음의 지도자들을 보면 그 아내의 역할이 무척 컸던 것을 볼 수 있다. 주위 사람들은 두 오빠와 아버지의 순교에 어머니의 기도가 뒷받침되었다고 할 만큼 어머니의 믿음이 더 좋았다고 한목소리로 말한다.

어머니는 극심한 불행을 겪은 이후에도 철없는 자식들을 데리고 생계를 책임져야 했다. 어쩌면 이 세상에서 가장 불행한 여인이 어머니가 아니었을까? 남편이 신사 참배 거부로 감옥에 끌려간 것을 시작으로 두 아들을 순교의 제물로 드렸으니…. 어머니는 얼마간 두 오빠의 소지품만 보아도 슬픔을 억누르지 못하고 괴로움에 시달렸다. 그런데 2년도 채 안 되어 남편마저 순교했으니 그 고통을 어떻게 말로 다 표현할까? 그 심정을 어느 누가 헤아릴 수 있을까?

정양순 사모

어머니는 이 모든 역경을 오직 기도로 이겨냈다. 하나님의 위로만이 큰 힘이 되었으리라. 어머니는 애양원 근처에 성수교회(옛 성광교회)를 세우느라 바삐 움직였다. 나는 어렸을 때 막연히 생각했다.

'이렇게 바쁘게 살아야 모든 슬픔을 잊을 수 있나 보다. 없는 하나님을 있다고 생각하고 위로받으려고 저러나 보다…'

이 생각은 내가 커서도 변하지 않았다. 어머니는 개척교회를 세우는 일과 전도 등으로 바쁘게 움직이는 와중에도 가정예배를 빠뜨리지 않았다. 기도할 때마다 식구 한 사람 한 사람의 이름을 불러가며 기도하는 것은 물론이요, 전국에 흩어져 있는 기도 동지들의 이름을 불러가며 오랜 시간 기도했다. 살고 있는 지역까지 하나도 안 빼먹고 기도하는데 기억력도 좋았다. 기도가 하도 길어 동생과 나는 도중에 눈을 뜨고 장난을 치기도 했다. 어머니는 눈을 감고 기도하면서도 우리더러 기도하라는 듯 깍지 낀 손을 내밀어 머리 위로 휘휘 내젓곤 했다.

어머니의 기도가 얼마나 구구절절 애절하던지…. 전혀 응답이 없는 기도지만 응답해 주실 거라 여기며 간절히 기도하는 게 어머니에겐 위로가 되리라, 마음 달래기엔 좋겠다고 생각했다. 그땐 철이 없어서 이해하지 못했지만 이제 와 어머니의 심정을 조금이나마 헤아리게 된다. 어머니가 오직 하나님만 의지하셨음을 말이다. 그 고난의 시간을 통과할 때 하나님이 계시지 않았다면 어떻게 되었을까? 어머니가 간절히 기도하시던 모습은 지금도 내 기억에 오롯이 남아 있다.

### 아버지가 순교할 때 입었던 옷

국민초등학교 3학년 때쯤의 일이다. 어머니가 다락에서 기도하고 내려오실 때마다 이상하게 눈시울이 젖어 있었다. 철없던 나와 동생은 어머니가 왜 울었는지에는 관심도 없었다. 다만, 어머니가 자주 다락에서 맛있는 걸 꺼내오셨기 때문에 위에 뭐가 있는지 궁금할 뿐이었다.

하루는 땅콩이 먹고 싶어 다락에 올라갔다. 나프탈렌 냄새가 코로 훅 들어왔다. 우리는 땅콩을 찾아내 신나게 까먹다 옆에 있던 작은 보따리를 발견했다. "이건 뭐지?" 궁금증을 이기지 못한 채 풀어

헤쳐 보곤 기겁하며 나자빠졌다. 아버지가 순교할 때 입었던 피 묻은 옷이었다! 총에 맞아 흐르던 피가 마르고 오래 되어 흙색 같기도 하고 검은색 같기도 한 딱지들이 더덕더덕 앉아 있는 옷이었다. 가끔 어머니가 다락에 올라와 슬피 우시던 이유를 그제야 알게 되었다.

아버지 순교 후 어머니는 아버지나 두 오빠를 연상하게 하는 많은 유품들을 태워버렸다. 부산으로 이사할 때 일부 의미가 있다고 생각되는 자료들만 다락에 보관해 두었다. 아버지의 옷도 그중 하나였던 것이다. 아버지의 피가 낭자한 옷이 뭐가 좋다고 보관해 두셨을까? 그 옷을 보고 있노라면 가슴 아픈 기억만 떠오르는데…. 아버지가 보고 싶을 때를 대비해 두신 걸까? 행여나 믿음이 약해질까 봐 그러셨을까?

1959년, 안타깝게도 사라호 태풍 때 지붕이 날아가면서 많은 자료들도 함께 날아가버렸다. 그런데 신기하게 아버지의 옷은 남아 있었다. 어느 날 어머니가 우리를 부르셨다.

"야들아, 오늘은 다락에 있는 느그 아부지 옷을 태워뿌야겠다. 괜히 하나님 앞에 우상이 될 것 같데이."

그러나 정작 우리는 아버지가 마지막에 입었던 그 옷을 태우는 것이 아까워 극구 말렸다.

"엄마, 아버지를 추억할 수 있는 건 그거 하나밖에 남지 않았잖아요."

"어디다 절을 해야만 우상이 아니데이. 하나님보다 우선시하는 것은 다 우상이데이. 우리가 이 옷을 애지중지할 필요가 전혀 없는 기라!"

어머니는 세상에서 이름이 나고 하나님보다 더 높은 것이 있으면

1. 어머니의 소망

무척산 기도원

그것을 우상으로 여겼다. 그만큼 우상에 민감했다. 우리는 한동안 이 문제로 실랑이를 벌였지만 결국 어머니는 1970년대 초반, 기도 동지들과 함께 경남 김해시에 있는 무척산 기도원에서 명향식 초대원장의 도움으로 아버지 옷을 태워 없앴다. 잘 보관했더라면 훗날 기념관을 세울 때 매우 유용하게 쓰일 뻔했는데 말이다.

### 동연아, 우리에겐 하늘 소망이 있데이!

어느 날 어머니가 말씀하셨다.
"내가 새벽기도 갔다 오는데 저수지 쪽에서 어느 미친 남자인지 귀신인지 날 따라오더마는 내 앞을 딱 막는 기라. 너무 무서버가꼬 '여호와는 나의 목자시니 내게 부족함이 없으리로다. 예수 이름으로 물러갈지어다!' 했더마는 막 도망가는 기라. 어떤 때는 주기도문이나 사도신경을 외우면 바로 사라졌데이. 느그들도 말씀 많이 보고 기도 많이 하그라. 하나도 무서울 게 없데이. 예수님의 권세엔 대적할 게 하나도 없구마."

나는 어린 마음에 어머니가 거짓말한다고 생각했다. 없는 하나님을 있는 것으로 믿는 게 차라리 어머니가 위로받기에 좋겠다는 막연한 생각을 했다. 얼마나 철없는 시절이었는지 모르겠다. 어머니께 효도하지 못한 것이, 어머니의 마음을 헤아리지 못한 것이 너무 괴로워 눈물이 앞을 가린다.

어머니는 어려서 안 믿는 부모 몰래 담을 넘어가며 새벽기도를 다녔단다. 주일에 교회 갈 때는 아무리 먼 길도 차를 안 타고 걸어 다녔다. 어머니는 평생 신발 한번 사 신은 적이 없다. 하나님께서 항상 누군가를 통해 공급해 주셨다고 한다. 마치 이스라엘 백성들이 출애굽했을 때 하나님께서 만나와 메추라기를 공급해 주셨던 것처럼 말이다.

누군가가 아버지에 대한 영화를 찍자고 어머니를 찾아온 적이 있다. 나도 그때를 기억하는데, 돈을 많이 줄 테니 영화를 찍자고 통사정을 해도 어머니는 단호하게 거절했다. 그래서 그분이 상처를 받기도 했던 것 같다. 그때는 어머니가 왜 이렇게까지 하시나 이해하지 못했지만 지금 생각해 보니 조금 이해가 된다. 어머니는 '사람이 우상이 되고 돈이 우상이 되면, 결국 하나님을 등한시하게 되고 멀어지게 된다. 그 돈으로 좋은 옷 입고, 좋은 음식 먹고 살면 믿음이 약해진다'고 생각하셨던 것 같다. 아버지가 하나님보다 높아질까 늘 조심하셨다. 우리 식구들이 다 기억할 만큼 늘 어머니의 입에 붙어 있던 말이 있다.

"느그들은 지금은 모를 끼다. 세상 사람들은 우리를 저주받은 집이라고 말할 끼다. 근데 그건 절대로 아니데이. 우리는 하늘나라의 상급이 크데이. 나는 그걸 분명히 알고마."

오히려 세상에서 너무 호강하고 상급 다 받으면 하늘나라에 상급이 없다는 것이 어머니의 믿음이었다. 어쩌면 아버지나 두 오빠의 순교보다 어머니의 삶이 더 순교적이지 않았나 생각한다. 난 어머니가 하나님을 조금이라도 원망하는 것을 보지 못했다. 어머니는 늘 말씀하셨다.

"내는 기도나 전도하다 죽을 끼다. 절대로 약사발 들고 죽진 않을 끼다."

험난하고 모진 세월, 여자 혼자 몸으로 아이들을 키우며 고생한 어머니를 생각하면 지금도 마음이 아프다. 사람들이 어떠한 오해를 해도 어머니가 신실함과 충성심으로 산 것을 하나님은 아신다. 실제로 어머니는 한 개척교회를 돕기 위해 비 맞고 다니다 과로로 쓰러졌다. 자식들이 잘되어 호강시켜드릴 시기에 기쁨 한번 누리지 못하고 육신의 수명을 다하고 돌아가셨다. 그러나 우리가 호강시켜드리는 것보다 몇 배 아니 몇백 배, 몇천 배 더 영화로운 천국에서 우리를 지켜보고 계실 것이 분명하다. 어머니가 천국이 없다고 생각했다면 삼부자를 하늘로 보낸 후 어찌 살았으리오!

# 2.
# 정양순 사모의
# 순교자적인 삶

## 교단 분리와 성광교회(보수 노선에 속한 교회) 개척

1948년 여순 사건으로 두 오빠가 순교했을 때, 아버지가 원수를 양자로 삼은 것이 한국 교계에 큰 이슈가 되었다. 그리고 2년 후, 아버지가 6·25 전쟁 중에 순교했음이 알려지자 한국 교계는 또다시 발칵 뒤집어졌다. 실로 아버지의 족적만 살펴보면 한 시대에 큰 발자국을 남겨놓고 가신 게 아닐까?

아버지 순교 후 한국 교계는 소용돌이치고 있었다. 해방 이후 신사 참배 문제로 들썩이다, 1952년경에 가서는 단일 교단이던 장로교단이 둘로 나뉘고 말았다. 신사 참배에 동조했던 교회들은 총회파<sub>자유주의</sub>로, 신사 참배를 거부했던 교회들은 고려파<sub>보수 신앙</sub>로 완전히 분리된 것이다.

그 무렵 어머니가 성광교회를 개척했다. 1952년 '성광교회'라는 이름의 고려파 교회로 시작하여 1975년에는 총회 교단에 가입하면서 오늘에 이르고 있다. 그 뒷배경에는 참 아이러니한 일이 있는데, 아버지가 그토록 사랑하던 애양원과 어쩔 수 없이 등지게(?) 된 것이다.

원래 아버지가 속한 곳은 부산·경남노회였는데, 여수에서 목회를 하다 보니 거리가 너무 멀어 순천노회로 적을 옮겼다. 신사 참배 문제로 첨예하게 갈등하던 교단이 급기야 둘로 나뉘며 순천노회는 총회 측<sub>현재 통합 측</sub>에 속하게 되었다. 애양원교회는 아버지가 돌아가신 후 부목사로 계시던 분이 담임목사를 승계하게 되면서 자연스레 통합 측 교단에 속하게 되었다. 이것이 사건의 발단이다.

애양원교회는 아버지가 살아 계실 때는 신사 참배를 거부했는데, 신사 참배에 동조했던 총회파, 즉 통합 측 순천노회에 속해 있으니 그 정체성이 문제가 되었다. 어머니는 아버지가 돌아가시고 난 뒤 애양원교회에서 나와야 했고, 남편이 지향했던 '보수 노선에 속한 교회'를 세워 이에 동조하는 성도들을 이끌어주고자 했다. 이것이 성광교회다.

아버지가 시무하시던 교회에서는 어머니 한 사람 때문에 큰 파란이 일어났다. 어머니의 생각은 단호했고 행동에 거침이 없었다. 교단이 하나일 때는 아버지의 신앙 지도하에 독자적으로 보수 노선을 철저히 지킬 수 있었으나, 아버지가 순교한 후에는 판도가 바뀌었다. 어머니는 아버지가 시무하시던 교회가 고려파 쪽의 신앙 노선에 서기를 원했지만 현실은 그렇지 못했다.

담임목사가 진보적인 성향이었기에 목회자가 이끄는 대로 총회 측으로 기울어지자, 교회 성도들<sub>대략 1,500여 명</sub>은 어머니를 지지했음에도 그들이 가진 특수한 한센병 때문에 수용시설에 살아야 했으므로, 수용시설의 운영자였던 선교부가 결정하는 대로 따라갈 수밖에 없었다. 아버지가 시무하시던 교회에 속한 일반 교인들은 자신들의 환경을 버리기에는 벽이 너무 높아 대놓고 어머니의 신앙 노선을 좇아갈 수 없었다. 남편 손양원 목사의 목회방침을 좇던 성도들이 현실의 벽에 부딪치자 그 자리에 주저앉아버린 것이다.

　어머니는 혼자서라도 끝까지 보수 신앙을 고수하기로 하였고, 총회 측으로 돌아선 애양원과 어쩔 수 없이 맞서게 되었다. 신앙 노선이 다르다는 이유로 더는 애양원교회 선교부의 지원도 받을 수 없었기에 홀로 개척을 하게 되었고, 이로써 소수의 성도들과 더불어 보수 신앙을 지키기 위한 고난의 여정이 시작된 것이다.

### 교회를 건축하다

　1952년, 처음에는 달걀 장수 백동학 집사 집에서 주일학생 서너 명과 여성도 몇 명이 모여 정식으로 예배를 드리며 교회가 시작되었다.

　교회를 세우면서 겪은 어려움은 눈물 없이는 들을 수 없을 정도다. 아기를 업고 손수 모래를 지고 돌을 나르며 교회를 짓기 시작했는데 어머니의 결심은 단 하나였다. 절대로 성경에서 벗어나지 않는, 세상과 타협하지 않는 교회를 세우고 성도를 양육시키는 것이었다. 아버지의 신사 참배 거부와 딱 들어맞는 어머니다운 꿈이었다.

　아버지 순교 직후에는 아버지가 시무하시던 교회에서 어머니의 생활비를 매달 지원했지만, 신앙 노선을 이유로 고려파 교회를 따로 세우자 그동안 보조해 주던 생활비가 끊겼다. 그나마 이웃 주민들이 쌀이나 부식들을 담머니 마당에 떨어뜨려주어 배고픔을 견뎌 나갈 수 있었다. 본격적인 신앙의 환난이 시작되었다. 교계를 비롯한 주변에서조차 하나둘 도움의 손길이 끊어지며 어머니는 마치 아버지가 신사 참배 거부로 감옥에 수감되었을 때와 같은 배고픔과 추위에

성광교회 2대 전도사 부임 시

내몰렸다. 당시 교회를 같이 지으며 고생한 성도들은 말한다.

"사모님이 교회를 개척하자 반대파는 모든 지원을 끊고 철저히 외면했습니다. 사모님이 겪은 처절함과 고통은 이루 말할 수가 없지요."

이 시기에 신앙생활을 했던 여러 학생들은 어머니가 겪은 고난을 평생 잊지 않고 있었다. 어린 학생들이 보기에도 그 수모와 배고픔과 고통의 세월이 참혹했던 것이다. 당시는 전쟁 때문에 모두 배고팠던 시절이었지만, 반대파는 여러 곳에서 지원을 받았으므로 재정적으로는 넉넉한 편이었다. 그럼에도 유족들에게 지원해 주던 얼마 되지 않는 생활비조차 완전히 끊어버렸다. '배고프고 돈 없으면 포기하겠지'라는 마음이었을까? 세상과 타협하지 않는 길을 가기 위한 대가는 가혹했고, 어머니의 생활고는 참으로 컸다. 엎친 데 덮친 격으로 남편의 죽음이라는 쓰라린 상처 위에 상처가 가중되었다.

이 시절을 차병용 목사가 함께 지나왔다. 어쩌면 그는 우리 가족들보다도 더 가까이에서 우리 집의 모든 사연을 보고, 같이 느끼고, 같이 겪었다. 아버지마저 가시고 어머니가 교회를 개척할 때의 어려움과 설움, 억울함은 이루 다 말할 수가 없다고 한다. 어머니는 눈물의 골짜기를 지나며 누구에게도 털어놓을 수 없었던 이야기들을 차병용 목사에게 말하며 의지한 듯하다.

"병용아, 병용아! 우찌 그럴 수가 있노? 목사님 신세를 진 그들이 우찌 그럴 수 있노? 내가 남편 없는 과부라고 이렇게 내칠 수가 있겠노? 병용아, 억울하대이. 너무 억울하구마!"

어머니는 믿고 의지했던 사람들로부터 쫓겨나다시피 했다. 뜻밖의 배신과 억울함으로 갈갈이 찢겨진 마음에 병용을 붙들고 울었지만, 자신도 20대의 젊은 나이에 어찌할 도리가 없어 어머니의 아픔과 억울함을 조금도 위로해 드리지 못했다고 한다. 그때를 생각하곤 가슴이 찢어지는 듯 눈을 지그시 감은 노년의 차 목사는 어머니 생각에 눈물짓는다.

"어머니, 어머니! 피 한 방울도 안 섞인 나를 그토록 사랑해 주시던 어머니! 어머니 돌아가시고 나도 한때는 당장 죽어 천당으로 쫓아가 어머니를 뵙고 싶었지요. 그러나 고난의 시간을 지나면서도 어머니의 마음은 변함없이 일사각오였어요."

어머니의 굳건한 외침이 들리는 듯하다.

"고난이여, 올 테면 와봐라. 나는 주로 인해 승리할 것이다!"


**예배당 짓는 데만 3년이 걸리다**

한동안 아이들과 어른들이 한 방에 앉아 예배드리다 예배당을 짓기로 결정했다. 어머니를 비롯한 어린 학생들이 바닷가에서 돌과 모래를 날라 예배당을 짓는 모습이 너무 딱하고 고생이 심하더라는 이야기가 온 마을에 퍼졌다. 평소 교회를 쳐다보지도 않던 마을 청소년들이 대거 예배당 짓기에 나섰다. 후일에 당시 예배당 건축에 동조했던 대부분의 사람들이 "평생 교회와 등지고 살면서도 그때는 어떻게 우리가 그리 반대하던 예배당 짓는 일을 도왔는지 도통 알 수가 없다"고 했다는 말을 전해 들었다. 하나님께서 불신자들도 동원하고 계셨던 것이다. 도저히 몇 사람의 힘으론 할 수 없는 일이었는데, 안 믿는 청소년들이 개미떼처럼 몰려들어 줄줄이 돌이나 모래, 자갈 같은 건축 자재를 날랐다는 것은 참으로 하나님의 은혜가 아니고는 상상할 수 없는 일이다.

  모두가 가난해 먹을 것도 없던 시절, 온종일 일하다 저녁이면 피곤해 곯아떨어질 수밖에 없는 밤에, 교회를 핍박하고 반대하던 불신자들과 청소년들이 떼로 나서서 교회를 건축한 것은 실로 기적이었다. 자잿값이나 기술자 임금이 없으면 공사가 중단되었고, 어머니는 막내를 업고 외지로 다니며 건축 헌금을 모금해 왔다. 어느 성도인지는 모르지만 금가락지를 헌물로 낸 분도 있다고 한다. 그렇게 돈이 마련되면 다시 공사를 이어갔다. 신풍마을 교인들의 힘만으로는 교회를 건축하는 것이 어렵게 되자 어머니는 모금 운동에 나섰다. 교인들의 견고한 신앙을 위해서는 반드시 건축이 필요했고, 교회의 기반을 빨리 잡아야 정식 목회자도 모실 수 있다는 생각 때문이었다. 같은 계통인 고려파 교회들을 찾아다니며 세상 논리와 타협하지 않는 교회를 세우자고 부탁하였다.

  호남 지방에는 고려파 교회가 거의 없었다. 어머니는 길도 험하고 멀기도 한 경남 지역을 중심으로 전국에 흩어져 있는 고려파 교회를 찾아다녔다. 바른 신앙 노선에 선 교회 하나쯤은 꼭 세워두고 이 세상을 떠나고 싶었다. 아버지가 살아 있을 때 양육했던 성도들이 바른 신앙 노선을 걷게 하기 위해선 반드시 그곳에 교회를 세워야 할 의무와 사명이 있다고 생각했다.

어머니는 전국의 고려파 교회들을 상대로 성광교회 자립을 위한 지원 요청을 하며 순회를 다녔다. 세 살도 안 된 아이를 업고 돈 한 푼 없이 아버지와 신앙으로 함께했던 분들을 찾아가 교회를 개척하게 된 상황을 설명하며 도움을 청했다. 고려파 교회들은 겉으로는 어머니를 반갑게 맞이했지만 속으로는 불편해했다. 그 당시의 교회들 역시 재정적으로 그리 넉넉한 형편은 아니었기 때문이다.

어머니의 고생은 1950년대 말까지 계속되었다. 객지를 다니며 고생할 때 늘 자신을 기다리는 어린 성도들의 모습을 떠올렸고, 모금한 돈을 아끼느라 제대로 먹지도 못하고 다녔다. 한번은 허기에 몸을 가누지 못하고 쓰러진 적이 있었는데, 어머니 앞에 난데없이 먹음직스러운 흰쌀밥이 놓여 있었다. 갑자기 하늘에서 보물이 떨어진 것일까? 놀란 어머니는 윤기가 좔좔 흐르는 밥을 먹고 힘을 얻었다.

'하나님이 공중의 나는 새도 먹이신다더니 하나님의 자녀를 절대로 굶기지 않으시는구나.'

누가 어머니의 궁한 행색을 보고 밥을 갖다준 것인지는 하나님만 아실 일이다.

겨우 허기를 채우고 길을 가는데 이번에는 어머니가 그토록 먹고 싶었던 과일이 눈앞에 떡하니 놓여 있었다. 어머니는 눈을 감았다 뜨며 비벼보았다. 이게 꿈인가, 생시인가? 진짜 과일이라니! 어머니는 허겁지겁 한 입 베어 물었다. 그러나 이내 교회 성도들이 생각나 주섬주섬 보따리에 싸가지고 교회로 갔다.

이 이야기들은 마치 성경에나 있을 법한 기적인데 실제 있었던 일이다. 정말 하나님의 인도와 보호하심이라고밖에는 생각하지 않을 수 없다. 하나님은 우리가 어떠한 상황에 처하든 항상 보고 계시며 기적을 베푸신다.

우리 식구들은 어머니를 많이 원망했고 이해하지 못했다. 자식들에게 아무 관심이 없으니 자주 집을 비우시는 거라고 생각했다. 다른 분들도 우리 집에 와서는 "사모님이 왜 이렇게 밖으로만 나돌아요?"라고 묻곤 했다.

그게 어머니가 세상을 살아갈 수 있는 힘이고 소명이었던 것을 그 누가 이해했겠는가? 어머니는 오직 성경에 입각한 참된 교회를 세우고자 하는 열망 외에는 아무것도 생각하지 않았다. 어머니의 꿈을 아무도 이해할 수가 없었기에 어머니는 아무런 말도 할 수 없었다. 하늘나라에 상급을 많이 쌓는 것이 자식이 복을 받는 방법 중 하나라고 생각한 것이 틀림없다. 우리는 영문도 모른 채 그저 '어머니가 교회를 하나 세우나 보다' 하고 생각했다. 돈이 없어 모금을 다니며 남한테 아쉬운 소리 하기가 쉽지는 않았을 것이다. 아버지의 유지를 따라 '오직 성경 말씀에 순복하는 교회'를 세우고자 그 고생을 마다하지 않은 것을 아는 이 누구랴!

조금씩 지어져가던 예배당 건축이 언제 끝날까 싶었는데 결국 해냈다. 1954년에 시작한 공사는 1957년에 가서야 끝이 났다. 사실 그것도 외관만 대충 끝난 것이고, 내부에는 의자가 없어 맨바닥에 가마니를 깔고 예배를 드렸다. 어머니는 딱딱한 의자보다 맨바닥에서 예배드리는 것이 나름 더 은혜가 된다고 하셨다.

드디어 첫 목회자를 모시게 되었을 때 어머니의 첫 질문은 "전도사님은 일제 때 신사 참배를 했습니까?"였다. 어머니 신앙에서 가장 핵심 질문이었다. 당시는 많은 목회자들이 자기 의지에 따라 신사참배를 했던 시대라, 어머니는 오직 말씀에 충실히 순종하는 목회자를 모시고 싶었다. 그렇게 해서 성광교회에 1대 강위상 전도사, 2대 이진석 전도사, 3대 류우열 전도사, 4대 방내식 전도사가 부임했다.

어머니는 류 전도사의 아내가 해산했을 때 직접 해산 수발을 해 주었다. 아기의 얼굴을 사랑스럽다는 듯 쳐다보며 "너는 주님을 찬양하는 자가 되어라" 하며 늘 안고 눈물로 기도해 주셨다. 알뜰한 어머니는 자신은 작은 우유 한 병 마음 놓고 사 먹지 못하면서도, 그 아기는 '주의 종의 딸'이라며 분유를 물에 풀어 목욕시켜주기도 했다. 어찌 보면 시대를 앞서간 것이라 할 수도 있지만, 주의 종을 향한 사랑이 넘쳤기에 그랬으리라 짐작한다. 클레오파트라는 우유로 목욕한 것으로 유명하다. 우리 어머니가 클레오파트라와 같은 감각을 지녔던 걸까? 어머니가 우유로 목욕을 시킨 그 아이는 지금도 피부가 백옥 같다. 어머니의 말씀대로 주님을 찬양하는 전도사가 되었다.

첫 개척 시기에 함께 섬겼던 류 전도사의 어린 사모는 이렇게 고백한다.

"저는 도저히 사모님의 믿음을 따라가기가 어렵다고 생각했어요. 사모님만 오시면 바짝 긴장이 됐지요. 자세가 흐트러져 있다가도 똑바로 하곤 했어요. 사모님은 정작 자신은 배를 곯아도 목회자를 먼저 먹였고, 항상 당당하며 누구에게 굽히질 않았어요. 다른 사람들과는 달랐죠. 두 아드님과 남편의 순교로 큰 아픔을 지니고 계셨어도 한 번도 내색하신 적이 없으셨어요."

어머니는 특히 주의 종들을 대접하는 데 우선순위를 두었다. 교회를 시작하고 아주 어려웠을 때도 목회자에게만은 항상 좋은 것을 대접했다. 자신은 꽁보리밥을 먹으면서도 목회자들에게는 꼭 흰쌀밥을 먹었다. 류 전도사의 가족들과 친구 오정자도 말한다.

"그 어려웠던 시절, 돈이 없으니까 사모님이 옷 장사나 갈치 장사를 해서 성도들을 먹이고 주의 종을 극진히 섬겼어요."

당시 성광교회를 담임했던 목회자들은 먹는 날보다 굶는 날이 더 많았다고 기억한다. 그런데 목회자들을 모시기 위해 목회자 가정보다 어렵게 사신 분이 어머니다. 성도라 해봐야 안 믿는 가족 중에서 출석하는 몇 사람이 전부이니 연보가 나올 수 있었겠는가. 사례비는커녕 목회자가 제때 밥먹기도 어려운 지경이었다.

방내식 전도사가 있을 때는 꼭 쌀밥을 짓고 콩나물로 만든 반찬, 특히 고들빼기김치를 맛있게 담가 상을 차려드렸다. 어머니는 목회자가 먹고 남은 반찬에 식사를 했다.

"아유, 사모님, 왜 그렇게 잡수세요?" 하면 "주의 종은 항상 좋은 것을 미기야 된데이" 하셨다.

갈라디아서 6장 6절의 "가르침을 받는 자는 말씀을 가르치는 자와 모든 좋은 것을 함께하라"라는 말씀을 생각하셨던 것일까?

아버지가 시무하시던 교회의 힘 있는 조직인 선교부가 연약한 어머니 한 명을 압박하는 모습은 교회와 마을 사람들이 어머니를 향해 동정심을 느끼도록 했다. 순교자 손양원 목사의 아내를 냉대함으로 오히려 자기들에게 다가오는 위기감을 느낀 반대 측의 해결책은 어머니가 신풍에서 떠나도록 하는 것이었다. 자녀들이 있는 부산으로 가도록 계속 압박을 가했다. 아버지와 두 오빠의 산소를 옮겨주겠다고 하는 둥 어머니가 가장 현혹될 만한 조건을 내걸며 제발 조용하게 살자고 간곡하게 타이르기도 했으나, 어머니는 소나무와 같이 굳건하게 서서 흔들림이 없었다.

### 또 하나의 퍼즐 조각

어머니가 개척교회를 세울 때 아버지가 시무하시던 교회로부터 심한 냉대와 억울함을 당한 대목을 쓸 무렵이었다. 지인으로부터 어느 목사님을 소개받았다. 이분은 내가 전혀 알지 못했던 목사님이었는데, 알고 보니 어머니가 교회 개척하는 것을 반대한, 아버지가 시무하시던 교회의 당회록을 해독해 준 분이었다.

그 무렵 당회록에 기록된 글들이 일본어나 한문이 많아 판독이 어려웠던 탓에 반대파에서 이분에게 당회록 해독을 부탁했다. 바로 그 당회록에서 어머니가 고난당한 내용을 분명히 엿볼 수 있었던 것이다. 아! 일부러라도 만날 필요가 있는 분이었는데 이렇게 만나게 되자 속으로 감탄했다. 정말 기막힌 만남이었다. 이토록 주님은 역사적인 사실들을 올바르게 증거할 수 있도록 사람들을 붙여주셨다. 이 또한 주님의 퍼즐이 아닐까! 그분은 지금까지도 어머니에 관한 내용을 소상히 기억하고 있었다. 차병용 목사를 비롯해 어머니와 가까이 지냈던 분들이 증언해 준 부분과 거의 일치하는 내용들이었다.

"제가 담임목사로부터 부탁을 받고 당회록을 해독해 주어 지금까지도 그 내용을 훤히 기억하고 있습니다. 해도 해도 너무하다 싶은 내용이 많았지요. 그래도 사모님이 순교자 손양원 목사님의 부인인데, 교회에서 사모님에 대해 배려하고 후원하던 것이 어느 시점부터 딱 끊겨 있는 거예요. 지금 따님 이야기를 들어보니 그때가 사모님께서 교회를 개척했을 당시인 것 같은데, 사모님이 어린 자식들을 데리고 얼마나 경제적으로, 심적으로 고통을 받았을까 하는 생각이 드는군요."

그 목사님으로부터 어머니 이야기를 들을 때 마음이 찢어질 듯 아팠다. 어머니의 어려움과 비통함을 그 누가 알아주었을까? 혼자 마음고생했을 어머니가 안타까워 한참이나 눈물을 삼켰다. 나는 하나님께 항변했다.

'하나님, 어머니가 왜 이렇게 고난을 겪도록 내버려 두셨습니까?'

아버지가 오직 성경에 입각한 보수적인 신앙을 고수하고자 일제 강점기 때 신사 참배를 끝까지 거부하며 죽음 직전까지 옥고를 치렀는데, 아버지 순교 후 교회가 신사 참배에 동조했던 교단에 귀속되는 것을 어머니는 도저히 지켜볼 수가 없었던 것이다. 그러니 이런 문제를 가지고 교회 목사와 교회를 상대로 얼마나 많은 시간 논쟁을 벌여왔을까? 오죽하면 어머니가 아버지가 양육했던 성도들을 생각하여 성경에 입각한 보수 신앙을 고수하기 위해 교회 앞에 교회를 개척하고자 했을까? 그 일로 교회로부터 모진 핍박을 받고 냉대 당했을 어머니의 모습이 안 봐도 눈에 선하다.

"그 내용을 사진으로라도 남겨두신 게 없나요?"

"목사님의 부탁을 받아 해독해 주는 데 마음이 바빠 그런 생각은 미처 못했습니다."

하기야…이제 다 끝난 일인데 사진은 찍어 뭐하랴! 하나님께서 어머니가 겪은 수많은 억울한 일들을 다 알고 계시지 않는가. 어머니가 그렇게 소망하던 보수 신앙을 지키고자 하는 교회를 세우셨으니 그것으로 감사한 일이다. 어머니를 생각하노라면 나는 엉터리가 아닌가 싶은 생각이 든다. 하나님의 말씀보다 내 생각, 내 의지대로 너무도 쉽고 편하게 신앙생활을 하고 있지 않는가?

진정한 순교자 정양순 사모

김소엽

청명한 가을날
번갯불에 천둥 치더니 날벼락
하늘이 무너져내린 날
두 아들 함께 한날한시
하늘나라 보내고

슬픔이 채 가시기도 전
그로부터 2년 후
남편마저 무명옷 피에 물든 채
처참히 순교당한 후

우리들의 기도의 어머니
정양순 사모
달섬 바위 뒤 토굴 속에서
매일매일 매 순간
애간장 끊어지는 기도 소리

이 세상에 이보다 더한 고통 있을까
고통은 주님 앞에 울부짖음 되고
그 울부짖음이 간절한 기도가 되고

간절한 기도가 하늘에 닿아 소망이 되고
슬픔이 메아리쳐 찬양 되어
죄로 물든 세상 단비 내리니
60배, 100배 열매 거두신
진정한 믿음의 승리자여

원수를 아들 삼아 전도사 되게 하고
매 순간마다 순교의 삶을 살아가신 이여
최후 승리를 얻기까지
죽도록 충성한 하나님의 딸아
"죽도록 충성하라 그리하면
내가 생명의 면류관을 네게 주리라"
그 말씀 이루어드린
하나님의 유일한 효부
진정한 순교자여!

## 뜨거운 신앙 열기

어머니는 바른 신앙 노선을 가장 중요하게 여겼다. 세상과 우상에 타협하지 않고 오직 하나님 말씀 중심으로 신앙의 방향과 근본을 잡고자 했다. 자신이 그 길을 앞장서서 걸어갔고, 배고픔과 어려움에도 신앙으로 이겨나가야 함을 보여주었다. 어머니가 개척한 교회는 60년이 흐른 지금까지도 신앙의 근본과 방향성을 분명히 제시해 주는 교회로 우뚝 서 있다.

모든 것이 어려웠지만 하나님의 은혜는 강물과 같이 흘러넘쳤다. 모이면 기도하고, 기도하다 보면 밤을 새니 철야기도는 기본이었다. 배가 고파 저절로 금식기도가 되었다. 어머니의 입에서는 불을 뿜는 설교가 나오고, 성구 또한 거침없이 쏟아져나왔다.

"우리가 걷는 이 믿음의 길은 참 진리의 길이며, 아무리 어려워도 순교의 신앙을 이어가야 합니다!"

사람들의 눈에서 눈물이 터져 나왔다. 두 손을 거머쥐며 끝까지 이 길을 가리라 하는 각오로 은혜가 충만했다. 당시에 같이 신앙생활을 했던 사람들이 타 교단에서 신앙생활을 하게 되어도, 과거 신풍에서 어머니께 배우며 받았던 은혜를 생각하면 갑자기 신앙의 힘이 불끈 솟는다고 했다. 어머니의 믿음에 영향을 받은 70세 이상 된 분들은 지금도 그런 믿음 생활을 하고 있다. 어머니는 어린아이들에게 '믿음으로 살아라', '에스더와 같이 되어라' 하고 늘 축복해 주었다. 아이들을 무릎에 앉히신 뒤 축복해 주셨을 예수님처럼!

그 아이들 중 하나였던 문순금 목사현 74세는 나라를 위해 중보기도 하는 목사가 되었다. 어려서는 에스더가 어떤 인물인지도 잘 모르면서 기쁨으로 받아들였다고 한다. 그 선포가 이루어져 나라와 민족을 위해 중보하는 사역을 하고 있었다. 기도로 산다고 할 만큼 기도 사역을 신실하게 하고 있었고, 전화를 걸 때마다 기도하는 시간이라 통화를 못할 때도 많았다. 문순금 목사님은 우리 어머니의 모습을 생각하면 기도하는 모습이 제일 먼저 떠오른다고 했다.

"저는 지금도 누워 있다가도 사모님의 모습을 떠올리면 믿음이 불끈 솟아올라 그 자리에서 벌떡 일어나요. 사모님으로부터 배운 믿음 생활이 평생 가고 있지요. 사모님의 믿음이 두 아들과 목사님의 믿음을 합친 것보다 더 좋았다고 생각해요. 사모님이 속사포같이 쏟

문순금 목사

아내던 기도 소리는 주님을 위해 살고야 말겠다는 몸부림으로 느껴지곤 했었어요. '살아도 주님, 죽어도 주님!' 하셨어요."

애양원 옆 달섬에 돌아앉은 바위 밑에 굴이 있다. 어머니는 늘 달섬에서 금식하고 철야기도를 했다. 성도들을 데리고 다니며 기도 훈련을 시키는데 "늘 깨어 있거래이. 언제 주님 오실지 모른데이. 늘 준비되어 있어야 한데이" 하셨다. 문 목사님은 이 말을 철석같이 믿고 주님이 오실까 싶어 옷을 입고 잤다고 한다. 결혼하고도 옷을 입고 자다 남편에게 핀잔 들은 적이 한두 번이 아니었단다. 이상한 구름이 보이면 '우리 주님 구름 타고 오시나?' 하고 생각했다.

문순금 목사님은 이 땅에 살면서 천국을 다 소유한 듯했다. 이것이야말로 당장 죽어도 천국에 갈 믿음이 아닌가! 진정으로 천국을 믿기에 절대 세상과 타협하지 않는 탄탄한 믿음을 자손만대까지, 지구촌 구석구석까지 전하길 소망하며 살고 있었다. 어머니에게 신앙을 배운 분들을 생각하면 난 가짜인 것 같아 부끄럽기까지 하다. 늘 기쁨과 소망 속에 사는 그들이 진정으로 복 있는 자다.

## 어머니가 자식처럼 예뻐하던 유에스더

어머니가 자식보다 더 사랑하고 아끼던 분, 그녀를 65년 만에 영등포 역전에서 만났다. 어머니가 딸처럼 예뻐해 남들이 시샘할까 봐 항상 교회 밖으로 데리고 나가 이야기를 나누곤 했다는 분이다.

그녀의 이름은 유에스더, 호적 이름도 에스더로 바꿔 주민등록증에도 에스더로 되어 있다. 그분 역시 우리 어머니처럼 예수중독자였다. 아버지의 별명도, 어머니의 별명도, 이분의 별명도 다 예수중독자다. 나를 보자마자 내 목을 껴안고 울었다.

"엄마 판박이네. 어쩜 이렇게 엄마하고 똑같냐!"

나를 보니 그 옛날 어머니가 생각난 듯하였다. 나는 나대로 어머니가 사랑하고, 어려웠던 시절을 함께 보낸 분을 만난 것이 감개무량했다. 이산가족을 만난 기분이랄까. 그분에게서 어머니의 체취를 느꼈다. 하늘나라에 소망을 두는 것하며 세상과 절대 타협하지 않는 모습까지! 어머니께 배운 대로 지금도 주일에는 돈을 절대 안 쓰는 70대 할머니였다. 다음 날이 주일인 것을 잊은 채 내가 말했다.

"제가 내일 맛있는 거 사드릴게요."

"내일이 주일인데? 나는 그 옛날 사모님께 배운 대로 지금도 주일에는 돈을 안 쓴다."

"차도 안 타세요?"

"그럼! 사모님은 차도 안 타시고, 항상 머리 감고 목욕하고 교회에 가셨어. 나도 그래요. 아직도."

나는 주일에 돈도 쓰고 차도 타는데, 그분은 지금까지도 어머니한테 배운 그대로 살아가고 있었다. 우리 식구만 알던 어머니의 일면을 똑같이 기억하는 것을 듣자니 기분이 묘했다. 어머니가 돌아가신 지 몇십 년이 지났는데도 어머니의 신앙이 그대로 전수되고 있었다. 심은 대로 거둔다는 말 그대로가 아닌가!

유에스더와 함께 만난 이종수2016년 작고 장로를 통해 내가 모르던 어머니의 삶에 대해 듣게 되었다. 그들은 교회에서 같이 먹고 자고, 때론 굶기도 하며 동고동락했다. 같이 철야하고 교회 건축도 하던 분들이다. 그분들을 만나니 어머니의 모습이 눈앞에 생생하게 그려졌다. 무척 고단하게 사셨을 어머니의 모습을 생각하며 가슴이 저려 눈물이 멈추지 않았다.

지금부터 하는 이야기는 유에스더와 이종수 장로가 어머니와 함께 있으면서 겪었던 일 혹은 어머니로부터 직접 들은 이야기를 해준 것이고, 이제까지 공개되지 않은 내용이다.

"사모님이 저를 데리고 역전시장에 콩나물을 사러 갔어요. 워낙 알뜰하신 사모님이 '콩나물 쪼께 깎아주이소' 하곤 에누리를 많이 하셨습니다. 그런데 며칠 후에 같이 전도하러 다니다 갑자기 사모님이 다급하게 말씀하시는 거예요.

'아이고, 종수야, 큰일 났다. 내가 불쌍한 사람의 물건 값을 깎다니 우짜면 좋노? 안 되겠다. 도로 가자!' 하시더니 그 길로 2킬로미터도 더 떨어진 시장으로 다시 가서 '너무 많이 깎아서 미안합니데이' 하며 돈을 도로 쥐여주고 왔어요. 사모님은 긍휼의 마음이 많으신 분이었어요."

유에스더도 질세라 어머니와 있었던 이야기를 해준다.

"한번은 미국에 사신다는 고모님이 구제품을 많이 보내주셨지. 그 속엔 꽤 값나가는 좋은 옷들이 제법 있었는데, 사모님이 옷을 보다 말고는 주섬주섬 다시 싸시는 거야. 이것을 본 주위 사람들이 물었어.

'사모님, 왜 이 좋은 옷들을 도로 싸세요?'

사모님은 조금도 망설이지 않고 말씀하셨어. '내가 이 세상에서 너무 호화롭게 살면 하늘나라의 상급 다 떨어진다. 죄짓는 거야' 하시더니 그 옷을 불쌍한 사람들에게 보냈어. 사모님은 늘 하늘나라 생각뿐이었지요."

어머니는 그러고도 남을 분이었다. 하나님이 가장 먼저요, 불쌍한 사람들을 돌보는 게 먼저였다. 언젠가 방내식 목사님의 자녀가 해준 이야기가 떠올랐다.

언니가 교회로 온 구제품을 성도보다 먼저 꺼내 입었을 때 어머니가 언니를 심하게 야단치며 말했다.

"니가 도둑년이다. 감히 니가 사람의 것도 아니고, 하나님의 것을 도둑질하느냐?"

곁에 있던 방내식 목사가 이것을 보고 '정말 유별나고 철저한 분'이라고 감탄하며 혀를 내둘렀다고 한다. 어머니는 정말 하나님의 것에 대해서는 전혀 타협이 없었다.

어머니는 기도할 때마다 안재선에 대한 기도를 빼놓은 적이 없다. 이종수는 어머니의 기도를 우연히 듣고서 입을 다물 수가 없었다고 했다.

"하나님 아버지, 감사합니데이. 우리 재선이가 가룟 유다 역할을 했기에 두 아들이 가장 큰 상급을 받게 된 게 아닙니꺼? 재선이가 얼마나 큰일을 했습니꺼? 하늘나라의 큰 상급을 받게 해준 장본인인데 그 영혼이 너무나 불쌍하구마요. 그도 희생자이니 재선이를 축복해 주이소."

유에스더와 이종수는 어머니를 회상할 때마다 이렇게 말한다.

"사모님은 굉장히 사랑이 많은 분이었어요. 기도할 때마다 재선이를 위해 기도하는 모습을 보면서 '어떻게 저렇게 원수를 위해 한 번도 거르지 않고 기도를 하나?' 하며 내심 놀랐지요."

나도 감히 상상이 안 된다. 어떻게 그처럼 원수를 사랑할 수 있었을까? 어머니에게 하나님의 사랑이 충만했기에 그런 기도가 나온 것이리라. 두 오빠가 죽은 후, 재선 오빠가 우리 집 안마당에 처음 발을 들여놓기 전부터 이미 어머니는 그를 용서하고 사랑하기로 결단하지 않았는가?

> "여호와는 나의 목자시니 내게 부족함이 없으리로다 그가 나를 푸른 풀밭에 누이시며 쉴 만한 물가로 인도하시는도다…내 평생에 선하심과 인자하심이 반드시 나를 따르리니 내가 여호와의 집에 영원히 살리로다."

어머니를 아는 분들은 어머니가 유난히 이 성경 구절을 좋아했다고 입을 모아 말한다. 진정으로 이 말씀은 어머니의 신앙 고백이었다. 두 아들과 남편을 차례로 잃었을 때도 주님을 진정한 목자로 의지했기에 견뎌낼 수 있지 않았을까?

## 또 하나의 판박이

이종수 장로 역시 못 말리는 어머니의 수제자다.

그는 교통사고를 당했을 때 마취도 하지 않고 수술했다. 마취 없이 수술을 받는다는 것은 상상하기도 어려운 고통일 텐데 그 믿음이 대단하다는 생각이 든다. 누가 감히 그 믿음을 판단할 수 있을까? 어머니와 함께 신앙생활을 했던 분들의 믿음을 보면 혀를 내두를 정도로 타협이 없다. 감히 따라 하기 어려운 정도라, 그저 대단하다는 말밖에 할 수 없는 신앙생활을 하고 있었다.

이종수 장로도 평생을 말씀과 기도로만 살았다고 한다. 그는 소천하기 5년 전부터 자신에게 죽음이 임박했음을 예견한 듯 죽을 준비를 하며 지냈다. 영정사진도 미리 찍고, 하루에 성경을 5시간 이상 보며 지냈다. 심지어 샤워를 끝내면 늘 하늘나라에 갈 준비를 했다. 그러던 중 나를 만나게 되었는데 내게 어머니에 대한 이야기를 들려주고 나서 얼마 후에 패혈증으로 돌아가셨다.

후에 유족들로부터 그가 생사를 넘나들 때 겪었던 놀라운 이야기를 듣게 되었다. 그의 임종 직전 성도들과 유족들이 그를 살려달라고 하나님께 간청하는데, 갑자기 장로님이 벌떡 일어나며 화난 어조로 말했다고 한다.

"난 그 좋은 천국에 가는데, 왜들 그렇게 슬퍼하느냐? 슬퍼할 이유가 하나도 없다. 나는 아버지께로 가니 제발 날 살려달라고 기도하지 마라."

그리고는 편안하게 누워 있다가 너무나 평온한 모습으로 소천하셨다고 했다. 그는 주위에서 칭찬 듣는 믿음의 장로였으며, 90여 년 동안 굳건한 믿음을 지키며 살았다. 어머니와 가장 가까이서 신앙생활을 했고, 어머니와 똑같이 신앙생활을 하고 사신 분이다.

이 장로님은 오래전 아버지 기념관을 지을 때도 사람이 우상이 된다며 크게 화를 냈다. 목사님과 사모님의 신앙은 전혀 그게 아닌데, 도대체 왜 기념관을 지으려 하느냐며 극구 반대했다. 성경에서 금하는 모든 것을 철저히 지키며 살았다. 지금은 그토록 고대하던 천국에서 어머니와 반가운 해후를 하셨으리라.

혹자는 참 유별나다 할지 모르겠으나 이분들은 하나님 앞에서 한 치의 타협도 없이 살아갔다. 어머니의 신앙을 잘 알고 겪은 나로선 그분들을 볼 때마다 '아, 어머니 믿음의 판박이네'라고 생각하게 된다. 그분들을 볼 때마다 어머니가 살아 있을 때 늘 우리에게 하시던 말씀이 살아 움직인다.

"느그는 모를 끼다. 천국은 확실히 있데이. 우리는 천국 상급이 크데이."

어머니의 제자들. 윗줄 이종수(좌2), 유에스더(좌3), 문순금(좌5), 방내식(우6), 차상길(우3)

늘 천국을 소망하며 칠십 평생을 살아갔던 어머니! 천국이 확실히 있음을 믿었고 천국의 크나큰 상급이 있다는 걸 알았다. 그래서 가장 힘들고 슬픈 순간들을 기쁨으로 맞이할 수 있었던 게 아닐까? 어머니는 이 땅에서 사는 동안 하나님의 선하심을 경험하며 하나님만이 가장 좋은 것을 주시는 분임을 믿음으로 바라보았다. 이종수 장로도 어머니로부터 수없이 들은 말 그대로 믿음 생활을 했을 것이 눈에 선하다. 그의 가족들도 그의 마지막 모습을 지켜보며 입을 모아 말했다.

"천국은 확실히 있는가 봅니다."

## 어머니가 제자 삼은 일꾼들

어머니로부터 영향을 받은 분들이 이제는 다들 목사, 전도사, 사모가 되었다. 손녀, 손자 등 이름도 한나, 에녹, 에스더, 모세, 이삭, 다니엘 등이다. 개척할 때의 멤버들이 많이 돌아가셨지만 생존해 있는 분들로부터 어머니 이야기를 들을 때마다 놀라게 된다. 어머니가 집 밖에서 이런 사역을 하고 계셨음을 우리는 까맣게 몰랐기 때문이다. 아버지와 두 오빠, 어머니를 잘 아는 차병용 목사도 그 아들 요한, 손자 다니엘까지 목사가 되어 3대가 목사 집안이다. 그는 이렇게 말한다.

"저는 목사님과 사모님의 삶을 통해 영향을 가장 많이 받은 사람이라고 자처합니다. 늘 강조하던 순교 정신이 부러워 일부러 감옥에 가고도 싶었지요. 순교할 수 있다면 큰 영광입니다. 특히 제 믿음에 관해선 목사님의 영향도 컸지만 사모님 때문에 더 굳건해졌습니다.

저는 이제 언제 죽을지 몰라도 사는 동안 하나님과 동행할 겁니다."

방내식 목사의 아들이 자신의 아버지로부터 들었다는 내용을 말해주었다.

"안재선이 어쩌다 주일을 하루 범했는데 그 사실을 안 사모님이 '아이고, 이놈의 자식아, 니가 어찌 큰 벌을 받으려고 주일을 다 범하노?' 하며 붙들고 우셨대요. 꼭 친자식 나무라듯이 안타까워하시더라는 거죠."

우리 어머니는 그러고도 남을 분이다. 안 봐도 눈에 선하다.

어머니가 끔찍이 사랑했던 문순금 목사는 이렇게 고백한다.

"저는 어릴 때 불우한 가정에서 성장했는데 사모님이 치마폭에 싸듯 절 품어주셔서 그 품에서 신앙이 자랐어요. 그 사랑을 먹고 컸지요."

어머니는 특히 어린아이들을 자식처럼 돌보며 말씀을 가르쳤고 오직 믿음으로 자라도록 신앙을 독려했다. 아버지처럼 어머니 별명도 '예수중독자'였다. 어머니를 멘토로 삼고 자라온 문순금 목사는 예배드리는 것과 교회 가는 것을 너무나 좋아했다. 밤 예배와 기도회에 오는 즐거움 때문에 부모의 반대에도 한 번도 안 빠지고 산을 넘어왔다.

교회 오는 길에 조그마한 공동묘지가 있었는데, 밤 기도를 갈 때면 귀신이라도 나올까 싶어 엄청난 긴장과 공포에 시달려야 했다. 불빛도 없는 곳에서 달빛만 의지하여 길을 걷다 발밑에서 나뭇가지가 딱 하고 부러지는 소리라도 나면 소스라치게 놀라기 일쑤였다. 귀 바로 옆에서 쿵쾅거리는 심장 소리가 들리는 것 같았다. 어떤 날은 밤에 구역예배를 드리려고 산을 넘어오는데 발밑에서 뭔가 물컹하는 게 밟힌 것이다. 마치 송장을 밟은 것 같은 느낌에 혼비백산해서 뒤도 안 보고 내달려 겨우 교회에 도착했다고 한다. 예배 후에 어머니에게 그 말을 했더니 한참을 붙들고 기도해 준 뒤 배웅을 해주시며 이 말씀을 하셨단다.

"야야, 무섭고 두려움이 찾아오면 기도하고 예수 보혈 찬송을 하그래이. 그라몬 두려움도, 귀신도 다 물러간데이."

문순금 목사는 그다음부터 산을 넘어갈 때마다 기도와 찬송으로 승리했다고 한다. 부모님께 받지 못한 사랑을 어머니의 사랑으로 채운 문순금 목사는 옛날 일을 회고하며 담담하게 말한다.

"손양원 목사님이 '사랑의 원자탄'이라면, 사모님은 예수님의 참 제자 만드는 공장이셨어요. 저는 사모님 때문에 하나님을 만났고, 사모님의 사랑으로 그리스도 안에서 믿음이 성장했고, 결국은 목사가 되었습니다. 제가 확실히 아는 것은, 사모님이 두 아들과 남편 순교의 발판이 되셨다는 것입니다. 제가 정양순 사모님을 어떻게 잊을 수 있겠어요?"

어머니가 처음 세운 교회는 문순금 목사의 마음속에 자랑스러운 교회로 각인되어 있다. 그녀는 전도를 열심히 해 전도상을 타기도 하고, 성경 요절 외우기 대회에서 1등을 하기도 했다. 어머니와 전도할 때 세 번이나 넘어져 가시덤불에 찔려 다친 흉터가 지금까지도 선명하다. 영광스러운 상처. 그녀가 또 다른 이야기를 전해 준다.

"어느 날은 사모님이 믿음 때문에 핍박받는 성도 이야기를 해주셨어요. 며느리가 시어머니 몰래 교회에 갔다 오는데 시어머니가 문을 꽁꽁 잠가놔서 도저히 집에 들어갈 수가 없었대요. 그래서 조그만 창문 밑에 앉아 하나님께 도와달라고 간절히 기도하고 나서 창문으로 몸을 들이미니 온몸이 쫙 빨려 들어가듯이 방 안으로 들어가게 됐다는 거예요. 기적 같은 일이지요? 하나님은 그런 역사도 행하실 수 있는 분이에요. 사모님은 늘 '주를 위해 죽으면 죽으리라 하고 신앙생활을 하면 하나님께서 기적을 베풀어주신데이' 하셨어요. 제가 그 후로 사모님 말씀대로 살면서 삶 속에서 얼마나 많은 하나님의 기적을 체험했는지 몰라요."

이미 소천한 성광교회 김봉록 초대장로의 부인 또한 눈물로 이야기한다.

"사모님이 목사님보다 한센인을 더 사랑했습니다. 그리고 항상 '느그들 이 세상에 소망 두지 말고 불신 부모 전도하래이. 이 세상은 정말로 헛거래이. 천국은 확실히 있데이' 하셨어요. 제가 이 세상에서 정양순 사모님의 은공을 다 못 갚고 죽으니 저 하늘에서라도 꼭 갚아야겠습니다."

그 장로님의 아들은 현재 전남 여수에서 목사로 주님을 섬기고 있다. 어머니는 한 세대에게 믿음의 씨앗을 뿌렸지만 그 씨앗이 죽어 자손에게서까지 많은 열매를 맺고 있었다.

### 한센인들을 향한 각별한 사랑

어머니를 아는 사람들은, 어머니는 누구를 보든지 그 영혼부터 생각하고 불쌍히 여기는 분이었다고 말한다. 성도에 대한 사랑이 남달랐고 정신이상자나 걸인, 특히 한센인들의 영혼을 각별히 여겼다. 아버지의 못다 한 사명이 어머니의 내면에서도 꿈틀거렸던 게 아닌가 싶다.

비가 쏟아지던 어느 날, 어떤 한센인이 비를 피해 성광교회로 들어왔다. 입의 근육이 굳어 침을 삼키지 못해 입가에서 침이 흐르는 사람이었다. 온몸에 붕대를 동여맨 괴물 같은 모습에 다른 사람들은 뒤로 슬금슬금 피하는데, 어머니는 얼른 뛰어가 비 맞은 그를 안고 치마로 빗물을 닦아주었다.

"얼매나 춥노? 얼릉 불 가까이 오래이."

그리곤 그 사람을 교회에서 따뜻하게 재우고 다음 날 아침까지 먹여 보냈다. 어머니는 평소에도 걸인이나 한센인만 보면 재워주고 먹이고 했다. 친부모보다 더한 사랑으로 품어주었다고 유에스더가 말한다.

"사모님은 한센인 사랑이 남달라 애양원뿐 아니라 소록도나 전북 남원에 있는 한센인 교회에도 여러 번 갔다 오셨어요."

그 시절을 떠올리자니 눈물이 나는지 그녀는 한참 동안 말이 없었다. 제대로 된 사랑을 받아보지 못한 한센인들에게 어머니는 '사랑'이라는 최고의 선물을 아낌없이 퍼주었다. 우리 자녀들에겐 인색했던 그 사랑을….

### 어머니의 기도처 '달섬'

어머니가 늘 기도하던 처소가 '달섬'이라는 소리를 듣고 그곳에 가 보았다.

해변가에 있어 밀물이 썰물로 바뀌어야 들어갈 수 있는 섬이었다. 어릴 적부터 많이 들어온 지명이지만 어머니가 눈물 뿌려가며 기도하던 곳이라는 것은 미처 몰랐다. 어머니는 금식기도할 일이 있으면 달섬을 찾아 기도했다고 한다. 아버지가 신사 참배 거부로 갇혀 있는 동안에도 어머니는 이곳에서 아버지 계신 감옥소를 바라보며 기

달섬 기도처

도했을 것이다.

"아부지 하나님, 우리 남편 신사 참배 하지 않게 해주이소. 하나님 아부지! 절대 믿음이 꺾이지 않도록 해주이소!"

어머니의 애절한 기도 소리가 들리는 듯했다.

교회를 개척하며 어려운 고비가 찾아올 때마다 이곳에서 얼마나 애끓는 간구를 했을지…. 큰 바위 밑을 들여다보면 지금도 어머니가 쪼그리고 엎드려 간절히 기도하고 있을 것만 같은데, 바위 속 기도터는 임자를 잃어버린 채 공간만 덩그러니 있었다. 우리는 달섬 기도처에서 숙연해졌다.

## 피아노를 만나다

애양원을 떠난 후 우리 가족은 부산에 모여 살았다. 우리 식구들은 아버지를 향해 "순교하려면 결혼하지 말든가, 결혼했으면 순교하지 말든가, 참 디대다 디대!"라는 말을 자주 했다. '디대다'는 우리가 만든 말로, 생각이 엉뚱하고 미련하여 이상하게 비켜가는 사람을 일컫는 표현이었다. 우리는 아버지를 원망하는 말로 이 말을 만들어 썼다. 사실 어머니를 제외하곤 다들 하나님을 많이 원망했다. 우리가 커가면서 만난 다른 순교자의 자녀들도 비슷한 말을 많이 한다. 말로는 다 표현할 수 없을 만큼 고통스러운 삶이었기에 그랬으리라.

내가 5학년이던 해 4월 13일, 내 생일 때부터 동희 언니에게 피아노를 배우기 시작했다. 동희 언니는 나덕환 목사님의 딸 순금 언니 어깨 너머로 피아노를 배웠다. 그때 순금 언니는 이화여대 피아노과에 다니고 있었다. 처음엔 우리 집에 피아노가 없어 언니가 종이를 길게 이어 붙이곤 피아노 건반을 그려 가르쳐주며 피아니스트의 꿈을 심어주었다.

"동연아, 너는 커서 이 세상에서 가장 뛰어난 피아니스트가 되어라. 내가 못 이룬 거 네가 해라."

언니가 그렇게 배우고 싶었던 피아노라 그런지, 막무가내로 가르치고 혹독하게 연습을 시켰다. 나를 무척 사랑해 주기도 했지만 내가 피아노를 잘못 치거나 틀리게 치면 호되게 야단쳤다.

"이 바보야! 이것도 하나 못하니?"

언니는 우리 집의 가장이나 다름없었기에 동생들을 무섭게 훈련시켰다. 동생들이 잘되길 바라서 그런 것인 줄 알지만, 그때는 정말 무서웠고 죽을 만큼 연습하기가 싫었다. 회초리로 맞아가며 피아노를 배웠고 무서워서 피아노를 쳤다.

큰언니는 학구열이 강해 미국 유학을 가고 싶은 열망이 가득했다. 어느 날 배 박사란 분이 언니를 미국으로 데려가 공부시켜주겠다고 했다. 이 사실을 안 어머니가 당장 배 박사에게 찾아가 미국에 못 가도록 반대하였다. 미국 유학이라면 누구나 부러워하고 다들 못 가서 난리였는데, 어머니의 이해할 수 없는 행동 때문에 언니의 유학길이 좌절되었다. 언니는 실망이 너무 커 한동안 어머니를 원망하며 낙담하고 비관했다.

지금 생각해 보면, 어머니가 왜 언니에게 주어진 좋은 기회를 방해했는지 미루어 짐작하고도 남는다. 미국 유학 가기 직전 큰오빠를 잃었기에, 언니를 미국으로 보내면 자식을 또 잃지 않을까 하는 노파심에서 비롯된 것이리라.

큰언니는 미국 유학길이 막히자 오직 나를 피아니스트로 키우고자 하는 강한 열망으로, 자나 깨나 내게 피아노를 가르쳐주었다.

언니가 심어준 꿈, 피아니스트!

나는 내심 유명한 피아니스트가 되어 많은 청중들에게 갈채받는 모습을 상상하곤 했다. 넓은 거실에 그랜드 피아노를 놓고 학생들이 나에게 피아노를 배우려고 앞다투어 줄 서서 기다리는 장면을 상상하며 내 꿈을 향해 나아갔다. 훗날 그 꿈은 현실이 되었다. 당시에는 그렇게도 치기 싫던 피아노가, 언니의 강요에 의해 치던 피아노가 내게 새로운 미래가 될 줄은 몰랐다. 그것이 장차 하나님을 섬기는 사역에 크게 쓰임받는 도구가 될 줄도 알지 못했다.

중학교 2학년 말쯤, 동희 언니는 나를 서울에 새로 생긴 서울예술고등학교에 보내기로 했다. 《사랑의 원자탄》을 저술한 안용준 목사님 댁으로 가게끔 이미 조치를 취해놓은 상태였다.

나는 서울행 기차에 올랐다. 예측할 수 없는 앞날과 집을 떠난다는 슬픔이 마음을 가득 채웠다. 겉으로는 태연한 척했지만 속으로 얼마나 울었는지 모른다. 언니가 방금 사온 과일을 내게 건네주며 눈물로 나를 전송했다.

"동연아, 꼭 성공해서 유명한 피아니스트가 되어 돌아와라."

언니의 말을 듣자 눈물이 왈칵 쏟아지려 했다. 이를 꽉 물었다. 눈물이 터질까 봐 참고 또 참았다. 눈물은 나약함을 드러내는 것이기에 성공하기 전에는 절대로 부산에 돌아오지 않으리라고 굳게 결심하며 기차에 올랐다. 설사 성공한다 한들 그것이 진정한 만족을 줄 수 없다는 것을 그때는 몰랐지만 말이다.

서울에 오니 날씨가 쌀쌀하다 못해 매서웠다. 안용준 목사님의 수양아들인 안병호가 서울역으로 마중을 나왔다. 추운 날씨에 눈까지 와 길이 빙판으로 변해 있었다. 외지에서 공부 좀 해보겠다고 씩씩하게 올라왔지만, 매서운 날씨에 기가 팍 꺾이는 기분이 들었다.

부산의 바닷바람은 무척 따뜻했는데, 해운대, 송정, 태종대에서 뛰놀았던 즐거운 시간들, 그 추억이 사춘기를 그나마 풍성하게 만들어주었는데, 서울에 올라오니 맹수가 혓바닥을 날름거리듯 맹렬한 추위가 나를 움츠러들게 했다. 예측할 수 없는 서울 생활에 대한 기대와 동시에 불안이 엄습해 왔다. 그럴수록 더욱 이를 꽉 물었다. 부산에서 가졌던 안일한 생각은 떨쳐버리고, 겨울 날씨만큼이나 혹독한 '피아니스트가 되기 위한 길'을 눈 딱 감고 달려가기로 결심했다.

## 미움으로 똘똘 뭉쳐 있던 어린 시절

난 항상 배고프고 옷도 없어 추위에 떨며 지냈다. 매달 순교자 가족을 돕는 단체인 '미실회'와 연결되어 나오는 학비가 조금 있어 생활에 보탬은 되었지만, 교수에게 레슨을 받기엔 어림도 없는 금액이었다. 앞이 보이지 않는 안개와 같은, 출구를 찾을 수 없는 미궁 속으로 걸어 들어가는 내 마음은 불안하기만 했다.

이상하게 부산에서는 그렇게 치기 싫던 피아노가 서울에 온 뒤에는 나의 우상이 되었다. 집도, 먹을 것도, 의지할 데도 없는 상황에서 피아노는 나의 대단한 신앙의 대상이요 우상이 되었다. 피아노는 내 인생의 전부였다. 아버지의 죽음으로 인해 잃었던 나를 피아노를 통해 찾기 시작했다. 이때부터 나와 피아노의 전쟁이 시작되었다. 학교 강당에서 온종일 피아노를 치며 죽기 살기로 피아노에 매달렸다. 내 삶에 하나님은 없었다. 죽어서 돌아온 아버지의 마지막 모습만 내면에 굳게 둥지를 틀고 있었다. 마음속에서는 항상 이런 의문이 꼬리에 꼬리를 물고 일어났다.

'우리 아버지는 목사님인데 왜 죽었을까? 하나님께서 살아 계시다면 아버지를 살려주실 수 있지 않았나? 하나님은 못하는 것이 없으시다면서…'

나중에는 마음속으로 하나님께 책임을 전가하며 반항했다.

'하나님! 왜 우리 아버지를 데려가셨습니까? 우리 아버지가 무슨 죄를 지었길래요. 그 전에 두 오빠도 데려가셨잖아요. 우리 가정과 무슨 원수를 졌다고 이토록 잔인하게 우리 가정을 못살게 하셨나요? 아무리 생각해도 우리 아버지는 계명을 잘 지킨 죄밖에 없어요. 성경에 원수를 사랑하라고 써 있어서 아들 죽인 원수를 사형장에서 살려주고 아들까지 삼지 않았나요? 신사 참배 거부로 감옥에서 5년을 보냈잖아요. 여기에 대해 뭐라고 해명하실 건가요? 대답 좀 해보세요. 왜 말이 없으세요? 할 말이 없으신 건가요?'

아무리 따져도 빈 메아리만 돌아올 뿐이었다. 하나님은 우주를 창조할 만큼 전능하다는데 내 질문에는 대답할 수 없는 분이었다.

눈물만이 내 마음을 위로해 주었다. 그리고 난 생각했다.

'하나님은 없어! 아님 매정하게도 아버지의 죽음에 간섭하지 않으신 거겠지. 우리 아버지는 괜한 목숨을 바친 거야. 예수 믿는 사람들이 위로받고 싶고 의지할 데가 없으니, 없는 하나님을 있다고 믿는 것뿐이야!'

하나님을 향한 불신과 쓰디쓴 마음이 나의 생각을 잠식하기 시작했다. 우리 집에서 일어난 모든 일, 도저히 이해할 수 없는 일들을 보면서 모든 비난의 화살을 주님께로 돌리기 시작했다.

'하나님이 우리 아버지와 두 오빠를 죽인 거야. 우리 가정을 망가뜨렸어!'

하나님이 정말로 우리 가정에 긍휼을 베풀어주시지 않는 것만 같았다. 단란했던 우리 가족이 모두 뿔뿔이 흩어지지 않았는가? 겉으로는 멀쩡한 것처럼 보여도, 내 마음 깊은 곳에서는 아버지를 데려간 누군가를 향해 이를 갈며 반항하고 절규하기 시작했다. 가슴이 터질 것 같았다. 무슨 일을 저질러야만 속이 후련할 것 같고, 내 절규를 모른 척하는 그 누군가를 향해 소리라도 지르고 싶었다.

'내가 이렇게 하면 그분이 약이 오를까? 저렇게 하면 내 분이 풀릴까? 이렇게 죄를 지으면 후련해지려나, 그분이 나에게 굴복할까?'

원망과 분노가 나의 몸과 삶 전부를 겹겹이 둘러싸기 시작했다. 나는 아버지를 죽인 그 누군가가 싫어할 만한 나쁜 행동만 골라 하기 시작했다. 그 누군가에게 꼭 보여주고자 분노의 물결에 아낌없이 내 미래를 맡겨버렸다. 난 절대 울지 않았다. 울면 나에게 지는 것 같았고, 우리 아버지를 죽인 그 누군가에게 지는 것만 같았다.

하나님은 아주 무섭고 잔인한 분이며, 아버지는 쓸데없는 죽음을 자초한 것이라고 생각했다. 두 오빠를 데려가고도 모자라 아버지마저 죽음으로 내몰고 우리 가정을 파탄 낸 하나님을 향한 나의 분노가 피아노로 향했다. 아버지를 데려간 절대자와 직접 겨루기엔 너무 어렸고, 힘도 능력도 없었기 때문이다. 내가 유일하게 할 수 있는 건 피아노를 치는 것뿐이었다. 나 스스로 성공하는 것이 우리 아버지와 두 오빠를 데려간 자, 그 누군가에게 이기는 방법이라고 생각했다. 그래서 더욱 이를 악물고 피아노를 쳤다.

'나는 성공하고 말 거야. 세계적인 피아니스트가 되어야 해. 그래서 아버지를 데려간 그 누군가에게 꼭 보여주고 말 거야!'

나를 버리고 간 아버지도 도저히 용서할 수 없었다. 반항하고 항거하는 것이 내 삶이요 성격이 되어버렸다. 어릴 때 사진을 보면 무엇에 항거하는 표정, 반항하는 표정, 억지를 부리고 있는 표정으로 가득하다. 한이 맺혀 있었는데 지금은 도저히 무서워 그 사진을 보지 못한다. 절대자를 향한 원망만이 가득했기에 교회에도 가기 싫었다. 어느 때부터인지 몰라도 교회에 일부러 안 나갔다. 내가 왜 예수를 믿어야 하는가?

언젠가 어떤 분이 《사랑의 원자탄》을 읽어보라고 주었는데, 겉장을 연 뒤 한 장도 읽지 않고 덮어버렸다. 내가 대략적으로 알고 있는 우리 가족의 아픈 사연에 대해 구체적으로 알게 되면 충격을 받지 않을까 겁이 났기 때문이다. 나를 비롯한 우리 식구들은 몸서리치며 그 사실과 대면하기를 애써 거부해 왔다. 우리가 성장한 후에도 우리 형제들은 누가 아버지에 대하여 이야기하는 것을 매우 싫어하며 신경질적인 반응을 보이곤 했다. 주변에 있는 사람들에게도 결코 우리 가족이나 아버지 이야기를 하지 않았다. 한 친구가 내게 말했다.

"넌 네 가족 이야기를 하나도 안 해주니? 섭섭하고 배신감이 느껴져. 좀 이해가 안 돼."

심지어는 아버지 이야기를 꺼낸 사람과 크게 싸운 적도 있다. 우리 가족의 일에 대해서는 그 누구와도 이야기하고 싶지 않았다. 부디 가족 이야기를 꺼내지 않기만을 바랄 뿐이었다. 이런 나를 주님은 끝까지 놓지 않고 붙들고 계셨다.

### 콘트라베이스 침실

가난했던 안용준 목사님 댁의 형편을 알았기에 나는 미안한 마음에 그 집을 나왔다. 이후 친구 집에 잠깐 얹혀 살기도 했지만 늘 갈 곳이 없었다. 옷이 없어 매일 똑같은 옷만 입고 살았다. 겨울에도 여름옷을 입고 지냈다. 고등학교 때부터 공부와는 담을 쌓았다. 책도, 노트도, 가방도 없이 도대체 무슨 생각으로 학교를 다녔는지 모르겠다.

나는 참으로 문제아였다. 어떤 선생님은 나더러 연구대상이라고도 하고, 나이도 또래보다 5~6세 정도 더 많아 보였으니 내게 정상적인 것이라곤 하나도 없었다. 나는 정말 내가 생각해도 이상한 학생이었다.

그때 나는 도저히 아버지 사진을 볼 수가 없었다. 아버지의 죽음에 대한 충격으로 내 이름은 기억해도 1년에 한 번씩 바뀌는 연도는 전혀 기억하지 못했다. 내가 몇 살인지 나이를 헤아려본 적도 없다. 내 머리에 금이 가고 있었던 것이다.

이런 나에게 피아노는 삶의 전부였다. 피아노와 같이 자고, 피아노와 더불어 지냈다. 내게 있는 거라곤 못난 자존심과 비뚤어진 경쟁심뿐이었기에 그런 마음으로 피아노를 쳤다.

어느 추운 겨울날, 피아노를 칠 수 있는 곳이 학교 3층 강당밖에 없는 터라 늦은 시간까지 강당에서 연습을 했다. 너무 추워 입술이 새파래졌는데도 강당에서 연습할 수 있는 것만으로도 다행이라 생각했다. 그렇게 연습하다 '어차피 잘 곳도 없는데 그냥 여기서 자야겠다'고 생각했다.

그런데 강당이 너무 추워 이불 없이는 도저히 마룻바닥에서 잘 수가 없었다. 주위를 둘러보니 한쪽에 콘트라베이스가 있고 그 옆에 케이스가 있었다. 현악기 중 가장 큰 악기라 케이스가 내 키와 비슷했고 들어가 눕기에는 안성맞춤이었다. 그때부터 콘트라베이스 통은 아늑한 나의 침실이 되었다.

그런데 한 가지 문제가 있었다. 강당 문 밖에 있는 스위치를 끄고 악기 통 속으로 돌아와야 한다는 것이었다. 스위치를 끄면 온통 사방이 캄캄해 앞이 보이지 않았다. 귀신이 머리채를 확 잡아끌 것 같은 두려움이 몰려왔다. 처음에는 통 속에 들어가 있으면 마치 관 속에 들어가 있는 기분이라 머리털이 쭈뼛쭈뼛 서기도 했는데 그것도 며칠뿐, 나중에는 습관이 되어 오히려 포근한 잠자리가 되었다. 그나마도 내 처지엔 감지덕지였다. 나중에 이 사실이 주변에 알려지면서 나는 학교의 명물이 되었다. 다들 놀라 나자빠질 뻔했다고….

사실 교회에 발길을 끊은 가장 큰 이유는, 내가 가장 사랑하는 아버지를 하나님이 빼앗아 갔다는 적대감이 마음을 짓누르고 있었기 때문일 것이다. 교회에 대한 무관심으로 내 마음은 굳어져만 갔다.
'하나님이 있든 없든 그게 나랑 무슨 상관이야!'
오직 세계에서 제일가는 피아니스트가 되고 대학교수가 되겠다는 생각뿐이었다. 그 외엔 아무것도 없었다. 철저하게 하나님을 버리고 인간의 힘으로 꿈을 이뤄보려는 야망에 젖어 있었지만, 사람의 힘만으로는 아무것도 될 수 없다는 것을 오랜 방황 후에야 알게 되었다. 하나님은 졸지도 주무시지도 않고 나를 끝까지 돌보고 계셨다. 내가 하나님을 부인하던 그 시간에도….

### 고등학교 졸업 후

고등학교 졸업식을 부모 없이 치른 학생은 아마 전교생 중에서 나 하나뿐이었을 것이다. 난 외로움이나 슬픔을 느낄 여유도 없이 미래를 향해 숨가쁘게 내달렸다.

졸업 후 학교 옆에 있던 후암동 종점의 칠성당 빵집 2층의 다다미방을 월세로 얻었다. 피아노 한 대를 할부로 사서 교습소를 차리고 새벽부터 온종일 학생을 가르쳤다. 돈을 한푼도 안 쓰고 허리띠를 졸라매며 악착같이 모으니 금세 돈이 꽤 모였다. 그런데 그 돈을 사기당하고 말았다. 어떻게 내게 돈이 있는 걸 알았는지 친구 아버지가 찾아와서는 한 달만 쓰고 돌려주겠다며 간절히 부탁했다. 친구 아버지라 차마 거절하지 못한 채 지불각서를 받고 빌려주었는데, 일이 벌어지자 지불각서는 아무 소용이 없었다. 아무 힘도 없는 나에겐 한낱 종잇장에 불과했다. 나는 전 재산을 찾기 위해 울며불며 친구 아버지를 쫓아다녔지만 그분은 나를 피해 도망만 다녔고, 만나더라도 차일피일 미루기만 했다. 나중에 알고 보니 그 친구 아버지는 소문난 사기꾼이었다. 고등학교를 갓 졸업한 나 같은 애송이의 돈쯤이야 얼마나 사기 치기가 쉬웠을까? 난 결국 돈 받는 걸 포기했고, 커다란 상실감과 허탈감에 대학가는 것도 포기해 버렸다. 마음속엔 큰 상처가 가중되었다. 허무하게 2~3년을 흘려보냈다.

### 나를 인도한 어떤 힘

나를 보고 싶어 하시던 어머니가 서울에 올라오셨다. 후암동 보성여고로 올라가는 길을 바라보며 어머니가 통곡하셨다.

"우리 동연이가 이 고개에서 얼마나 고생을 하며 배를 곯았을꼬? 아부지가 그토록 막내딸을 사랑했는데…. 아부지가 살았으면 우리 동연이가 귀염을 독차지하며 살았을 낀데…."

어머니가 집 떠나 고생했을 내 모습을 생각하시곤 마음이 찢어지게 아프셨던 것 같다. 나를 붙들고 우시는 어머니 앞에서 정신이 번쩍 들었다. 내 기억 속에 나를 위해 울어주는 사람은 여태까지 없었고 미래에도 없으리라고 생각했는데, 어머니가 나를 위해 울고 계셨다. 어머니가 내 옆에 살아 계시다는 것만으로도 뿌듯했다. 나는 스스로에게 묻고 답하기 시작했다.

'내가 여태까지 무엇을 위해 이런 고생을 하고 살았지?'

그럼에도 여전히 폐인처럼 지내던 어느 날, 내 머릿속을 빠르게 스쳐가는 생각이 있었다.

'내가 왜 꿈도 없고 희망도 없이 대학도 안 가고 이렇게 멍하니 살고 있지? 내 어릴 적 꿈이 피아니스트였잖아. 그러면 대학을 가야지. 이렇게 살 순 없어!'

갑자기 꿈에서 화들짝 깨어난 사람처럼, 무엇엔가 머리를 한 방 맞은 듯 자리를 박차고 일어났다. 달력을 보니 입시가 30일 정도 남아 있었다. 당연히 입시를 위한 준비는 전혀 되어 있지 않았다. 3년이나 놀아 책도 없고, 레슨도 받지 않아 실력이 엉망이었다. 음악 대학은 실기점수가 중요했다. 중학교 3학년 때 잠깐 경희대학교 피아노과 윤연 교수님께 레슨을 받았지만, 레슨비 부담으로 가다 말다 해 제대로 레슨도 받지 못했던 터였다. 아, 도저히 자신이 없었다. 피아노 한 대로 아침부터 늦은 밤까지 계속해서 학생들을 지도하다 보니 연습할 시간도 없었다.

그런데 이상한 일이 생겼다. 어떤 강한 바람에 밀려가듯, 나에게 피아노를 배우던 모든 학생이 동시에 교습소를 그만두고 나가버린 것이다. 학생마다 수강 등록 날짜가 다르듯 그만두는 날짜도 각각 다른데, 특별한 이유도 없이 배우던 학생들이 한꺼번에 떨어져 나갔다. 조금은 황당한 마음을 뒤로 하고 남은 시간을 입시 준비에 전념하기로 했다. 왜 이런 일이 일어났는지 그 이유를 찾기보다는 연습 시간이 많이 생긴 것이 기뻤다. 그러던 어느 날 오후, 친구를 통해 내 교습소를 알게 된 한 여학생이 속초에서 나를 찾아왔다.

"저는 음대 성악과 시험을 보기 위해 온 사람인데 피아노 반주 좀 해주실 수 있나요?"

그녀의 이름은 고민정가명이었다. 행색을 보아하니 시골에서 온 것 같은데 한눈에 모범생임을 알아볼 수 있었다. 나도 대학 시험을 치르려면 도와줄 사람이 필요하던 차였는데, 내심 반가워 그 학생을 위해 기꺼이 반주를 해주고 함께 경희대 음대 입시를 준비하기 시작했다.

원서를 접수하던 날, 선택과목을 써내야 하는데 나는 한 과목도 준비되어 있지 않았다. 민정이가 가사를 선택하길래 나도 무심결에 따라서 선택했다. 피아노 입시곡은 준비가 안 되어 있어 겨우 한 곡을 선정해 2페이지 반보통은 6페이지만 외우고 열심히 연습하기 시작했다. 아무리 생각해도 뻔뻔하다 싶었다. 실기시험 날 아침부터 걱정이 태산 같았다.

"내 수험번호가 앞쪽이니 곡을 치자마자 끊을 리는 없고 길게 들을 텐데, 음…연습한 것이 고작 2페이지 정도밖에 안 되는데, 그보다 더 들으면 어쩌지? 다른 수험생들은 1년 6개월이나 시험곡 연습을 했을 테니 끝까지 자신 있게 치겠지? 만약 떨어지면 1년을 더 준비해야 하는데 큰일이다!"

생각이 많고 마음이 복잡했다. 아침밥을 먹는 둥 마는 둥 하고 마음을 졸이며 시험장으로 갔다. 그때 믿음이 있어 하나님께 기도라도 했으면 불안하지 않았을 텐데 믿음이 없으니 기도할 생각조차 나지 않았다.

드디어 내 순서가 되었다. 시험장에 들어가 심사위원 앞에서 피아노를 치는데도 불안했다. '치다 틀리면 안 될 텐데…. 도중에 잊어버리면 어쩌지? 조금만 더 치면 내가 외운 부분이 끝나는데 큰일이다. 심사위원이 종을 안 치면 어떡하지?' 하는 조마조마한 마음만 가득했다. 그런데 정말 희한하게도 심사위원은 내가 연습한 부분이 끝나기 바로 전 '땡' 하고 종을 쳤다. 더도 아니고 덜도 아니고 딱 내가 연습했던 그 부분까지였다. 기적 같은 일이었다! 지금 생각해 보면 순전히 하나님께서 도와주신 것이라고밖에 설명할 길이 없다.

그러나 아직 안심할 때가 아니었다. 기뻐할 새도 없이 필기시험을 생각하니 눈앞이 캄캄했다. 필기가 어느 정도 받쳐줘야 하는데 준비가 하나도 되어 있지 않아 걱정이었다. 고등학교 때 공부는 신경도 안 쓰고 피아노 하나로만 근근이 버텨왔으니 참으로 한심한 일이 아닌가? 속초에서 올라온 민정이는 모범생이라 공부도 잘했다. 난 문제집 한번 들여다본 일 없이 연필 한 자루 달랑 쥐고 있으니 걱정이 이만저만이 아니었다. 피아노만 잘 쳐서는 도저히 합격할 수 없는 일이었다.

필기시험 직전, 교실에서 학생들이 열심히 문제집을 들여다보며 마지막까지 정신없이 공부하고 있었다. 나는 시험에 대비할 책도, 노트도, 문제집도 없어 손만 매만지고 있었다.

'조금 있으면 시험지가 나올 텐데…. 이번에 안 되면 1년을 더 고생해야 된다. 1년 후라도 합격한다는 보장이 있을까?'

이런저런 생각으로 머리가 복잡해 우두커니 앉아 있는데 마침 민정이가 공부를 다 끝내고 한쪽으로 밀어놓은 가사 문제집이 눈에 띄었다. 그 친구가 다른 문제집에 정신이 팔려 있는 사이 문제집을 거의 빼앗다시피 하며 물었다.

"민정아, 나 이 문제집 좀 봐도 되겠니?"

친구의 대답을 듣기도 전에 이미 문제집이 내 손에 들어와 있었다. 시험 시작하기 10분 전쯤이었을까? 민정이는 다 훑어보고 별 필요 없다고 생각해 건네주었지만 나에겐 지푸라기라도 되어줄 문제집이었다. 절박한 심정으로 군데군데 눈에 들어오는 대로 정신없이 훑어나갔다. 민정이가 밑줄을 그어놓은 부분만 훑으며 한 장 한 장 넘겨나가는데 급해서 그런지 문제들이 쏙쏙 암기가 되었다. 머리가 재빠르게 돌아가는 것만 같았다.

드디어 시험이 시작되고 문제지를 나눠주었다. 시험 문제지를 받아 풀어나가는데 이게 웬일인가! 나는 너무 놀라 입을 다물 수가 없었다. 방금 전에 보고 외운 문제들이 고스란히 다 나와 있었다. 떨리는 마음으로 정신없이 답을 써 내려갔다. 모르긴 몰라도 이 과목에서 많은 점수를 받지 않았을까? 필기에서 아마 간신히 턱걸이할 정도가 되었겠지만 이 과목이 나를 합격시켜주었다고 할 정도였다. 가사를 선택하길 참으로 잘한 것 같았다. 그리고 상상하지도 못했던 기적이 일어났다. 최종 합격!

안타깝게도 민정이는 합격하지 못했다. 그 친구와 함께 합격자 명단을 보러 갔는데 내 이름만 있고 아무리 찾아봐도 민정이의 이름은 없었다. 공부를 잘하던 민정이가 떨어지고 말았다. 사실 나는 피아노과인데 작곡과 정원이 미달되어 맨 마지막에 내 이름이 있었다. '내가 합격하는 바람에 민정이가 차점자로 떨어졌던 건 아닐까?' 싶었다. 다행히 민정이도 대기자 명단에 올라 같은 대학에서 공부하게 되었다. 민정이는 대학에 들어가서도 아르바이트로 바쁜 나를 많이 도와주었다. 이 친구가 학업을 도와주지 않았다면 나는 졸업도 못했을 게 뻔하다. 너무나 고마운 친구다. 지금도 우리는 지나간 이야기를 하며 웃는다.

"그렇게 쉽게 대학에 들어갈 줄 알았으면 서울대학교에 지원할걸, 하하하."

하나님께서 민정이를 만나게 해주셔서 너무나 감사하다. 처음엔 단순한 우연 또는 기적일 뿐이라고 생각했지만 이제는 민정이를 보내셔서 도와주셨음을 부인할 수가 없다.

## 피아노와 함께한 대학 생활

대학 생활 4년 동안 나는 피아노와 희로애락을 같이했다. 낮에는 아르바이트를 하고, 밤이면 경비 아저씨 몰래 학교 담을 넘어 연습실에서 연습하는 생활의 연속이었다. 한번은 담을 넘어가다 방범을 돌던 아저씨의 신고로 파출소에 잡혀갔는데 악보 때문에 학생임이 증명되어 풀려나기도 했다. 여학생 혼자 겁 없이 밤마다 연습실에 있으니 짓궂은 남학생들이 날 가만두지 않았다.

연습실 입구에서 공사를 하고 있었는데 건물과 건물 사이에 임시로 깔아둔 나무다리를 남학생들이 없애버렸다. 아래가 꽤 깊은 골짜기처럼 되어 있었는데 '이러면 쟤가 연습을 못하겠지?' 하고 다리를 치워 없애버린 것이다. 보통의 여학생이라면 포기했겠지만 나는 큰 판자를 주워와 다시 다리를 놓고 들어가 연습을 했다. 그 무엇이 피아노에 대한 나의 열정을 끊을 수 있으랴!

다음 날 남학생들은 더 짓궂게 전기 전원을 내려버렸다. 어두워 캄캄했지만 그래도 난 아랑곳하지 않고 외우고 있던 곡을 달빛 아래서 밤새워 연습했다. 피아노를 향한 내 열심은 그 무엇도 막을 수 없었다.

그다음 날도 밤이 깊어지자 녀석들이 어김없이 나타났다. 몇 명이 짝을 이루어 훼방을 하였다. 한 녀석은 피아노 뒤에 숨어 있다 나를 놀래키고, 한 녀석은 머리에 보자기를 뒤집어쓰고는 문 뒤에 숨었다 "이히히" 하고 귀신 흉내를 내며 나타났다. 내가 "세상에 귀신이 어디 있어?" 하며 멱살을 잡으려 했더니 "어이쿠, 무섭다, 무서워! 다른 사람 같으면 오줌을 싸고 도망갔을 텐데. 손동연, 대단하다 대단해!" 하며 줄행랑을 쳤다.

다음 날 학교에 갔더니 소문이 쫙 퍼져 있었다. 그런데 웬일인지 "쟤는 무서워하지도 않고, 여자가 아니야!" 하고 놀리던 친구들이 나를 도와주기 시작했다. 나를 놀렸던 남학생 중 하나는 국립교향악단에서 호른을 불었는데, 지금은 어떻게 지내고 있는지 모르겠다.

대학생이 되니 고등학생 때와는 차원이 달랐다. 얼마나 바쁘던지 동시에 세 가지 일을 하지 않으면 속이 후련하지 않았다. 당시 바쁘게 살던 것이 습관이 되어 지금도 항상 바쁘게 움직이고, 우두커니 있는 것이 성에 차지 않는다. 정신없이 바쁘게 지냈기에 백화점에서 어떻게 쇼핑을 하는지도 몰랐다. 레슨 다니랴, 피아노 치랴 항상 바쁘게 살던 나에게 그 모든 것은 사치이고 낭비일 뿐이었다. 나는 피아노에 전념하며 나 자신을 찾기에 바빴다. 피아노를 치는 것만이 내게서 아버지를 빼앗아 간 그 누구에게 보여주기 위한 내가 할 수 있는 최선이라 생각했다.

피아노는 그 어떤 누구처럼 내게 상처나 슬픔을 주지 않았고 오히려 마음을 달래주었다. 어디에도 털어놓을 수 없는 마음을 피아노에만 털어놓았다. 친한 친구도 귀찮았다. 피아노가 최고의 상담자였고, 의사였고, 가족이었으며, 위로자였다. 피아노가 있으니 옷을 잘 입을 필요가 없었고 한 벌이면 족했다. 옷은 나에게 별로 중요하지 않았다. 화장도 필요 없고 일부러 멋을 안 부렸다. 내가 예쁘지 않게 보여도 피아노가 다 보상해 주니까 열심히 피아노를 치고 또 쳤다. 그것이 나의 자존감을 세워줄 유일한 도구였다. 왜 그렇게 피아노를 열심히 쳤는지…. 그렇게 출세가 하고 싶었나? 아니, 어쩌면 내 마음 가장 밑바닥에 이런 마음이 있었기 때문이 아닐까?

'내가 세계적인 피아니스트가 되면 따져 물을 거야. 무슨 이유로 사랑하는 아버지를 데려갔느냐고, 아니 죽였느냐고! 우리 아버지가 무슨 죄를 그렇게 지었길래 그러셨냐고…'

어쩌면 아버지로 인해 잃어버렸던 나를 되찾기 위해서였는지도 모르겠다.

### 허무함에 사로잡히다

대학교 1학년쯤이었을까?

내 안의 상처와 쓴 뿌리가 자란 것인지, 머리가 너무 아파 피아노를 치기가 어려운 지경이 되었다. 그래도 억지로 참으며 피아노를 쳤다. 피아노가 최고의 상담자이자 위로자였는데도 내 마음은 언제부터인가 허무함으로 가득 차기 시작했다. 살고 싶은 마음도 없고 살 필요도 없다는 허무함이 찾아왔다. 죽을 결심을 하고 약국에서 수면제를 하나씩 사 모았다. 어느 정도 모이자 약을 한입에 털어넣고 누워 있었다. 조금 있으면 죽는다고 생각하니 갑자기 너무 무서웠다. 자리에서 벌떡 일어나 동네 병원으로 달려가 위세척을 받고 가까스로 살아났지만, 그 후로 난 신경정신과를 전전해야 했다. 마치 폐인이 된 것 같았다.

세브란스병원의 한 의사가 의지할 곳 없는 나를 측은히 여겨주었다. 동정심이 가득한 눈빛으로 지금까지 이 세상에서 나를 위해 눈물을 흘려준 사람이 단 한 명도 없었는데 나를 불쌍히 여겨주니 상당한 위로가 되었다. 그 의사는 그리스도인이었는데 첫 면담에서 꽤 의미심장한 질문을 했다.

"손동연 씨, 교회에 나가십니까? 예수를 믿으십니까? 믿음을 갖고 있습니까?"

이는 내 인생에서 가장 중요한 핵심 질문이었다. 나는 그 질문에 조금도 망설이지 않고 단호하게 대답했다.

"저는 예수를 믿지 않습니다."

왜 그랬는지 모르지만 그분이 심각한 얼굴을 하더니 보호자를 데려오라고 했다. 나는 데려갈 만한 보호자가 없었다. 그래서 주변에 있는 아무한테나 부탁해서 함께 갔는데 그 의사가 눈물을 글썽였다.

"손동연 씨에게 보호자가 아무도 없는 줄 알았는데, 그래도 한 사람은 계셨네요."

아, 환자를 위해 눈물을 흘려주는 의사가 있다니! 평생 느껴보지 못한 행복감이었다. 나를 따라간 보호자 아닌 보호자도 순간 당황해하더니 이내 눈시울이 뜨거워지는 듯했다. 난 그 순간만큼은 행복했다. 그동안 나를 위해 눈물 흘려주는 사람도 없고, 내 편은 아무도 없다고 생각했는데, 나를 불쌍히 여겨주는 사람이 한 명은 있구나 싶어서…. 만약 내게 관심을 가져주는 사람이 한 사람이라도 있었다면 내가 자살 시도를 하지는 않았을 것이다. 그때는 몰랐다. 주님이 나의 보호자로서 내 곁을 떠나신 적이 한 번도 없다는 것을. 나는 항상 고아 같고 거지 같다고 생각했다. 만약 진작 하나님을 나의 보호자로 여겼다면 내 인생이 많이 달라지지 않았을까?

얼마 후, 경희의료원에 정신과가 신설되었고 내가 2호 환자로 치료받은 것으로 기억한다. 하루는 의사가 흰 도화지 한 장을 건네며 무엇이든 생각나는 것을 그려보라고 했다. 나는 손이 가는 대로 마구 그려 내밀었다. 아버지가 형장에서 두 팔 벌리고 사형당하는 것 같은 그림이었는데 의사가 보더니 깜짝 놀랐다.

"이게 무슨 그림이오? 자세히 설명해 보세요. 어린아이가 어찌 형장엘 들어갔지요?"

나도 의아했다. '내가 왜 이런 얼토당토않은 그림을 그렸을까?'

"나는 어려서 형장에는 들어가지 못했지만 아버지 시신이 마당에 들어온 모습을 사형장으로 표현한 것 같아요."

이 비극적인 장면을 기억 속에서 완전히 지웠다고 생각했는데 아니었다. 오히려 내면 깊숙한 곳에 자리 잡고 나를 괴롭히고 있었던 것이다. 나는 우리 집에 있던, 아버지가 하얀 시트에 덮여 있는 사진을 도저히 볼 엄두조차 못 냈다.

며칠 후, 의사가 심리검사를 하자고 하더니 책상 하나를 놓고 마주 앉아 아무 형체도 아닌, 무엇이 마구 얽혀 있는 듯한 그림을 보여 주며 물었다.

"이것이 무엇으로 보이세요?"

"꼭 쇠사슬 같네요."

"이 쇠사슬이 무엇을 하는 것 같나요?"

"우리 아버지를 고문하는 기구 같습니다. 아버지를 묶고 있는 쇠고랑이나 수갑처럼 느껴져요."

"그럼, 이 그림은 무엇으로 보입니까?"

"아, 네. 그건 우리 아버지를 거꾸로 달아놓고 코에 고춧가루 탄 물을 붓는 것 같네요."

"혹시 아버지가 고문당하는 것이나 사형당하는 장면을 목격했나요?"

"아니오. 난 어려서 사형장 안에 들어갈 수 없었어요. 겨우 서너 살밖에 안 되었는데 들어갈 수 있었겠습니까?"

나의 기억 속에 꽁꽁 감추어져 있던 장면이 점점 밖으로 나오며 그림으로 표현되고 있었다. 한동안 잊고 있었던, 내 내면에 잠재되어 있던 아버지의 모습이 생생하게 재연되었다. 주위 사람들로부터 들은 이야기까지도 하나하나 저장되어 있었던 것이다. 이 사실을 안 이후, 나는 아들들에게 고양이나 강아지가 죽은 모습은 그림으로라도 못 보게 하였다. 충격적인 장면이 내면에 저장되어 나처럼 평생 고통 가운데 살게 될까 봐….

그러고서 나는 경희의료원 신경과에 입원하여 정신과 치료를 받게 되었다. 듣기에도 거북한 '폐쇄병동'이었다. 내가 자살위험군으로 지정되었던지 옆에는 항상 간호인이 따라다녔다. 난 때때로 의자나 책걸상을 마구 집어던지며 내면에서 누군가에게 소리쳤다.

'내 아버지 도로 살려내! 내 아버지가 무슨 죄가 있다고 죽였어. 왜, 왜! 이럴 순 없어. 다 때려 부술 거야!'

분노 가득한 목소리로 크게 외쳤건만 주위 사람 어느 누구에게도 들리지 않고 내 내면에서만 크게 울리는 소리였다. 그렇게라도 고통을 풀어보려 했지만 그 어떤 것도 문제를 해결해 줄 수는 없었다. 피아노가 있었음에도 살아갈 만한 특별한 이유가 없었다. 지난날의 상처가 사라지지 않고 내면에 고스란히 박혀 나를 짓누르더니 서서히 삶의 의욕을 갉아먹고 있었다. 의사가 상담 시간마다 살 용기를 불어넣어 주고 조언도 해주었지만, 난 살고 싶은 생각이 조금도 없었다. 이미 중증이었다. 누가 나를 일으켜줄 수 있을까? 누가 나를 치료해 줄 수 있을까?

병원에서는 내가 기억할 수 있는 상처를 토대로 상담을 해주고, 약을 처방해 안정시키거나 충분히 잠을 재우는 정도밖에 할 수 없었다. 피아노나 의사가 약간의 소망이나 잠깐의 위로는 될지언정, 나의 내면을 진정으로 치료해 주지는 못했다. 이 세상의 어떤 의사도 나를 고칠 수 없었다. 나도 내 자신을 포기하고 말았다. 주님만이 나의 참 소망이시며 진정한 위로자인 것을 그때는 알 리가 없었다.

얼마 후 난 병원에서 치료되지도 않고, 치료될 일도 아니라고 판단하곤 별 차도 없는 상태로 병원을 나와버렸다.


### 어머니의 기도 응답

어머니는 부산과 서울을 오가며 우리 집에 잠깐씩 머무셨다. 주일에는 절대 돈을 쓰지 않을 만큼 신앙심이 철저했으며, 아무리 교회가 멀어도 꼭 걸어서 가셨다. 평생 신발을 한 번도 사 본 일이 없을 정도로 검소하며 보수적이었다.

어머니는 기도를 무척 많이 하셨다. 기도원에 가서 금식을 하고 나오면 얼굴에서 빛이 나곤 했다. 그래서 그런지 어려운 문제에 맞닥뜨린 어떤 분이 함께 기도하자며 어머니를 기도원으로, 산으로 끌고 다녀 너무 지쳐 쓰러질 뻔한 적도 있다. 평소 금식을 많이 해 몹시 지쳐 있었는데도 그 몸을 이겨가며 계속 기도와 금식을 하신 것이다. 두 오빠와 아버지의 믿음을 합해도 어머니의 믿음을 못 따라간다고 생각될 정도였다.

우리는 어머니를 싫어했다. 믿음을 강요하며 너무 엄하게 대했기 때문이다. 우리가 하나님께 돌아가기에는 많은 시간이 필요했다. 어머니는 우리가 믿음 생활을 하지 않는 동안 늘 마음 아파하고 울며 기도하셨다. 나는 파트타임으로 일하고 나서도 어릴 때 습관으로 10분의 1을 떼서 어머니께 드리곤 했다. 그럴 때면 어머니는 말씀하셨다.

"저 동연이는 믿음도 없고 교회도 안 나가면서 십일조 떼는 것을 보면 참 이상도 하대이. 이다음에 축복은 받겠대이."

하루는 긴 기도를 마친 후 어머니가 말씀하셨다.
"동연아, 나는 인자 느그들 믿음 없다고 걱정 안 할란다."
"왜요, 어머니?"
"기도하는데, 하나님께서 느그들이 나중에 돌아올 것이니 너무 걱정하지 마라 하시더래이. 절대로 세상 바라보지 말고 하늘나라와 주님만 바라보라고 하셨대이."

하나님은 어머니가 세상을 바라보거나 우리 때문에 걱정할라치면 꼭 그렇게 말씀하셨다. 그러면 나는 콧방귀를 뀌고 속으로 이를 갈았다.

'어머니, 나는 절대 하나님께 안 돌아가요. 하나님은 없으니까요!'

그때까지도 우리 형제들은 각자 흩어져 살며 하나님을 원망하고 예수를 믿지 않았다. 내가 잠시나마 교회에 다니긴 했는데, 신앙이 있어서라기보다 교회 성가대에 피아노 반주자가 필요했기 때문이었다. 그런데 어머니가 "너희 모두 하나님께로 돌아온다"는 말씀을 하고서 몇 년이 지나 우리 가족들은 각기 다른 처소에서, 다른 방법으로 주님께 돌아왔다. 지금은 권사, 목사 사모, 목사로 주님께 충성하고 있다. 하나님은 약속을 지키시는 신실한 분이시다.

## 보이지 않는 힘

　대학 졸업 후, 외국 유학을 가려 했는데 머리 아픈 증세가 너무 심각했다. 도저히 피아노를 칠 수가 없고 머리를 쓸 수 없는 지경에 이르렀다. 그때 무리해서 유학을 갔다면 아마 난 이미 이 세상 사람이 아니었을 것이다. 머리가 너무 아파 하는 수 없이 1년 후에 대학원에 가기로 하고 대학원 시험 준비를 하기 시작했다.
　내가 대학원 시험을 치르던 해에 갑자기 지원자가 늘어나 경쟁률이 높아졌다. 타 대학에서 실력 있는 학생들이 많이 몰려왔다. 아무리 대학에서 피아노를 열심히 쳤어도 그해에는 합격을 기대하기 어려울 만큼 상황이 좋지 않았다. 그래도 마음 한구석에서는 '내 스승님이 학과장이니 입학시험은 무난히 통과할 거야' 하고 안심했다. 그분은 경희대에서 실력 있는 제자들을 많이 길러내 막강한 세력을 구축하고 있었고, 다른 많은 대학에까지 지대한 영향을 미치는 분이었다. 음악계에서 유능한 분이라고 정평이 나 있었다. 그분만 있으면 어느 정도 앞날이 보장되어 장밋빛 가득한 피아니스트의 길을 걸어갈 수 있었다.
　그런데 대학원 입학시험을 치기 직전, 그 교수님이 암에 걸렸다는 청천벽력과 같은 소식이 들렸다. 나를 인도해 준 교수님이 돌아가실지 모른다는 충격과 슬픔이 나를 에워쌌다. 게다가 아무리 뛰어난 실력을 가졌어도 연줄이 없으면 학계에 진출할 수 없던 시절이라 선생님을 잃는 것은 내게 너무나 치명적인 일이었다.
　안타깝게도 얼마 후 그 교수님은 세상을 뜨고 말았다. 다른 친구들이 자기의 스승을 발판 삼아 힘차게 나아갈 때 나는 밀어줄 부모도, 부富도, 권력도 없이 허허벌판에 내동댕이쳐졌다. '내가 어릴 때부

터 꿈꿔왔던 것을 이뤄줄 수 있는 분이었는데 이젠 다 틀렸구나. 내 꿈이 다 사라졌어!'

그 교수님보다 더 높고 위대하신 하나님이 바로 내 곁에서 지켜보고 계신다는 것을 알았다면 아마 내 삶은 달라졌을 것이다. 그러나 난 교회에는 관심도 없고, 하나님께서 살아 계시다는 생각은 더더욱 해본 일이 없다. 하나님이라는 존재를 외면하며 철저히 내 주위에서 밀어내고 스스로 인생을 개척해 갔다.

대학원 필기시험을 보던 날, 교실 안에 지원자들이 가득했다. 대학원이라 그런지 대단한 실력자들만 모여 있었다. 난 맨 뒤쪽에 앉아 있었고, 나의 막강한 라이벌은 맨 앞줄 중앙에 앉아 있었다. 그는 현재 유명한 피아니스트 겸 대학교수다.

이윽고 시험이 시작되었다. 그런데 그 친구가 책상 밑에서 책을 꺼내더니 바로 앞에 시험관이 있는데도 커닝을 하는 게 아닌가? 결국 그 행위가 적발되어 퇴장당하고 말았다. 그가 어이없이 실격하면서 나는 기적처럼 합격을 했다. 당시 내 남편도 같이 시험을 치렀기 때문에 이 사실을 뒤에서 목격했고 지금도 기억한다고 했다. 나는 이 일을 기억하지 못한 채 "내 지도 교수가 돌아가셨는데도 하나님이 아무 이유 없이 합격시켜주셨다"고 간증하고 다녔다. 그런데 미국 시애틀의 한 집회에서 이 부분을 간증할 때 갑자기 커닝 사건이 기억나는 것이 아닌가? 모든 것이 하나님의 인도하심이었음을 알게 되었다. 하나님은 내가 미처 생각하지 못했던 순간에도 내 삶에 역사하고 계셨다.

대학원을 졸업하기도 훨씬 전, 나는 뭐가 그리 급했는지 내 잘난 이력서를 들고 부산 한성여대에 찾아갔다. 그 학교의 최고 직위인

학장의 부인이 그리스도인이라는 소리를 듣고 찾아가 이력서를 내민 것이다. 그런데 그분이 이력서를 쭉 훑어보더니 내 코앞에 대고 획 던져버렸다.

"중학교 선생도 안 되는 이력서를 어디 감히 내 앞에 가져왔어!"

하기야 대학 강사들의 경우 대부분이 유학파 출신이었으니 그럴 만도 했다. 그렇게 망신을 당하고 나서 꼭 내가 얻어먹는 거지가 된 기분으로 수치감과 모멸감을 안은 채 다시 서울로 올라왔다. 그때의 수치심은 꽤 오랫동안 내 마음에 각인되어 있었고, 나는 서둘러 출세를 향해 달리기로 마음을 굳게 먹었다.

그런데 하나님께서는 내가 대학원을 졸업하기 직전, 더도 아니고 덜도 아니고 한 치의 어긋남도 없는 시기에 처음 딱지 맞았던 그 부산 한성여자대학(현 경성대학)에 출강하도록 이끄셨다. 언젠가 한성여대 학과장이셨던 김상배 교수님(작고)이 서울에 올라오셨을 때 서울 지리가 낯선 그분의 안내를 맡아 며칠 수고했던 적이 있다. 그분과의 만남은 잠깐이었지만 내 사정을 아신 이 교수님의 주선으로 당당하게 한성여대에 출강하게 된 것이다.

이게 웬 축복인가? 앞길이 꽉 막힌 것 같았지만, 보이지 않는 하나님의 손길이 내 삶을 인도하고 계셨다. 자연스럽고 섬세하게, 그리고 내가 생각한 것보다 훨씬 더 좋은 방법으로 인도해 주셨다. 막강하게 밀어주던 스승님이 돌아가시고 아무도 도와줄 사람이 없었는데, 하나님께서 인도하시니 모든 일이 순조롭게 풀려갔다. 몸 상태는 이미 중증이었지만 이상하게도 세상 일은 술술 풀렸다. 그런데도 나는 내가 운이 좋은 것뿐이라고 생각했다.

나는 서울에서 비행기를 타고 와 부산 한성여대에서 2년 동안 학생들을 가르치다 서울의 전문대로, 또 2년 후에는 서울의 단과대학으로, 그리고 모교인 경희대학으로 한 단계씩 진출했다. 강의하던 대학에서 그만둘 일이 생기면 우연히 규모가 더 큰 대학으로 가게 되었고, 그곳을 그만두면서 내가 졸업한 대학에까지 출강할 수 있었다.

음대 교수는 명예와 부를 함께 얻는 자리였다. 이 세상에 나를 밀어줄 사람은 한 사람도 없는데, 보이지 않는 어떤 힘이 날 이끌어 갔다. '우연'이라는 것이 행운으로 몰아갔고, 내 경력으로는 도저히 들어갈 수 없는 강단에 서게 되었다. 대학 강사라는 타이틀이 붙으니 자연스레 피아노를 배우려는 입시생들이 많이 늘어났다.

이렇게 수입도 늘어나고 재산도 증식되다 보니, 서울 강남의 단독주택으로 이사를 하여 넓은 거실에 매우 좋은 그랜드 피아노도 들여놓고 학생들을 가르쳤다. 그러면서 국립극장 대극장에서 오케스트라와 피아노 협연을 하기도 했고, 여러 음악회에 불려다니며 연주 생활도 했다.

어릴 적 꿈이 드디어 현실이 된 것이다. 나에게 득이 되는 일만 계속 일어난다는 느낌이 들 정도로 모든 일이 그렇게 순조롭게 흘러갔다. 언젠가부터 우연이라는 것이 계속 내 삶을 유리하게 이끌어 가고 있었다. 이 세상에는 나를 도와줄 사람이 전혀 없는데 무슨 일이든 잘 풀려 의아했지만 단순하게 생각했다.

"이 세상에 신이 있긴 한가 보다. 그 신은 분명 내게 유리하도록 나를 돕고 있는 것 같아."

그 생각을 한두 번 한 게 아니다. 한마디로 내가 운이 있는 사람이라는 건데, 그 운을 가져다주는 것이 무엇일까? 휘몰아치는 듯한 바람이 불어와 내 인생을 이끌어 가는데, 이상할 정도로 꼭 나에게 득이 되는 일만 기다리고 있었다. 마치 누가 각본을 만들어놓아 내가 그 각본대로 움직이는 것처럼! 행운의 종착지는 늘 나였기에 친구들이 부러워하는 것은 당연했다.

"어쩌면 너는 하는 것마다 잘되니? 꼭 네 뒤에 든든한 백이 있어 밀어주는 것 같아. 세상에서 너처럼만 살면 부러울 게 없겠어. 야야, 부럽다, 부러워!"

그런데도 나는 감사가 무엇인지, 하나님이 누구신지도 전혀 몰랐다. 내 삶에 하나님이라는 존재는 없었기 때문이다. 처음에는 하나님이 아버지를 데려갔다고만 생각했는데, 나중에는 하나님을 '살인자', '살인을 일삼는 자', '자기 욕심만 채우는 무서운 존재'로 생각하기에 이르렀다. 더더욱 예수님을 믿기가 싫었다. 간혹 예수 믿는 사람들이 내게 전도를 하면서 "하나님이 당신을 이토록 축복해 주시는데 얼른 교회에 나가셔야지요" 했다. 그 말을 듣고 내가 속으로 얼마나 비웃었는지 모른다.

'허, 참나! 사람들 참 이상하네. 없는 하나님을 있다고 믿고 있네.'

내면의 쓴 뿌리가 절정을 이루고 하나님에 대한 저항이 내 중심에 자리 잡았다. 겉으로는 남들의 부러움을 살 정도로 행복하게 사는 것처럼 보였지만, 나의 내면은 점점 황폐해져만 갔다. 마음 가득 쌓인 분노가 터져 나올 때면 고개를 옆으로 흔들며 외쳤다.

"아버지를 빼앗아 간 그분은 없어, 절대 없어! 예수 믿는 사람들은 자기가 의지할 데가 없으니, 없는 하나님을 있는 줄로 착각하는 거야!"

어린 시절의 기억이 나를 서서히 망가뜨리고 있었다.

### 어머니의 마지막 모습

결혼하기 전 부산 한성여대 강의를 나가고 있을 때 나는 부산 연산동으로 집을 옮기고 어머니와 함께 살았다. 그때는 부산에 살면서 서울에서 활동했기 때문에 일주일에 한 번은 비행기를 타고 서울을 오갔다.

당시 어머니는 매우 연로하심에도 쉬지 않고 주님의 일을 하셨다. 비도 많이 맞고 쇠약해진 상태라 건강이 걱정되어 여러 번 말렸는데도 완강했다.

"엄마, 그만 쉬세요. 연세도 많으신데….”

"내는 주님의 일 하다 죽어야지, 약사발 들고 죽지는 않을 끼다.”

아마도 어머니는 하나님께로 갈 날이 얼마 남지 않은 것을 알고 무리해서라도 주님의 일을 애써 하신 것 같다.

어느 날 내가 서울로 막 떠나려는데, 어머니가 몹시 고통스러운 얼굴로 방 벽에 기대어 날 불렀다.

"동연아, 동연아. 오늘은 나가지 마래이. 내가 꼭 죽을 것 같구마. 꿈자리가 이상하대이. 꿈에 느그 아버지가 흰옷을 입고 나타났대이. 이제 세상 고생 그만하고 천국으로 오라는 듯 손짓을 하더래이. 곧 천국에 갈 것 같대이.”

난 대수롭지 않게 여기며 말했다.

"엄마, 무슨 그런 말씀을 하세요. 오래오래 사셔야죠.”

시간이 촉박해 급히 나가려고 발길을 옮기는데 어머니가 다시 나를 불렀다. 이제는 말 한마디 할 힘조차 없어 구부러진 혀로 말했다.

"꿈에 흰옷 입은 느그 아버지가 내한테 손짓하더구나. 안 가면 안 되겠나?”

어머니가 그 전에도 종종 비슷한 말을 하셨기 때문에 나는 '엄마가 몸이 힘들고 마음이 외로워져서 그런가 보다'라고만 생각했다. 서울에 일정이 잡혀 있던 터라 나는 '설마 무슨 일이야 있겠어?' 하고 어머니의 간절한 호소를 무시한 채 집을 나섰다.

어머니가 고통스러운 얼굴로 벽에 기대 서 있을 때 눈치챘어야 했다. 그날이 어머니의 이 땅에서의 마지막 날이 되리라는 것을…. 내가 서울에서 부산 집으로 돌아오니 어머니는 이미 싸늘한 주검으로 변해 있었다. 후일 어머니의 마지막 모습을 보지 못한 슬픔과 함께 무거운 죄책감이 찾아왔다. 그 일이 평생 후회스러운 일로 남을 줄은 미처 몰랐다.

어머니가 마지막으로 날 부르며 벽을 짚고 고통스러워하시던 그 모습은 지금도 나의 가슴 한복판에 새겨져 있다. 어머니의 애절한 기도 소리와 함께….

### 어머니가 마지막으로 섬겼던 밀양 남촌교회

어머니는 소천하기 직전까지도 세상과 타협하지 않고 보수적인 노선에 선 교회를 세우기 위해 애쓰셨다. 그에 관해 더 자세한 내용을 알고 싶었지만 도저히 알 방법이 없었다. 이 대목을 쓸 때쯤인가, 밀양 지역에서 목회했다는 어떤 목사님을 우연히 알게 되었다. 밑져야 본전이다라는 심정으로 물어보았다.

"우리 어머니가 마지막으로 섬겼던 교회에 대해 잘 아는 분이 있을까요?"

"아, 세상에! 우리 교회에 정양순 사모님에 대해 잘 알고 계신 분이 있습니다!"

이럴 수가! 그때의 사정을 잘 아는 사람을 만난다는 것은 서울에서 김 서방 찾기일 거라고 생각했는데, 그런 분을 만나게 되다니! 생각지도 못했던 하나님의 놀라운 인도하심이었다. 임차랑 장로님, 그분을 통해 어머니에 관한 기억의 한 페이지를 찾게 되었음을 밝히고 그 이야기를 싣는다.

1969년, 밀양 남촌교회는 전기도 안 들어오고 몹시 가난했다. 보리밥을 먹던 시절, 교회 청년들이 산을 개간해 손수 교회를 세우고 근근이 생활하고 있었다. 어머니와 친분이 있는 김봉희 전도사<sub>작고</sub>가 걱정하는 소리를 했다.

"사모님, 교회가 너무 낡아 비가 새서 더는 예배를 드릴 수가 없네요. 새 교회를 지어야 하는데 돈이 하나도 없으니 어떡하죠? 누가 좀 도와주면 좋겠는데요."

그 말을 들은 어머니는 김 전도사님과 함께 사방으로 모금을 다니기 시작했다. 며칠간 비를 많이 맞았는데 굶어가며 몸을 아끼지 않은 탓에 자리에 눕고 말았다. 교회 청년인 임차랑<sub>당시 23세, 누에 치던 청년으로 현재 장로</sub>이 자신의 집에 어머니를 모셔와 링거를 놔주고, 약을 지어 먹이며 정성껏 간호해 준 덕분에 일시적으로 회복이 되었지만, 결국은 그때 쌓였던 과로로 인해 내가 사는 집에 오신 후 얼마 안 있다 돌아가셨던 것이다.

어머니는 몸이 피곤해도 할 일이 눈에 보이면 기어다니다시피 하면서도 일을 하시는 분이었다. 생각해 보니, 그때 어머니가 연로하신 몸으로 힘든 일도 마다하지 않고 너무 무리하셨던 것 같다. 어머니는 그리고도 남을 분이었다. 특히 교회 짓는 일이라면 자신의 몸을 아끼지 않으셨다. 힘든 것을 얼마나 참고 견디며 일하셨을지 가히 짐작이 간다.

임차랑 장로님은 우리 어머니를 이렇게 기억한다.
"사모님은 인자하고, 믿음이 아주 좋고, 사랑이 많은 분이셨어요."
때늦은 인사지만 내가 말했다.
"저희가 보살펴드렸어야 하는데…. 장로님께서 어머니를 지극정성으로 돌봐주시고 간호해 주신 것 정말 감사드립니다."
"아닙니다. 사모님이 우리 교회를 돕다 돌아가셨으니 우리가 도리어 미안하지요."
그러면서 어머니 장례 때를 떠올리며 특히 기억나는 것이 안재선이라고 했다. 사람들이 재선 오빠를 가리키며 수군거렸는데, 누군들 안재선을 떠올리면 한마디씩 하지 않았겠는가?
그는 구석에 앉아 모든 것을 잃은 듯한 슬픈 얼굴을 하고 있었는데, 사람들의 시선을 피해 기가 죽은 듯 초점 없는 눈빛으로 장례에 참석하고 있는 모습이 안타까웠다고 한다.
어머니는 재선 오빠의 마지막 등불이었다. 자신을 목숨처럼 사랑해 주던 어머니를 잃었는데 어찌 슬프지 않았겠는가?
나도 어렵사리 대학원을 졸업하고 부산 한성여대 음대에 채용되어 이제 어머니를 호강시켜드리겠구나 했는데, 호사도 누리지 못한 채 수명을 다하셨기에 누구보다 마음이 아팠다. 세상 복은 없던 분이셨지만 천국에선 큰 상급을 받고 누릴 것을 믿기에 안위가 되었다.

### 믿음의 유산

1977년 11월 26일, 어머니는 72세로 하나님의 부름을 받았다.

인간적으로 볼 때 어머니의 삶은 참으로 불행했다. 두 아들을 잃고 남편마저 인민군의 총탄에 잃지 않았는가? 그러나 아버지가 신사 참배 거부로 감옥에 있을 때 "당신, 신사 참배 하면 내 남편 아닙니다" 하신 걸 보면, 세상 그 무엇과도 바꾸지 않을 단호한 믿음으로 사셨던 게 분명하다. 희생을 각오하고 오직 주께서 받으실 영광만을 위해!

아버지와 어머니는 1924년, 함안군 대산면 옥렬리에서 결혼하였다. 아버지 손양원손연준은 24세, 어머니 정양순정쾌조은 19세였다. 어머니는 처녀 때 아버지의 설교를 듣고 너무 은혜로워 아버지를 사모하게 되었다. 아버지의 말씀이 너무 강력해 은혜를 안 받은 사람이 없었다. 특히 환부가 몹시 쑤시고 아픈 나환자들도 아버지의 설교를 통해 은혜를 받으면 아픈 곳이 온데간데없이 사라졌다고 한다. 어머니는 집 뒤에서 가마니를 깔고 기도했다.

"하나님의 뜻이면은 손연준 전도사와 혼인시켜주이소."

### 정양순 사모 천국 환송

우리가 도착했을 때, 동도섬의 아버지 무덤이 파헤쳐지고 어머니 관이 들어갈 자리가 마련되어 있었다. 우리는 아버지와 어머니를 합장하기로 했다. 어머니의 관이 흙 속에 묻히는 동안 성도들의 천국 환송 찬송이 주위에 울려 퍼졌다.

어머니 장례식 때

## 아버지를 닮은 남편

　내 이상형은 아버지와 같은 사람이었다. 만약 내가 결혼한다면 아버지를 닮은 남자와 하고 싶었다. 아버지 같은 남자 외에는 사랑할 수 없는 병에 걸렸는지도 모르겠다. 배우자 조건의 1순위는 변함없이 나를 지켜주고, 사랑해 줄 수 있는 사람이었다. 나를 사랑해주던 아버지가 갑자기 내 곁을 떠나 그런 생각을 품게 되었는지도 모른다.
　대학 3학년 때 한 사람을 알게 되었다. 너무 편안하고 온화해서 언제 기대도 괜찮을 것 같은 남자였다. 정신적으로 든든한 버팀목이 되어줄 수 있는 사람, 자상하고 사랑이 많은 사람, 무슨 일이 있어도 변하지 않을 것 같은 사람, 아버지처럼 나를 버리고 가지 않을 거라는 굳건한 믿음을 주는 사람, 내 차가운 마음을 녹여줄 수 있을 만큼 따뜻하고 이 넓은 우주에서 나를 이해해 주는 유일한 사람, 나의 부족한 면을 다 채워줄 수 있는 사람. 그 사람에 대해 표현하자면 이 정도가 될 것 같다. 그는 내가 정신적으로 힘들 때나 육체적으로 피곤할 때도 변함없이 따뜻하게 보살펴주었다. 꼭 내 아버지처럼….

어릴 적 아버지는 나를 끔찍이 사랑해서 내가 원하는 것은 무엇이든 다 들어주셨다. 아버지가 내 말을 안 들어줄 것 같으면 무조건 울어버렸다. 그러면 아버지는 못 이기는 척 다 들어주셨다. 그 남자에게서 아버지와 비슷한 점을 발견했다. 하늘의 별도 따다 줄 것 같은 사람이었다. 아버지처럼 그토록 잘해주던 사람이 바로 내 남편이 되었다.

그의 별명은 '그렇게 해'였다. 내 부탁이면 무엇이든지 "오케이, 그렇게 해" 하곤 해서 내 동생이 그 말을 따라 하며 많이 놀리곤 했다. 이 사람은 나를 위해 만들어진 사람 같았다. 나의 부족한 부분에 맞게 어떤 면이 마비된 것처럼. 남편은 자주 "나는 당신의 충실한 종이야, 충실한 종!"이라고 했다.

그는 성실했으나 예수를 믿지 않았다. 술과 담배를 좋아하는 골초이자 고주망태였다. 그런 그가 지금은 목사가 되었으니 하나님의 은혜가 아닌가! 나도 그 당시엔 예수를 안 믿었는데 어처구니없게도 신학생을 소개해 주겠다는 분이 더러 있었다. 나에 대해 몰라도 너무 몰랐던 것이다.

나는 목회자는 거들떠보지도 않고 관심도 없었다. 예수도 믿지 않고 하나님과 벽을 쌓고 사는 사람이 어떻게 사모가 될 수 있겠는가? 감히 상상도 못할 일이었다. 마음속으로는 '내 남편이라면 판검

사쯤은 되어야지' 하고 생각하고 있던 차였다. 그때는 판검사라는 직업이 남편감으로는 최고였던 시절이다. 내 남편은 평범한 사람이었다. 같은 대학에서 우연히 만난 사람일 뿐이라고 생각했는데, 후에야 하나님이 내게 꼭 맞는 사람을 짝지어 주셨음을 깨닫게 되었다. 나를 잘 아는 친구들은 남편에 대해 이렇게 말하곤 한다.

"이 지구를 다 돌아도 네게 딱 맞는 사람은 네 남편뿐이야. 네 성격에 꼭 맞게 맞춤으로 만들어진 것 같아. 모자란 부분을 채워주려고 특별 주문해서 만들어진 것처럼 말야. 그렇게 착하고 온유한 사람은 처음 봤다."

친구들은 자신의 남편도 내 남편 같은 사람이었으면 좋겠다며 나를 부러워했다. 그는 내가 만난 사람 중에 아버지를 가장 많이 닮았다. 내게 꼭 맞는 남편을 만나게 해주신 하나님께 늘 감사드린다. 대학 3학년 때 그를 알게 되어 나는 대학원을 마치고, 그는 제대 후에 결혼했으니 꽤 오랜 시간을 사귄 셈이다. 주님께서는 우리에게 착한 두 아들을 주시고 서울 강남에 예쁜 집도 주셨다. 우리가 결혼한 후에도 세상일은 잘 되었지만 내 몸과 마음은 더 황폐해져갔다.

### 거부할 수 없는 손길

우리가 결혼하고 얼마 후 김인화 전도사님윤연 교수님의 사모님이 나를 찾아오셨다. 김 전도사님은 대학 시절 피아노를 사사했던 교수님의 부인이자 내 인생에서 중요한 역할을 해주신 분으로, 나는 그분 남편의 가장 오래된 수제자였다. 고아처럼 외로웠던 내가 부모님 이상으로 의지하게 된 분이다. 교수님은 엄했는데 사모님은 무척 온화하고 지적이었다. 내가 순교자 손양원 목사의 딸이라는 걸 잘 알고 계셨다. 이분이 나의 믿음 없음을 훤히 들여다보는 것 같아 항상 불편했다. 집안 사정이 어려워 힘들게 피아노 공부하는 것을 아시고선 레슨이 끝나면 밥을 챙겨주시고 늘 따뜻하게 대해 주셨다. 그분도 대학에서 강의를 하고 있었다. 처음에는 예수를 믿지 않았는데 어찌 된 영문인지 남편이 돌아가신 후 전도사가 되어 나를 찾아오셨다.

"동연 씨, 교회에 나가세요. 예수 믿으세요. 우리 교회로 나오세요."

사실 그 전에도 여러 사람이 전도를 해왔지만 난 절대로 교회에 나가지 않았다. 하나님은 없다고 생각했기 때문이다. 다른 사람이 전도했다면 들은 척도 안 했겠지만 그분의 권유라 도저히 거절할 수가 없었다. 나의 창창한 앞길에 도움을 줄 수 있는 영향력을 가진 분이기도 했고….

'그래, 교회 가는 척이라도 해야겠다. 순교자 손양원 목사의 딸인 걸 다 알고 있으니 체면상으로라도 가주자.'

결국 나는 체면 때문에 교회에 나가기 시작했는데, 나중에 그분이 말하길 내가 교회에 안 나가는 걸 몰랐다고 했다. 구역을 부흥시키려고 전도했던 모양인데, 과정이야 어찌 되었든 남편도 나를 따라 교회에 다니기 시작했다.

이후로 나는 기도원에도 가서 금식하며 회개기도도 많이 했다. 우리는 부흥회를 찾아다니며 은혜를 많이 받았다. 불쌍한 자들을 보면 예수님의 사랑을 실천한다며 집으로 데려오기도 했다. 사심 없이 예수를 믿으며 나와 남편의 믿음이 한걸음씩 성장해 갔다. 그러면서 부산에 사는 작은언니에게도 예수님을 믿으라고 했는데 언니는 피식 웃기만 했다.

하루는 작은언니 옆집에 사는 어느 목사님 부부가 기도 중에 하나님의 음성을 듣고 작은언니의 집 대문을 두드렸다.

언니와 마주 앉은 사모님은 "옆집에 사는 자매에게 찾아가 전도하고 교회에 나가라고 하라"는 주님의 말씀을 전하며 교회에 나가라고 했다. 그 말을 잠잠히 듣고 있던 작은언니의 마음이 조금씩 움직였다. 나중에 작은언니가 그때의 심정을 이렇게 표현했다.

"내가 천만 명의 군중 속에서 이 말을 들었더라도 '그게 바로 저예요' 하고 손 들고 나갈 수 있는 마음이었어. 예수님을 믿지 않으면 안 될 상황으로 주님께서 몰아가시는 중이었지. 내 상황에 맞게 불러주셔서 너무 감사해."

그때 언니는 누군가를 의지하지 않으면 안 될 정도로 궁지에 몰려 있었다고 한다. 놀랍게도 그때는 하나님께서 준비하신 시간이었고 작은언니는 그렇게 하나님께 돌아왔다.

어느 날 예배 중 교회 벽에 붙어 있는 큰 글씨가 눈에 확 들어왔다.
"하나님은 사랑이시라."

이 문장을 읽는 순간 가슴이 철렁하며 커다란 바위가 쿵 떨어지는 느낌이 들었다. 마음 깊은 곳에서 뭔가가 불쑥 치밀어 올랐다. 나는 세차게 고개를 가로저으며 애써 거부했다.

'아니야. 절대로 사랑의 하나님이 아니야! 난 절대 믿을 수 없어. 잔인하고 나쁜 하나님, 사람 죽이기를 즐기시는 하나님이지!'

그런데도 겉으로는 "거룩하고 근엄하고 엄숙한 하나님이십니다" 하며 내 마음을 애써 숨겼다. '나쁜 하나님, 살인을 일삼는 하나님'이란 말을 차마 입 밖에 낼 수는 없었다. 그래서 애써 그 생각을 외면했다. 그동안 열심히 예수를 믿는 줄로만 알았는데 사실은 겉으로만 적당히 예수를 믿어왔음이 드러났다.

그러다 문득 '내가 왜 이렇게 사랑의 하나님이란 단어에 놀랄까?' 하는 생각이 들었다. 마음속에서 변화가 시작되고 있었다. "하나님은 사랑이시라"라는 그 진리가 내 영혼을 뒤흔들고 있었다.

이 글을 읽는 당신에게도 묻고 싶다. 당신 마음 깊은 곳에는 하나님이 어떤 분으로 각인되어 있는가?

### 사명, 주의 종

우리가 결혼한 지 5~6년쯤 되었을 때 남편은 큰 은혜를 체험하고 봉사도 하면서 열심히 신앙생활을 하고 있었다.

하루는 김인화 전도사님이 우리를 찾아와 남편에게 사명이 있다고 하셨다. 주의 종이 될 것을 권유하시는데, 우리 부부는 그러한 소명을 전혀 느끼지 못했다. 믿음도 없었다.

그러던 어느 날 남편이 심각하게 이야기를 꺼냈다.

"여보, 나 지난밤에 꿈을 꿨어. 내가 이 세상 사람을 다 구원하고 잡혀서 십자가에 양손이 묶여 있는 꿈이었어. 아주 생생해. 또 다른 꿈을 꿨는데, 교회 강단에 불려 나가 목사님한테 목사 임명장을 받는 거야. 그리곤 꿈에서 깼어. 이게 도대체 무슨 꿈일까? 혹시 내가 주의 종의 사명이 있는 게 아닐까?"

남편은 그때까지만 해도 신학을 할 생각이 전혀 없었다. 김인화 전도사님이 가끔 권유해도 그건 아니라고 웃으며 넘기던 차였는데, 이 꿈으로 인해 마음이 조금 흔들리기 시작했다. 하나님께서 남편을 신학의 길로 부르는 사인이 현실에서 나타나고 있었다.

당시 남편은 큰 음악학원을 운영하고 있었다. 그런데 이상하게도 그해에는 학생이 한 명도 새로 들어오지 않았다. 기존에 있던 수강생들마저 이러저러한 일로 일시에 떨어져 나갔다. 보통은 학생들이 들어오는 날이 각기 달라 나가는 날도 다 다른데 학생들이 동시에 떨어져 나가니 참으로 이상했다. 학원을 오래 운영해 봤지만 이런 일은 처음이었다. 또 그때 우리는 커다란 빌딩에 세들어 있었는데, 갑자기 재건축을 한다고 해서 학원 문을 닫을 수밖에 없었다. 마치 그 옛날 내가 대학에 가기로 결심했을 때 내게 피아노를 배우던 학생들이 하루 만에 다 떨어져 나갔던 것처럼 말이다.

우리는 혹시라도 남편이 신학을 한다면, 낮에는 일을 하고 야간에 신학을 할까 생각하고 기도하던 중이었다. 그러나 하나님께서는 전혀 다른 계획을 가지고 계셨다. 남편의 모든 직장을 막으심으로 오로지 신학에만 몰두할 수 있게 하신 것이다. 갑자기 회오리바람이 불어와 모든 것을 휩쓸어가듯 신학이라는 섬으로 밀어버리는 것만 같았다. 남편이 신학을 하기로 결정했을 때는 입학시험이 두 달밖에 남아 있지 않아 거의 준비를 못 한 상태였음에도 남편은 하나님의 은혜로 신학교에 입학했다. 신학교 입학식 날, 남편이 학원을 운영하던 그 큰 건물마저 철커덕 문을 닫았다. 세상 직장은 그것으로 끝이었다. 한 치의 억지도 없이 너무도 자연스럽게 진행되어 신학생이 되고 목사가 되었으니 하나님의 놀라운 인도하심이 아닌가!

# 3.
# 숨겨진 증인들

### 안재선 오빠, 하늘나라 가다

두 오빠를 죽인 안재선!

그는 1979년 12월 19일, 상계동 자택에서 사망했다. 죽기 직전 내가 그를 부축해서 안수기도를 받으러 다니기도 했는데 결국 하늘의 부름을 받았다. 두 오빠의 몫까지 건강하게 오래 살기를 바라는 소망을 뒤로 하고….

그의 나이 48세, 초췌한 모습으로 서울 일원동 우리 집으로 찾아왔다. 그가 내뱉은 첫마디엔 삶의 회한이 가득했다.

"동생, 아직도 옛날 두 오빠 일을 생각하나?"

그는 언제부터인가 자주 이렇게 물었다. 내 눈치를 보며 묻는 그에게 뭔가 심상치 않은 일이 일어났음을 알 수 있었다. 얼굴을 자세히 살펴보니 이미 죽음이 임박해 있었다.

"동생, 나 후두암에 걸렸네. 병원에서는 고칠 수가 없다는데 혹시 어느 목사님께 안수기도를 받으면 고칠 수 있을까? 나… 손 목사님이 사형장에서 풀어주셔서 덤으로 31년을 더 살았는데, 덤으로 산 김에 더 살다 가면 좋겠네."

그의 눈빛은 슬픔과 삶에 대한 애착으로 가득했다. 우리 가정을 쑥대밭으로 만든 그가 바람이라도 불면 휙 쓰러질 듯한 모습으로 서 있었다. 두 오빠를 혹독하게 두드려 패고 확인사살까지 한 잔인한 모습은 그 어디에도 없었다. 온화한 성품 그 어디에 그런 잔인함이 숨어 있었을까? 한없이 나약한 인간의 모습이었다. 인생이란 무엇일까?

나는 백방으로 수소문하여 당시 유명하던 현신애 권사님 치유집회에 열심히 모시고 다니며 기도를 받게 했다. 그러나 특별한 차도가 없었다. 주님이 부르시는 시간이었을까?

그는 상계동 자택에서 48세, 신기하게도 아버지와 같은 나이로 생을 마감했다. 그가 소천하기 직전 아들 경선을 불러 유언했다.

"경선아, 신학교에 가거라."

"왜요, 아버지?"

"……."

재선 오빠는 아무 대답도 하지 않았다. 경선은 자신의 아버지가 왜 그런 말을 하는지 그 깊은 뜻을 몰랐다.

곧 재선 오빠는 굴곡진 삶을 마감했다. 우리는 재선 오빠의 장례식장에서 얼마나 울었는지 모른다. 그가 한없이 불쌍하기도 했지만, 우리 가족들이 떠올랐기 때문이다. 우리는 자신에게 주어진 인생을 어떻게 살아야 하는 것일까?

오빠는 살아 있을 때 우리 가족을 보면 안절부절못하고 눈치를 봤다. 아들 경선도 마찬가지인 것 같았다. 자신의 아버지가 저지른 잘못으로 인해 지금도 우리를 보면 미안한 마음에 조금은 주눅이 들어 있다는 것을 느낄 수 있었다. 한순간의 실수로 아들까지 평생을 죄의식과 고통 속에 살아야 하다니…. 우리는 아버지의 순교로 큰 축복을 받았다. 자손을 위해서라도 예수 잘 믿고 천국에 가야 하지 않을까? 이 세상의 모든 일은 주님 손에 달려 있다. 주님께서 다 보고 계시며, 모든 사정을 알고 계신다. 훗날 동희 언니가 이런 고백을 했다.

"그 야윈 얼굴로 마지막에 용서를 받으러 왔나 보다 생각하니 너무 불쌍하더라. 그때가 모든 걸 용서하는 순간이었어. 미웠던 마음이 한순간에 애처로움으로 변했지. 재선 오빠는 내가 모든 것을 용서한다는 것을 알고 하늘나라 간 거야."

재선 오빠가 우리 두 오빠의 몫으로 100세까지는 살아야 하는데 일찍 가버렸다. 그가 언니더러 "하늘나라에 가면 너희 두 오빠에게 사죄하련다" 했는데, '지금쯤 그 좋은 곳 하나님 집에서 두 오빠를 만나 사죄했겠지?' 하고 생각해 본다. 살아 있다면 90세가 더 되었을 우리 큰오빠와 작은오빠가 보고 싶다. 두 오빠의 순교는 큰언니의 운명을 바꿔놓았고, 아버지의 순교는 나의 운명을 바꿔놓았다. 아버지 순교 후 하나님의 돌보심이 없었다면 남은 가족들은 어떻게 되었을까? 누군가 그 시간을 어떻게 살아왔느냐고 묻는다면 대답할 말은 이것이다.

"하나님의 은혜가 아니었으면 사회에서 폐인이 될 뻔했습니다. 살아 있는 것 자체가 하나님의 은혜입니다."

## 사람을 죽인 자의 아들, 씻을 수 없는 주홍글씨

많은 분들이 궁금해하는 재선 오빠의 삶과 그의 아들 경선의 이야기로 뒷이야기를 마무리하려 한다. 경선의 이야기는 모 신문들의 인터뷰에서 가져온 것임을 밝힌다.

제가 애양원과 손양원 목사님을 처음 알게 된 것은 고등학교 2학년 여름방학 때입니다. 손 목사님의 일대기를 그린 영화 《사랑의 원자탄》을 교회에서 단체로 보러 가게 되었지요. 여학생들을 보려고 친구 따라 막 교회 나가던 시절인데, 한센인들을 위해 헌신하다 순교한 손 목사님의 삶이 제게 큰 감동을 주어 크면 목사가 되고 싶다는 생각도 했어요.
손 목사님이 1948년 10월 발생한 여순 사건에서 두 아들을 잃고 난 뒤에도 자신의 아들들을 죽인 학생을 죽이지 말아달라고 탄원하며 그 자를 회개시켜 아들 삼고 사람 되게 하겠다고 애원하는데, 저는 그 장면에서 두 눈이 퉁퉁 붓도록 울었어요.

그리고 1년 뒤 저는 전혀 예상치 못하게 손양원 목사님의 산소에 가보게 되었습니다. 후두암을 앓던 아버지가 병석에서 일어나지 못하고 48세로 숨을 거두셨는데, 손양원 목사님도 48세에 세상을 떠나셨어요. 신기하게 아버지도 같은 나이에 세상을 떠나셨던 것입니다.
제가 상주로서 빈소를 지키고 있었는데 한 중년 남자가 절 찾아왔습니다. 《사랑의 원자탄》이라는 책을 안겨주고 돌아갔어요. '저분은 아버지와 어떤 사이길래 장례식에 와서 나한테 이 책을 주는 거지?' 저는 무척 의아했습니다. 그리고 장례를 치르고 나서야 책을 천천히 읽기 시작했는데, 그러다 손양원 목사님과 아버지의 관계를 알게 되었습니다. 목사님의 두 아들을 죽인 그 학생이 바로 내 아버지 안재선이었던 겁니다.

'왜 하필이면 내 아버지가…? 왜 그 많은 사람 중에 내 아버지야!'

저는 그제야 아버지의 유언이 떠올랐습니다.

"신학교에 가거라."

평소 제가 교회에 다니지 않는 것을 탐탁지 않게 여겼던 아버지였는데, 그런 말씀을 하시니 당황스러웠습니다. 그 책이 제 의문을 풀어줬죠. 손양원 목사님은 양아들인 아버지가 목회하기를 원하셔서 부산 고려고등성경신학교에 입학시켰습니다. 아버지도 신학 공부를 즐거워하셨고, 동기들과 교수들 사이에서 총명하고 유머러스한 신학도로 인기가 많았답니다. 빈민촌 공부방 교사로도 열심히 활동했고요.

하지만 아버지는 영원히 지워지지 않는 '주홍글씨'의 사슬에서 방황하고 좌절했습니다. 어느 누가 '사람을 죽인 자'로부터 복음을 듣고 싶어 할까요? 죽을 때까지 견뎌내야 할 주위의 따가운 시선과 비난, 그 고난의 가시밭길을 걸어가야 한다는 게 두려우셨을 겁니다.

결국 아버지는 중도에 신학을 포기하고, 손양원 목사님의 그늘에서 벗어나기 위해 여수 앞바다의 무인도로 들어가 양식업을 시작했으나 실패한 뒤 가족을 데리고 상경했습니다. 서울 상계동에 정착해 암으로 세상을 떠날 때까지 어머니와 자식들에게는 애양원과 손 목사님에 관한 이야기를 일체 하지 않았습니다. 훗날 들은 이야기지만, 아버지는 손양원 목사님의 남은 자녀들과 마지막 순간까지도 소식을 주고받았다고 하더라고요.

가난한 월급쟁이로 살면서 4남매를 키우셨어요. 새벽에 나가 밤늦게 들어오시는 날이 태반인 데다 워낙 과묵하고 엄한 성격이라, 아버지와 많은 이야기를 나눌 수도 없었지요.

아버지의 유언대로 저는 한국그리스도의교회 소속 신학교 현 서울기독대학에 입학했습니다. 그러나 시간이 흐를수록 '손양원'과 '안재선'이라는 두 이름이 제 목을 조여왔습니다. 모든 게 엉망진창이 되었지요. 아버지를 이해할 순 있었어요. 아버지 또한 분단과 이데올로기의 비극이 낳은 희생자였으니까요. 아버지는 부잣집 아들이라 그 당시 부러울 게 없었을 텐데 왜 그랬을까요?

하지만 머리로만 이해할 뿐 '사람을 둘씩이나 죽인 자의 아들인 내가 신학을 해도 되는 걸까?' 의심하고 자학했죠. 결국 몸이 망가지고 말았습니다. 한쪽 폐가 썩어들어가고 있었는데 병원에 실려갈 때까지 오기로 버텼습니다. 급성폐렴에 합병증까지 겹쳐 한쪽 폐를 도려내는 대수술을 한 뒤 건강을 되찾았습니다. 그리고 곧 신학교로 돌아갔습니다. 손양원 목사님이 자신의 양아들이 못다 한 삶을 내게 주었다는 깨달음, 그리고 언제까지 이 굴레에서 방황하며 살 수 없다는 용기가 제 몸 어딘가에서 기적처럼 샘솟았습니다.

결혼하려 할 때는 저의 장인 될 분이 신변 조회를 해보고는 살인자의 아들과는 도저히 자기 딸을 결혼시킬 수 없다며 극심하게 반대하셔서 결혼도 못할 뻔했지요. 이나음에 천국 가면 할아버지 품에 한 번만이라도 안겨보고 싶어요. "할아버지, 사랑해요. 할아버지, 손자가 왔어요" 하고 한번 외쳐보고 싶어요. 그리고 청소년을 위해 간증하며 다니고 싶어요. "한 순간에 마음을 잘못 먹으면 죄책감과 후회로 가득한 삶을 살게 되니 열심히 예수 믿고 좋은 일 해라. 후회 없는 삶을 살아라" 하고 힘껏 외쳐 설교하고 싶어요.

하나님께 여쭈고도 싶어요. 누구는 순교자의 자녀이고, 누구는 살인자의 자녀냐고요. 손 씨에서 안 씨로, 안 씨에서 손 씨로, 과연 아버지의 정체성은 무엇이었냐"고요.

그는 재선 오빠의 유언에 따라 목사가 되었다.

### 드러나기 시작한 상처

보통 상처는 긴 잠복기간을 지나 밖으로 드러난다. 내면에 숨어 있다 밖으로 나올 뿐, 저절로 밖으로 빠져나가는 일은 없다. 내가 네 살 때 겪었던 비극적인 일로 인한 상처가 나의 뇌리에 깊이 박혀 있었다. 아무리 강한 콘크리트를 치고 견고하게 위장해도 끝까지 숨길 수는 없었다. 어느 시점이 되자 상처가 밖으로 나타나기 시작했다.

대학교 1학년 때부터 서서히 피아노를 치기가 힘들어지고 머리가 깨질 듯 아프기 시작했다. 토치카를 깊이 둘렀지만 아버지의 시신 장면이 나의 내면에서 점점 자라나 나를 더 괴롭히고 있었다. 내면에서 무언가에 항거하는 죄악이 목구멍까지 차오르고, 모든 상처가 잠복기간을 거쳐 폭발했다. 감추려야 감출 수 없는 지경에 이르렀고, 심한 우울증으로 사회생활을 할 수 없게 되었다. 나의 마음은 곪을 대로 곪아 있었다. 모든 것이 만신창이였다. 안에서부터 바깥에 이르기까지 멀쩡한 데가 한 군데도 없었다.

겉은 멀쩡한데 생각의 기능이 마비된 식물인간이었다. 얼마나 답답하고 힘들던지…. 추위에 떨며 죽기만을 기다리는 사람처럼 온 마음과 육체가 꽁꽁 얼어붙기 시작했다.

증세가 심할 때는 옷을 골라 입을 힘이나 의지조차 없어 옷 한 벌로 1년 내내 살기도 했다. 손에 잡히는 대로 아무 옷이나 입었다. 여름이라도 겨울옷이 잡히면 땀을 뻘뻘 흘리면서 입었고, 한겨울이라도 반소매 티셔츠가 잡히면 벌벌 떨면서 입었다.

이게 바로 폐인이 아닐까? 안방에서 숨만 겨우 몰아쉬고 2층도 못 올라갔다. 아이들 밥도 못 해주었다. 외적으로는 축복된 삶을 살았지만, 안으로는 피폐할 대로 피폐한 삶을 살고 있었다. 나의 이런 모습 때문에 가장 많은 피해를 본 사람은 사랑하는 두 아들이다. 아이들이 학교에 가면 친구들이 놀려대기 바빴다.

"야, 니네 엄마 왜 그렇게 무섭게 생겼냐?"

한창 어린 나이에 두 아들이 그 말을 듣고 얼마나 기가 죽었을까? 첫째아들이 말했다.

"엄마, 학교 오지 마. 엄마가 너무 무섭게 생겼다고 친구들이 놀려."

"그래서 너는 뭐라고 대답했니?"

"'우리 엄마 하나도 안 무서워. 우리 엄마가 얼마나 좋은데 그래!'라고 했지. 근데 요즘 엄마 표정이 왜 그래? 학교에서 우릴 봐도 웃는 얼굴이 아니잖아."

아들이 이렇게 말하며 울기 시작하는데 가슴이 찢어졌다. 그랬다. 나는 그토록 험한 얼굴을 하고 있었다. 웃지 않았고, 웃어야 할 이유도 없었다. 그저 하루하루 사는 게 기적이었다. 나는 두 아들에게 항상 빚진 기분이었다. 아이들이 좀 커서는 종종 전화해서 엄마를 용서하라는 말을 하곤 했다. 두 아들은 그 의미도 모르면서 알겠다고 했다. 어느 날 큰아들이 내 책의 초고를 읽더니 말했다.

"엄마, 내가 이 글을 읽어보니 그때 왜 엄마가 그랬는지 이젠 다 이해가 돼. 엄마가 많이 힘들었겠어요. 너무 가엾어서 많이 울었어."

두 아들이 성장 과정에서 나 때문에 희생양이 된 것 같아 항상 미안하다. 내가 그런 상태였음에도 하나님께서 돌봐주셔서 아이들은 잘 성장했다. 첫째는 오페라 연출을 하고 있고, 둘째는 전도사로서 주님을 섬기고 있다. 이 모든 것이 주님의 은혜임을 고백한다.

남편 또한 그런 나를 묵묵히 견뎌주었다. 남편을 잘 아는 사람들은 지금도 "저렇게 무던하고 착한 사람은 처음 봤다"고들 한다. 나랑 살아준 것만 해도 그렇다. 요리조차 할 수 없는 상태였지만 남편은 내 힘든 상황을 잘 이해해 주고 보호해 주었다. 남편이 심리검사를 해보니 '선천적으로 좀처럼 상처받지 않는 자'라는 결과가 나왔다. 그런 사람이라 날 이해해 주고 품어준 것이지, 아니었으면 무척이나 힘들었을 것 같다. 주님은 내게 딱 맞는 최고의 남편을 선물로 주셨다.

### 피아노까지 빼앗아 간 그분

주님은 두 오빠와 아버지의 순교 후 남겨진 식구들을 축복해 주

피아노 앞에서

셨다. 불의의 사고 없이 오래 살게 해주시고, 나는 대학생을 가르치는 교수이자 피아니스트가 되게 해주셨다. 어릴 적부터 키워온 꿈을 이뤘으니 세상 부러울 것이 없었다. 사람들은 나를 성공한 사람이라며 치켜세우고 부러워했다. 특히 교계에서는 내가 손 목사님의 딸이라 영육 간에 축복을 많이 받았다고 했다. 세상에서 받은 축복을 보고 성공했다고들 했지만 다 내 속을 모르고 하는 소리였다. 겉만 번지르르했지 속은 점차 황무지가 되어갔다. 마치 회칠한 무덤과 같이….

주님은 외적으로는 축복해 주셨지만 내면은 만져주시지 않는 것 같았다. 내 머릿속은 마구 엉켜 있었다. 내면에 뿌리내린 미움의 씨앗에서 싹이 나 아무것도 할 수가 없었다. 그러면서도 한때 어느 목사님과 함께 '축복'이란 주제로 간증하며 다니기도 했다. 내면이 이런 상태인데 무슨 축복이며, 무슨 간증이란 말인가? 성도들을 속이고 하나님을 속이는 것만 같아 간증 다니는 것도 그만두었다.

학교에서 학생들을 가르칠 수가 없고, 피아니스트의 꿈도 지속할 수 없었다. 겉이 아무리 멀쩡해도 머리가 식물인간 상태인데 무엇을 할 수 있었겠는가? 성경을 보려 해도 내용이 이해가 안 되고 그 누구와의 대화도 불가능했다. 이미 난 정상적인 사회생활을 할 수 없는 지경이었다. 1986년, 결국 국립극장에서의 오케스트라 협연을 마지막으로 교수 생활을 접어야 했다.

내가 가장 속상했던 것은 피아노를 칠 수 없었던 것이다. 음악을 들어도 아무 느낌이 없고 박자를 계산할 수가 없었다. 온종일 멍하니 피아노만 들여다보았다. 피아노 앞에 앉아도 칠 수가 없어 피아노를 붙들고 한없이 운 적도 있다. 연습하면 할수록 머리가 아팠다. 어떻게 이런 일이 있단 말인가? 극심한 두통이 찾아와 머리를 두 손으로 감싸고 방바닥을 뒹굴었다. 과거에 피아노가 일시적인 위로는 되었을지언정 깊은 내면의 상처까지 치유하지는 못했던 것이다. 이제는 도리어 머리 아픈 증세만 가중시켰다. 나는 어떤 것도 기억하지 못하고 머리도 사용하지 못하는 바보가 되어 갔다. 삶을 포기하는 것이 낫겠다 싶을 정도였으니 더 말해 무엇하랴!

생각의 기능이 완전히 마비되는 것은 무섭고 끔찍한 일이었다. 언젠가 사람들이 내게 병명이 뭐냐고 물었는데 나는 이런 증세를 들은 적도, 본 적도 없었기에 병명조차 몰랐다. '생각의 기능 마비'라는 병명도 내가 만든 것이다. 내 나름대로 생각을 빼앗기는 병, 기억을 빼앗기는 병이라고 정의했다. 그렇게 나는 제대로 된 병명도 모른 채 죽어가야 했다. 내가 누구인지, 이제껏 어떻게 살아왔는지, 앞으로 어떻게 살아야 할지 알지 못했다. 죽지 못해 하루하루를 겨우 버텼다. 하나님을 향한 원망과 아버지를 용서하지 못하는 것이 쌍벽을 이뤄 나의 내면에 굳건히 뿌리내린 후 열매로 나타난 것이었다.

 사람들은 내가 그전 같은 줄 알고 여기저기서 피아노를 쳐달라고 부탁했는데 번번이 망신만 당했다. 내면이 아픈 사람이 무언가를 음악으로 표현할 수 없는 게 당연하지 않은가? 괜스레 세상일도 꼬이는 것 같아 하루빨리 죽고 싶었다. 살아 있는 것 자체가 고통이었다.
 안타깝게도 나는 예수님의 능력과 권세를 전혀 믿지 않았다. 피아노와 예수의 능력을 연관시켜 생각하지 못했다. 믿음이 약하니 사용하는 방법도 몰랐다. 결국 평생 천직인 줄 알았던 교직도, 연주도, 음악도, 피아노 레슨도 다 접어야 했다. 나는 사회부적응자였다. 그전에는 세상 무서운 줄도 모르고 유난히 자신 있게 소리치곤 했다.
 "이 세상에는 불가능이 없어! 노력하면 안 되는 게 하나도 없지."
 그러던 내가 학생을 가르치기는커녕 사회생활조차도 할 수 없는 상태가 되었다.
 나는 치유를 위해 간절히 기도하기 시작했다. 목사 사모로서 금식기도도 많이 하고, 부흥회에 가서 "불로 임하소서. 주여, 주여!" 하며 부르짖기도 했다. 얼마나 치유를 위해 기도했는지 모른다. 안수기도를 받으러 다니고 치유집회도 수없이 다녔다. 하나님께서 누군가의 병을 기적적으로 치유해 주셨다는 이야기를 들으면 더 간절히 부르짖어 기도했다.
 "하나님! 이렇게 사느니 차라리 죽는 게 낫겠어요. 저도 좀 고쳐주세요. 제발 저 좀 도와주세요. 다른 사람들은 세상 의학으로 고칠 수 없는 암도 많이 고쳐주셨잖아요. 제게도 기적을 베풀어주세요. 네?"
 아무리 기도해도 하나님의 응답이 없어 따지기 시작했다.

"왜 나만 제외하세요? 다른 사람은 고쳐주면서 왜 나만 제외하시냐구요?"

"……."

나는 결국 주님께서 해주시는 것에는 한계가 있다고 여기며 기도를 포기했다. '이 세상에 불가능은 있구나. 하나님은 세상일은 다 잘 되게 해주셨지만 나의 내면을 치유해 주실 능력은 전혀 없으신가 봐. 그분도 한계가 있어' 하고 단정 지어버렸다.

나는 절망했다. 머리는 식물인간 상태였는데도 겉은 멀쩡하니 누구에게 말한다 한들 믿지 않을 것 같아 하소연하는 것도 포기했다. 내가 고통스럽다고 이야기해도 거짓말이라고 할 것만 같았다. 남에게 말하기도 창피했다. 보이지 않는 나의 내면이고, 남이 알면 부끄러운 병이라 감추는 것에만 익숙해져 있었다. 숨만 깔딱깔딱 쉬는 게 내 일이었다. 주변의 어떤 사람이 말했다.

"동연아, 주님이 도와주는 것은 한계가 있어. 그분이 할 수 있는 일이 있고, 그분이 해주고 싶어도 할 수 없는 일이 있는 것 같아. 그분의 도움엔 한계가 있어."

그 말의 뜻은, 주님이 성도의 기도에 응답해 주고 싶어도 그분의 능력으로 도저히 응답할 수 없는 일이 있다는 것이다. 믿음이 좋아 보이는 분이 그런 이론을 펴니 정말 그런 것만 같았고, 그런 줄로만 알았다.

그러나 하나님의 능력에는 절대 제한이 없음을 깨닫게 된 놀라운 응답이 머지않아 내 삶에 나타났다. 주님은 정말 살아 역사하고 계신데 나의 짧은 언어로는 다 담을 길이 없어 안타까울 뿐이다.

기도해도 안 되는 일이 있다고 생각하는가? 그분의 능력에 한계가 있다고 생각하는가? 천만의 말씀! 그렇지 않다. 말씀으로 천지를 창조하신 그분의 능력에는 제한이 없다. 절대적으로 제한이 없다. 하나님은 응답하시는 아버지이시며 전지전능한 분이시다. 기도 응답에는 한계가 없다. 누구에게는 응답하시고, 누구에게는 응답하시지 않는 하나님이 아니다. 예수님께서도 말씀하시지 않았는가?

**3부**

나의 참회록,
치유의 여정

# 1.
# 토치카가
# 허물어지다

**내 나이 어느덧 40세**

　남편이나 주위 사람들이 아무리 잘해줘도 드넓은 사막에 홀로 있는 것 같은 막막함과 외로움, 처절한 심정이었다. 약을 먹고 죽으려 해도 어떻게 약을 사야 하는지조차 생각할 수 없을 정도로 생각의 기능이 마비되어 있었다. 모든 것을 상실하고, 나를 잃어버린 채 살아왔던 40년.

　이대로 살 수는 없다 싶어 금식하기로 작정하고 오산리금식기도원으로 올라갔다. 깊은 기도를 하는 중에, 어떤 그림 같기도 하고 환상 같기도 한 것이 내 내면에서 불쑥 튀어나왔다. 눈앞에 나타난 것은 하얀 시트에 똑바로 누워 있는 아버지의 시신이었다! 마음 깊은 곳에 잠재해 있던 아버지의 마지막 모습이 갑자기 나타난 것이다.

　나는 깜짝 놀라 주위에 누가 있는지 두리번거렸다. 다른 사람이 이걸 보면 어떻게 생각할까 싶어 살폈는데 다행히 주위에는 아무도 없었다. 나에게만 보이는 것이었다.

아버지에 관한 모든 일들이 다 잊혔다고 생각했다. 다시는 생각하고 싶지 않아 자물쇠로 잠그고 콘크리트 벽까지 쳐놓았다. 그런데 불쑥 나타나니 소스라치게 놀랄 수밖에 없었다. 생각을 하지 않으면 저절로 소멸되든가 아니면 잠재의식 속에 깊이 파묻혀 있을 것이라고 여겼는데, 그게 아니었다. 오히려 내면 깊은 곳에 둥지를 틀고 있던 상처가, 금식하며 깊은 기도를 할 때 견디지 못하고 그대로 밖으로 터져 나온 것이다. 아버지의 마지막 모습이 내 내면에 있는 것이 너무 이상하고 창피해 아무에게도 말하지 못했다.

당시의 기독교인들은 죽은 사람의 혼이 그를 못 잊는 사람의 몸속에 들어온다고 믿었다. 나중에야 이런 주장이 잘못되었다는 것을 알았지만, 그땐 진짜 그런 줄로만 알고 이 사실을 숨겼다. 잘못 말했다가는 '손양원 목사 영혼이 천국에 가지 못하고 그 딸 속에 있다'는 오해를 살까 싶었기 때문이다.

우리가 깊은 기도를 하면 잠재의식 속에 묻혀 있던 상처가 마침내 드러나게 되는데, 난 그때까지 그러한 지식이 없었기에 상처에 짓눌려 살았던 것이 못내 안타깝기만 하다. 하나님의 치유를 믿고 구했다면 내 삶이 더욱 일찍 바뀌지 않았을까?

후에 내가 간증을 할 때마다 많은 사람들이 책에 왜 대학 교수 시절이나 40세 전후의 기록이 없느냐고 물어왔다. 사실 말할 내용이 없다. 그 시절 내 머릿속은 너무 엉켜 있었고, 그 어떤 생각도 할 수가 없었기 때문이다. 제대로 기억나는 게 하나도 없다. 머리를 전혀 사용하지 못하고, 남이 하는 말도 못 알아듣는 것이 알려질까 봐 내 상태를 감추는 일에만 급급했다. 하나님과 아버지를 용서하지 못함이 잠재의식 가운데 표출되어 이토록 무서운 결과를 불러올 줄이야! 날아가는 화살과 같은 시간을 붙잡을 새도 없이 그렇게 10년이 훌쩍 지나갔다.

### 너는 많이 울어야 한다

내 나이 50세가 되던 해 가을 어느 금요일에 내 삶은 완전히 뒤바뀌었다. 그날도 어제와 똑같은 날이었다. 아침에 해가 뜨고 밤엔 별이 뜨던 평범한 날, 그러나 내 운명이 완전히 뒤바뀐 날이다. 지금까지도 생생하다.

그날은 금요철야예배가 있는 날이라 일찍 서둘렀다. 점심을 일찍 먹고 전철을 타고 세검정으로 향했다. 전철을 타기 전에 전화를 걸었을 때 전화 속의 여인이 내게 여러 번 말했다.

"당신은 치유받을 수 있어요. 그뿐 아니라 하나님께서는 당신을 치유하는 사람으로 쓰실 거예요."

나는 단순하게 '하나님은 모든 사람을 치유해 줄 수 있는 능력이 있다'는 말로 들었다. 그날 꿈에도 생각지 못했던 어마어마한 일들이 일어났는데 이제부터 그 일을 말하고자 한다. 나중에 안 사실이지만 나를 치유해 준 사모님은 상처 입은 자들을 위해 헌신한 훌륭한 분이었다. 당시에는 무명이었지만 훗날 매우 유명한 내적치유자가 되었다. 과거에 신경정신과 간호사였다 하나님으로부터 내적치유를 받고, 은사를 통해 하나님의 놀라운 치유 사역자가 되었다.

내가 그분의 집 조그마한 문간방에 들어서자마자 그녀가 나를 위해 간절히 기도해 주었다. 그러더니 대뜸 말했다.

"집사님은 많이 울어야 해요."

그분은 내가 목사 사모인 줄 몰랐는지 나를 집사라고 불렀다. 처음 그 말을 듣는데 갑자기 눈물샘이 터졌다. 이유도 모르고 그냥 눈물만 평펑 쏟았다. 내가 눈물을 그치지 않고 계속 울자 사모님이 두루마리 휴지 한 통을 주고는 밖으로 나갔다. 몇 시간이 흘렀는지도 모른 채 혼자 울고 또 울었다. 평생 처음 울어보는 것만 같았다. 어렸을 때는 너무 울어서 어머니가 나를 밖에 내다놓기까지 했는데 아버지가 돌아가신 후부터는 내게서 울음이 사라졌다. 마치 울지 못하는 병에 걸린 것처럼….

고등학교나 대학교 때, 사는 게 너무 힘들어 눈물이 나오려 할 때도 억지로 참았다. 꾹꾹 누르며 절대 울지 않았다. 분노가 목구멍까지 차올라도 울음을 참았다. 그 무언가에 항거하듯 의지적으로 울지 않았는데 갑자기 나도 모르게 울음보가 터져버렸다.

눈물로 휴지 한 통을 다 적시자, 얼마 후 그분이 다시 들어와 "더 울어야겠네요" 하며 새 두루마리 휴지를 주고 나갔다. 세 통의 두루마리 휴지를 다 적신 후에야 눈물이 그쳤다. 하나님께서는 그 치유자를 통해 나의 길고도 질긴, 단단하게 둥지를 튼 뿌리를 수술하기 시작하셨다. 내 오십 평생을 괴롭혔던 쓴 뿌리가 마침내 드러났다.

## 허물어진 토치카

얼마의 시간이 흐른 후, 치유자가 다시 들어와 나를 위해 기도해 주기 시작했다. 주님께서는 내가 태어난 집 안마당으로 나를 데리고 가셨다. 내 마음속 가장 깊이 숨겨놓았던 장면이 갑자기 내 앞에 나타났다. 아버지가 솜으로 입이 틀어막힌 채 하얀 시트에 덮여 있는 모습. 전도하다 총 개머리판으로 얻어맞아 깨진 입이 솜으로 틀어막혀 있었다. 아버지가 누워 계신 모습을 보고는 너무 기가 막혀 숨을 죽이고 있었다. 주님께서 치유자를 통해 말씀하셨다.

"동연아, 네 앞에 무엇이 있나 보아라."

"옛날에 돌아가신 우리 아버지 시신이 보이네요."

난 네 살 때 아버지의 시신을 보자마자 어디론가 도망쳤다. 그 모습을 다시 보여주셨다.

"그 앞으로 바짝 다가서라."

난 그 앞으로 다가섰다.

"동연아, 너는 아버지 시신이 마당에 들어올 때 어디에 있었느냐?"

고개를 흔들며 솔직히 대답했다. "잘 모르겠어요. 너무 오래돼서 기억이 잘 안 납니다. 기억은 희미하지만 내가 어딘가로 사라졌다는 말을 식구들로부터 들었어요. 내가 없어서 한동안 사진을 찍지 못했다는 말은 들었지만 어디로 도망을 갔는지, 왜 사라졌는지는 기억이 잘 안 나요."

"어디로 갔는지 다시 찾아보아라."

여기저기 살펴보아도 내가 어디 있는지 잘 안 보였다. 그때 주님께서 말씀하셨다.

"너는 대문 뒤에서 눈을 가리고 있었단다."

'아, 그랬구나!'

너무 무서워 대문 뒤에서 눈을 가리고 울고 있는 것이 느껴졌다. 놀라웠다. 주님께서 다시 물으셨다.

"너는 왜 도망갔느냐?"

"잘 모르겠어요. 자세한 건 기억이 안 나지만 날 사랑해 주시던 아버지의 시신이 들어오니 무섭기도 하고 슬프기도 했겠지요. 그때 저는 어렸고, 시간도 많이 지나 지금은 생각이 잘 안 나네요."

"너는 너를 너무 사랑했던 아버지가 시신이 되어 들것에 실려 들어오니 충격을 받아 황급히 대문 뒤로 간 것이다. 아버지 곁으로 가까이 다가가 보아라."

아버지 곁으로 가까이 다가가려 했지만 도저히 갈 수가 없었다. 쭈뼛쭈뼛 망설였다. 주님은 계속 가까이 다가가기를 종용하셨고, 마지못해 난 아버지 곁으로 천천히 다가갔다. 심장이 쿵쾅쿵쾅 뛰기 시작했다.

주님이 말씀하셨다.

"아버지에게 미처 하지 못했던 말이나 지금 하고 싶은 말이 있으면 다 해보아라."

순간 나를 버리고 하나님을 쫓아간 아버지가 원망스러우면서도 보고 싶은 마음이 파도와 같이 밀려왔다.

"아부지, 아부지이! 날 그토록 사랑한다 해놓고 어떻게 날 버리고 갈 수 있어요? 왜 날 두고 갔습니까?"

아버지가 진짜 내 앞에 있다는 생각으로 그동안 묻어두었던 그리움과 원망을 다 쏟아냈다. 미처 하지 못했던 말들, 억울하고 그리우면서도 참아왔던 모든 이야기를 후회 없이 퍼붓자 또다시 눈물이 폭포수같이 쏟아졌다.

"아부지가 너무너무 보고 싶어요."

내 가슴을 꽉 막고 있던 그리움과 원망을 다 쏟아내니 마음이 후련해지는 듯했다. 나를 고아처럼 내버려두고 하나님을 쫓았던 아버지에 대한 응어리가 하나둘 풀어지기 시작했다. 주님께서는 내게 아버지에게 바짝 다가가 용서하라고 하셨다. 난 아버지를 미워한 것을 회개하고, 나를 두고 먼저 간 아버지를 진심으로 용서했다. 주님께서 말씀하셨다.

"이제 아버지가 어디 있는지 보아라." 어? 아버지의 시신이 어디론가 사라지고 없었다!

"아버지가 안 보이는데요?"

"어디로 가신 것 같으냐?"

"글쎄요. 아버지는 목사님이었으니 순교하셨으면 당연히 천국에 가셨겠지요."

"아버지 시신이 있던 자리에 무엇이 있는지 잘 살펴보아라."

앞을 보니 둥근 모양의 빛이 보였다. 그 장면이 지금도 생생한데, 붉은 빛 같기도 하고 둥그렇고 환한 빛 같기도 한 것이 순간 성령님으로 느껴졌다.

"잘 모르겠지만 꼭 성령님 같네요."

"맞다. 너의 아버지는 천국에서 나와 함께 잘 있단다. 이젠 성령께서 너와 항상 함께해 주실 것이다."

그 순간 자물쇠로 잠그고 콘크리트 벽까지 둘러쳐 두었던 장면이 어디론가 없어진 듯했다. 내 안에 깊숙이 자리 잡은 문제의 그 장면이 사라진 것일까? 하나님은 계속해서 내 내면에 쌓여 있던 응어리들을 보여주셨다. 잠재의식 깊은 곳에 감추어져 있던 한 부분이 들추어지며, 고질적으로 나를 누르고 있던 매듭이 풀리기 시작했다. 내면 깊숙이 뿌리박힌 분노의 쓴 뿌리를 뽑아내는 더 깊은 수술이 진행되었다. 주님께서 치유자를 통해 말씀하셨다.

"너는 50년 동안 본래의 너와 다른 얼굴과 다른 성격으로 살아왔다. 사실 너의 본 성격은 밝고 명랑한데 그동안 분노가 가득하고 우울한 모습으로 살아왔다. 오늘 네 인생에서 가장 중요한 네 안에 있던 두꺼운 토치카를 허물었고, 성령께서 계속 치유의 길로 인도해 가실 것이다."

그 외에도 여러 말씀을 하셨는데 지금은 구체적으로 생각이 안 나는 것이 무척 안타깝다. 나는 주님과의 대화로 치유를 경험한 후 온몸의 힘이 빠져 그 자리에 픽 쓰러졌다. 눈을 뜨고 기운을 차려보니 내가 그 집 안방 침대에 누워 있었다. 꽤 오랜 시간이 흐른 듯했고 밖은 이미 어두워져 있었다. 들어올 때는 입구가 작은 방이었는데, 지금은 침대가 있는 안방에 있었다. 하나님께 집중하고 있었기에 방을 옮기는 것도 미처 몰랐다.

바깥 거실에서 웬 남자 소리와 아이들 소리, TV 소리, 그릇이 달그락거리는 소리가 들려왔다. 벽에 걸려 있는 시계를 보니 밤 10시가 다 되어가고 있었다. 내가 여기에 온 게 점심 때니까 약 6~7시간 이상을 이곳에서 머문 모양이다. 10시 철야예배 시간이 얼마 안 남아 서둘러 가야겠다는 생각에 자리에서 일어나려는데 몸에 힘이 없어 픽 쓰러졌다.

'어, 내가 왜 이러지?'

어떻게든 일어나 보려 하는데 마침 치유사역자가 들어왔다.

"사모님, 죄송해요. 제가 왜 남의 집 안방에서 이러고 있는 거죠? 기운이 없어 도저히 일어날 수가 없네요."

그분은 오히려 당연한 일이라는 듯 말했다.

"집사님 몸속에 50년 동안이나 분노의 칼이 들어 있었잖아요. 그것을 지금 수술해서 빼낸 거예요. 우리도 병원에서 수술받고 나면 온몸의 기력이 다 소진되잖아요. 50년 동안 들어 있던 분노의 칼을 뽑아내고 어떻게 아무렇지도 않겠어요? 오늘은 택시를 타고 가시는 게 좋겠어요. 제가 부축해 드릴게요."

사모님은 내가 계단을 내려오기까지 쓰러질 듯 기운이 하나도 없는 나를 부축해 주었다. 그리고 "진짜 치유는 내일부터 일어날 거예요"라는 의미를 알 수 없는 말을 하면서 날 택시에 태워주었다. 그날 치유사역 도중 그분이 치유의 본질에 대해 설명해 주었다.

"내적치유는 주님과의 올바르고 친밀한 관계를 위한 거예요. 주님과 나 사이를 멀어지게 하는 모든 장애물, 즉 내면에 있는 상한 감정들이 제거되어야 합니다. 이 세상에서 주님만이 참 치유자이십니다."

태어나서부터 이때까지 그런 이야기는 누구한테도 들어본 일이 없었기에 그 후로 그 치유자는 내게 매우 귀한 존재가 되었다. 그리고 나는 불과 7시간 만에 전혀 다른 사람이 되었다. 치유는 내 삶에 일어난 현실이자, 내가 살아야 할 이유를 만들어 주었다. 잃어버렸던 나를, 잃어버렸던 시간을 내적치유로 다시 찾기 시작했기 때문이다.

그 후 해외의 어느 유명한 목사님이 인도하는 집회에 갔다. 맨 앞자리에 앉아 있는데 집회가 시작되자마자 어디선가 바윗덩어리 같은 거대하고도 강한 무엇이 딱딱한 내 내면을 '탁' 하고 세게 내리치는 게 아닌가? 나는 "윽!" 하며 가슴을 움켜잡고 그 자리에 쓰러졌다. 고통에 신음하며 바닥에 뒹굴었다. 똑같은 것이 연거푸 두 번 더 날아와 세차게 가슴을 내리쳤다. 얼마나 아픈지 이루 말할 수가 없었다. 그것은 느낌이나 상상이 아니라 실제였다. 숨 쉬기조차 어려운 고통으로 "으윽…" 하고 신음하는데 한 사람이 놀란 표정으로 다가왔다.

"왜 그러세요? 어디 아프세요?"

그렇게 묻더니 간절히 기도해 주기 시작했다. 내 상태가 너무 심각해 보였는지 모르는 사람임에도 자기 일처럼 기도해 주는 것이었다. 순간적으로 나는 다른 사람들도 나처럼 세게 얻어맞은 줄 알았다. 그런데 그게 아니었다. 이미 한 번 터진 둑을 성령님께서 다시 한번 확고하게 만져주셨다. 그때 기도해 주었던 분을 후에 만났을 때 그분이 내게 물었다.

"그때 왜 쓰러져서 고통스러워하셨어요?"

나는 애써 설명하려 했지만 눈에 보이지 않는 현상이라 안 믿을 것 같아 대답도 못하고 싱겁게 웃고 말았다. 지금도 가끔 그분을 만나면 서로 웃으며 그때 이야기를 하곤 한다. 하나님이 날 치유하시는 과정이었노라고…. 그때부터 난 본격적으로 내적치유에 관심을 갖기 시작했다.

"볼지어다 내가 문 밖에 서서 두드리노니 누구든지 내 음성을 듣고 문을 열면 내가 그에게로 들어가 그와 더불어 먹고 그는 나와 더불어 먹으리라"(계 3:20).

생각해 보니 나는 누가 전도를 해와도 예수님을 거부했다. 주님은 내게 복에 겨울 정도로 세상일을 축복해 주셨는데, 난 예수님을 향해 마음 문을 굳게 닫고 있었다. 예수님을 믿는다고 하면서도 진정 사랑하지 않고 마음 깊은 곳으로부터 거칠게 밀어내고 있었다. 예수님을 거부하는데 어떻게 그리스도인이라 할 수 있을까? 주님은 그런 나를 묵묵히 기다려주셨다. 하나님은 우리를 향해 오래 참으시며 우리가 하나님의 선하심과 위대한 능력을 경험하길 원하시는데 그 일을 억지로 하지는 않으신다. 중요한 것은 '내가 그것을 받기 원하는가'이다. 당신은 어떤가? 주님을 향해 마음 문을 열고, 폭포수와 같이 부어주시는 은혜를 받기 원하는가? 그분의 능력을 받기 원하는가? 자신의 생명까지 내어주신 이가 무엇을 더 아끼시겠는가? 하나님은 우리에게 더 주기를 원하시고 이미 준비하고 계신다.

### 주님의 손길

그러나 상담을 해주셨던 사모님의 말씀처럼, 성령님은 날 내버려두지 않으시고 더욱 강도 높게 깊은 곳까지 치유해 주셨다. 눈에 보이지 않는 하나님의 치유의 손길이 24시간 내내 마음을 어루만져주셨다. 어렸을 때부터 풀지 못한 응어리들을 하나하나 끄집어내 해결해 주셨다. 꿈속에서도, 길을 걸어갈 때도, 집안일을 할 때도 주님이 함께하시며 머리부터 발끝까지 구석구석 치유해 주셨다.

어떻게 이런 일이 있을 수 있을까? 성령님은 사람을 통하지 않고도 직접 치유해 주시는 분이었다. 그 사모님은 주님의 도구일 뿐이었다. 물론 하나님께서 사람들을 사용하시는 것도 맞지만, 우리는 사람이 아닌 하나님께로부터 치유를 받아야 한다. 하나님이 최고의 상담자요, 치유자이시기 때문이다.

어느 날은 길을 가는데 그 사모님이 상상 속에 나타나 내 마음을 어루만져주었다. 어머니 없이 외로이 방황하던 나를 한없이 다정한 얼굴로 달래주었다. 편안하게 보듬어주고, 포근하게 어루만져주어 평생 느껴보지 못한 사랑과 위로, 평안과 기쁨을 느꼈다. 새 힘을 공급받으며 나를 고통스럽게 하던 내면의 돌들이 하나씩 빠져나가는 것을 느낄 수 있었다. 하나님은 그렇게도 역사하실 수 있는 분이었다. 그제야 나는 숨을 쉴 수 있을 것 같았다.

어떤 날은 하나님께서 나의 내면을 마치 컴퓨터로 촬영한 것처럼 선명하게 보여주셨다. 셀 수 없을 정도로 많은 방이 미로처럼 얽혀 있었다. 어렸을 때부터 그때까지의 상처와 분노가 각 방마다 가득 차 있었다. 마치 수십 년 동안 청소하지 않고 돌보지 않은 창고처럼. 각 사건과 분노, 울분 위에 온갖 악으로 형성된 거미줄과 먼지가 덕지덕지 쌓여 있었다. 어느 방은 쓰레기가 가득하고, 어느 방은 바퀴벌레가 가득했다. 나의 내면을 본 후 하나님을 향해 이런 기도를 하기 시작했다.

"하나님, 왜 하필 나예요? 왜, 왜요? 길 가는 사람 누구를 붙잡고 물어봐도 나같이 고통받은 사람은 없을 겁니다. 왜 나를 이런 분노와 고통 속에서 살도록 하셨습니까?"

어지럽혀진 내면의 방을 보고 나니 낙심되어 주저앉고만 싶었다. 도저히 내 힘으로는 청소하기가 불가능한 방이었다. 그런데 주님이 내 손을 잡고 이 방 저 방을 다니며 순서대로 청소하시기 시작했다. 모든 사건이 다 연결되어 있었다. 이 방에서 안 끊어지면 다른 방으로 들어가 그 장면을 끊고 나온 뒤, 다시 먼저 방으로 들어가 근본 원인을 끊었다. 나의 내면을 덮고 있던 것이 확 젖혀지며 미움과 분노의 뿌리가 하나하나 뽑혀나갔다.

여기저기 엉켜 있던 외면의 문제들은 내면과 연결되어 있었다. 내면을 치유받으면서 자연스레 외면의 문제들도 해결되었다. 심하게 엉켜 있던 실타래가 하나하나 풀리듯 그렇게 해결되어갔다. 양파껍질 벗겨지듯 문제가 벗겨지기 시작했다. 나는 점점 자유해졌다. 주님은 과거와 현재를 넘나들며 온갖 사건으로 켜켜이 쌓인 내 내면의 방을, 마치 치과에서 스케일링하듯 구석구석 청소해 주셨다. 주님만이 하실 수 있는 놀라운 역사였다.

# 2.
# 깊고 세밀한 치유

　그동안 나 스스로 하나님을 거부하고 살아왔다. 미움과 용서하지 못함이 그 원인이었다. 그래서 악이 틈 탄 것이지, 하나님이 나를 일부러 고난으로 몰아가신 것이 아니었다. 나의 고통은 철저히 주님을 배반하고 내 뜻대로 산 결과였다.
　치유의 열쇠는 회개와 용서, 사랑이다. 치유의 현장마다 내게 피해 입힌 자를 향한 용서와 사랑이 반드시 전제되었다. 내 뜻대로 살던 길에서 돌이켜 회개한 다음 주님의 뜻대로 살아야 한다. 주님이 인도하시는 과정이 있는데, 먼저 용서할 자를 용서하고 미움을 제거해야 한다. 용서나 미움을 없애는 것이 치유요, 치유의 목적은 주님과의 관계 회복에 있다. 이것이 주님의 방법이다.
　용서의 중요성을 알고 나서 반드시 용서하리라 결단했는데, 갑자기 용서하지 못할 일들만 일어나는 것 같은가? 어쩌면 누군가를 도저히 용서할 수 없다고 말할 사람도 있을 것이다. 이에 대해 하나님은 이렇게 말씀하신다.

> "너희가 사람의 잘못을 용서하지 아니하면 너희 아버지께서도 너희 잘못을 용서하지 아니하시리라"(마 6:15).

치유가 필요한 부분이 있는가? 주님께 맡겨드리고, 그분의 역사하심을 보라. 내 아버지 손양원 목사는 성령을 받기 전에는 칼을 몸에 못 지닐 정도로 불같은 성품이었다고 한다. 그런데 하나님이 변화시키시고 이 땅에 사랑과 용서, 화해를 실천하는 본보기로 사용하시지 않았는가? 주님이 가장 위대하고 완벽한 치유자이시며 절대적인 하나님이시다.

그런데 아버지가 원수를 용서하고 사랑했다고 해서 나도 당연히 용서할 수 있는 게 아니었다. 용서는 본인의 몫이요, 선택이다. 내가 먼저 용서하기로 선택할 때 주께서 도우신다. 하나님이 아버지를 변화시키셨는데 나를 변화시키지 못하시겠는가? 용서한 사람과 용서하지 못한 사람의 삶은 현저히 다르다. 내가 그 증인이라 할 수 있다.

나는 과거를 돌아볼 때 정말로 용서할 수 없는 사람이 많이 있었지만, 치유 시간마다 주님이 도와주셔서 용서할 수 있었다. 이는 하나님의 은혜가 없었다면 도저히 불가능한 일이었다. 하나님의 도움을 받을 때라야 용서할 수 있게 된다. 하나님께 구하면 힘 주시고 도와주신다. 내가 얼마나 그 방면에 무지했는지 모르겠다. 내적치유를 받으면서 영적인 비밀들을 많이 알게 되었다. 그중에서도 사람의 내면이 매우 중요하다는 것과, 그 내면을 치유할 수 있는 능력은 오직 성령님께 있다는 것을 절실히 깨닫게 되었다. 모든 사람의 내면에는 상처가 있는데 예수를 믿음으로 성령님이 내주하사 역사해 주실 때 그 상처들이 치유된다. 그렇다면 우리의 내면을 오직 주님으로 채워야 하지 않을까?

### 하나님과의 화해

또 다른 치유가 있기 일주일 전, 치유자 사모님이 말씀하셨다.

"다음 주 토요일에는 아주 중요한 치유, 즉 하나님과의 관계가 온전히 회복되는 시간이 있을 거예요."

사실 겉으로는 모든 것이 치유된 것처럼 보였지만, 마음 한쪽에 찝찝함이 계속 남아 있었다. '뭐지? 뭔가 치유가 더 필요한 부분이 있는 건가?' 생각해 왔는데, 이번이 그 열쇠인 것 같았다. 하나님과의 관계를 회복시켜 주신다 하니 밤잠을 설칠 정도로 흥분되고 설레었다. 내 인생을 좌지우지한 수많은 질문들이 있었다.

'왜 하나님은 우리 아버지를 데려가셨을까? 하늘나라의 큰 역사를 위해서? 죄 없는 아버지를 죽이고, 우리 가족을 파멸로 몰아넣은 분이 과연 뭐라 변명하실까? 우리 가정과 무슨 원수를 졌다고 이토록 우리 가정을 흔들어놓았을까? 왜 아버지와 오빠들이 죽는 순간에 안 막아주시고, 안 도와주셨는지 말씀해 주실까?'

어렸을 때부터 몹시 궁금했지만 평생 풀리지 않던 의문들이었다. 손양원 목사의 딸로서 온전한 성도가 되기까지의 거대한 걸림돌은 하나님이 왜 아버지를 데리고 가셨는지, 아버지가 왜 나를 버리고 가셨는지에 대한 해답을 찾지 못했던 것이다.

아버지가 돌아가신 후, 난 세상에서 가장 뛰어난 피아니스트가 되어 아버지를 데려간 그 누군가에게 보복하리라 다짐하며 살아왔다. 어린 내가 할 수 있는 건 오직 그것뿐이었다. '그분'이 싫어하는 것이라면 기를 쓰고 달려들어 무슨 짓이든 다 했다. 분노로 피아노를 치고, 온갖 악으로 세포 하나하나를 물들였다. 그 어느 누구도 나의 분노를 풀어줄 수 없었기에 문제 덩어리를 마음 깊이 숨겨 놓을 뿐이었다.

나는 죽어가고 있었다. 문제가 해결되지 않으니 하나님은 저 멀리 계신 것 같았다. 관계는 삐걱거리기만 했다. 그렇게 평생 가슴에 품고 있던 하나님을 향한 분노가 해결되는 시간이 다가오고 있었다.

중요한 치유가 있던 날, 치유자와 책상을 마주하고 앉았다.

본격적인 치유에 들어가기 전에 찬송을 부르고 예배함으로 준비했다. 주님께서 이 시간을 인도해 주시기를 구하고, 그 어떤 것도 방해할 수 없음을 선포하고 차단하는 기도를 드렸다.

치유가 시작되자마자 나도 모르게 갑자기 입에서 하나님을 향한 분노가 쏟아져나왔다.

"하나님, 도대체 왜 우리 아버지를 데려갔습니까? 왜요, 왜! 주님이 너무 미워요. 도대체 왜 내가 사랑하는 아버지와 두 오빠를 데리고 가셨어요?"

마구잡이로 소리 지르니 목에 핏대가 섰다. 주먹으로 바닥을 쾅쾅 치며 정신을 잃을 뻔할 정도로 분노를 토해냈다. 도저히 나 자신을 주체할 수 없을 지경이었다. 내 모습을 보고 나도 놀랐다. 난 누구보다 기도도 많이 하고, 말씀도 많이 보고, 주님을 사랑한다고 자처했는데, 내가 진정 주님을 어떻게 생각하고 있는지 그 민낯이 드러나는 순간이었다.

난 하나님을 미워하고 있었다. 하나님이 옆에 있으면 감히 멱살이라도 잡을 기세였다. 하나님을 향한 미움이 내 아버지를 용서하지 못함보다 더 크게 내 내면을 채우고 있었다. 치유자도 말릴 수 없었다. 시간이 얼마나 걸리든 내가 하나님을 향한 미움을 다 쏟아내기까지 그저 기다려주는 수밖에 없었다. 시간이 지나자 마음이 조금 진정되었다. 마음 깊은 곳에서 항상 메아리쳤던, 누구에게 물어볼 수도 누가 대답해 줄 수도 없던 질문들, 내 인생에서 가장 중요한 질문들을 막힌 둑이 터지듯 쏟아냈다.

"주님, 왜 아버지와 두 오빠를 데려갔습니까? 도대체 왜 우리 가정을 이토록 못살게 하셨어요? 우리 식구들이 뭘 잘못했길래요. 주님 때문에 얼마나 고통스럽게 살아왔는데요. 두 오빠를 그렇게 데려가시고 우리 식구들은 죽지 못해 겨우 살았어요.

그런데 2년 후에 또 아버지를 데려가셨죠? 아버지는 공산군의 총에 죽기 직전 개머리판에 맞아 이가 다 나가기까지 복음을 전했다고요! 하나님께 충성한 게 죄입니까? 오직 하나님만 사랑하던 아버지인데 왜 이렇게 잔인하게 데려가셨어요? 아버지가 무슨 잘못을 했습니까? 주님이 보시기에 무슨 큰 죄를 지었길래요. 하늘나라에 필요했습니까? 도대체, 도대체 왜 우리 가족들만 이 땅에 달랑 남겨두고 사랑하는 아버지를 데려가셨습니까?"

나는 정신을 잃을 정도로 소리치고 또 소리쳤다. 하나님을 향한 원망과 분노가 한도 끝도 없이 이어졌다. 주위에는 긴장감이 감돌고 있었다. 치유자도 이제까지 내가 보았던 모습 중에 가장 심각한 얼굴이었다.

내 인생의 가장 중요한 순간이 한참이나 흘러가고 있었다. 하소연과 원망을 원없이 쏟아내느라 시간이 얼마나 지났는지도 몰랐다. 진이 다 빠질 때쯤 주님이 다정하고 부드럽게 말씀하셨다.

"사랑하는 동연아, 잘 듣거라. 사랑하는 내 딸아! 내가 너의 아버지를 죽인 것이 아니다. 네 아버지의 죽음과 두 오빠의 순교는 나를 향한 믿음이며, 사랑의 표현이었단다."

아! 그 말을 듣는 순간 나는 망치로 머리를 한 대 세게 얻어맞은 것처럼 정신이 아찔했다.

"네? 뭐라고요?"

"너의 아버지와 두 오빠는 나를 향한 굳건한 믿음과 사랑이 있었기에 죽음 앞에서도 나를 부인하지 않았던 거란다. 네 아버지와 두 오빠는 천국에 잘 있다."

"아!" 나는 탄식하며 주님 앞에 푹 고꾸라져 한참을 통곡했다.

"하나님이 아버지를 죽인 게 아니라고요? 아니, 아버지와 두 오빠가 주님을 향한 믿음과 사랑 때문에 순교한 거라고요? 아!"

그 말씀을 듣고 나서야 평생 하나님과 나 사이를 가로막고 있던 휘장이 젖혀져 주님의 얼굴을 대면하는 기분이 들었다. 오랫동안 닫혀 있던 문이 활짝 열리며 환한 빛이 들어왔다. 주님이 다정한 목소리로 나를 부르셨다.

"사랑하는 내 딸아!"

그 음성은 그동안 내가 살면서 들어보지 못한 사랑이 가득한 음성이었다. 참으로 따뜻하며 부드럽고 자상했다. 그분의 음성이 내 마음에 가득 차 흘러넘쳤다. 주님이 연이어 말씀하셨다.

"동연아, 잘 들어라. 그동안 너는 악에게 속았을 뿐이다!"

그 말을 듣는데 온몸의 힘이 빠지고, 정신이 하나도 없었다.

'내가 평생을 원수에게 속아 살았단 말인가? 그런 줄도 모르고 하나님과 아버지를 향한 미움과 분노로 온 마음과 몸을 불태우며 살았다니…. 하나님을 향한 오해로 눈먼 장님이 되어 수많은 죄를 일부러 더 지었는데 이게 무슨 말인가! 내 마음속 증오가 나의 성격과 인생을 좌지우지하도록 내버려둔 것은 결국 원수가 만들어놓은 시궁창에서 평생을 허우적거리며 산 것이었구나!'

"아! 주님, 저를 용서해 주세요! 제가 이렇게 어리석었습니다."

난 창피한 줄도 모르고 어린아이처럼 엉엉 울었다. 그리고 하나님을 오해하고 미워한 것에 대해 진심으로 회개하며 용서를 구했다. 나는 출세하기 위해서라면 찬물 더운물 가리지 않고 무슨 짓이라도 했고, 그분이 싫어하시는 짓만 골라서 했다. 육십 평생 그렇게 살아온 것을 생각하니 너무 죄송하고 후회스러워 눈물만 나왔다. 십자가에 달리신 주님을 생각하니 가슴이 찢어질 것 같았다. 쥐구멍에라도 들어가고 싶은 마음뿐이었다. 내가 뭐가 그렇게 잘났다고 주님을 판단했단 말인가? 그러나 이제 와서 후회한들 무슨 소용이 있을까. 내가 자초한 일이었다. 과거로 돌아갈 수도, 되돌릴 수도 없는 일이었다. 그저 예수님의 십자가만이 나의 해답이었다.

50세 때부터 치유를 경험하며 만난 하나님은 전혀 다른 분이었다. '사랑의 원자탄'이나 '사랑의 사도', '원수도 사랑한 성자'로 불리는 아버지보다 더욱 사랑이 많고 자상하고 온유한 분이었다. 그분은 사랑의 본체였다. 내가 과거에 생각한 것처럼 엄하고 당당하며 살인을 일삼는 분이 아니었다. 무섭고 잔인한 하나님은 나 스스로가 만들어낸 허상이었다.

나처럼 하나님을 향한 오해와 분노 속에 살아온 분들이 있다면, 하나님께 나아가 해결받으시길 바란다. 자신의 내면에서 가려져 있고 미처 인식하지 못했던 하나님과의 관계에 대해 살펴보아야 한다. 이 점은 무척 중요하다.

이 치유 이후 하나님을 향한 나의 믿음이 더욱 커졌다. 마음 깊은 곳으로부터 생수의 강이 흐르기 시작했다. 날마다 입술에서는 주님을 찬양하는 노래가 흘러나왔다. 주님의 사랑에 감격해 춤을 추기도 했다. 이제야 그분을 진정으로 사랑하게 된 것이다. 하나님의 영원한 사랑이 우리의 마음을 가득 채워주시길 구하며….

### 세 번째 치유

주님은 연이어 세 번째 치유자를 연결해 주셨다. 그분은 세계적인 내적치유자로서 지금은 만나기도 어려운 분이다. 두 번째 치유와 마찬가지로 장소와 치유자, 깊이만 달랐지 전과 똑같은 방법인 것이 참으로 신기했다. 처음부터 세 번째 치유까지 전부 한 성령의 끈으로 연결되어 있었다.

나는 강한 완벽주의자였다. 그 완벽주의가 나를 무척 힘들게 하고 타인까지 고통스럽게 했다. 그러나 동시에 내가 피아노를 치게 하는 원동력이기도 했다. 주님께서는 예리하고 날 선 검으로 완벽주의를 끊으시고, 강한 성령의 불로 태워주셨다. 성령님은 세 번째 치유자를 통해 더욱 깊고 민감한 치유의 세계로 날 이끌어가셨다. 이제부터 그 부분을 기록하려 한다.

### 외로움을 치유해 주시다

내가 네 살 때 우리 가족은 뿔뿔이 흩어졌다. 나는 부모 없이 이곳저곳을 돌아다녔다. 눈칫밥을 먹으며 구박덩어리 어린 시절을 보냈다. 아버지 목말을 타고 온 천하를 호령하던 자존심이 철저하게 무너지는 시간이었다. 낮은 자존감으로 내 자신을 비하하며 피해의식에 꽁꽁 묶여 살았다.

주님은 46년 전 한 장소로 날 데려가셨다. 어린 내가 몸을 웅크리고 흐느껴 울고 있었다. 어린 내가 울고 있으니 어른인 나의 눈에도 눈물이 핑 돌았다.

"엄마, 엄마! 너무 보고 싶어요. 어디에 있어요?"

갈 곳이 마땅치 않아 이 집 저 집으로 옮겨 다닐 때였다. 극심한 추위와 외로움이 날 감쌌다. 어머니와도 떨어져 지내야 했고, 어느 곳에서도 날 환영해 주지 않는 것만 같았다. 거절감에 부들부들 떨었다. 그때 어른인 내가 그 아이에게 다가갔다. 마치 어머니처럼 홀로 거리에 있는 어린 나를 꼬옥 안아주었다.

"동연아, 그동안 많이 힘들었겠구나. 얼마나 외롭고 견디기 힘들었니? 너를 사랑한다."

어린 내가 어른인 나의 품에 쏘옥 안겼다. 어린 나도 행복했고, 어른인 나도 얼마나 행복하던지…. 평생 그런 기분은 처음이었다. 어린 나는 따뜻한 품 안에서 새근새근 잠이 들었다. 그 순간의 행복함이란…. 이 글을 쓰는 지금도 아련하게 기억난다. 그 일로 나는 잃었던 자존감을 되찾았다. 정말 주님은 나에게 필요한 특별한 방법으로 치유해 주셨다.

그 무렵부터 주님은 내가 아침에 원하는 것이 있으면 그날 저녁까지 해결해 주셨다. 그게 아니면 적어도 3일 안에는 다 응답해 주셨다. 그동안 힘들었던 모든 일들을 보상해 주시기라도 하듯, 내가 미처 기도하지 못한 부분까지도 세밀하게 응답해 주셨다.

하나님이 나를 사랑하신다는 것이 조금씩 믿어지기 시작했다. 하나님을 향해 오해만 일삼던 나였는데 "하나님, 왜 나만 이렇게 사랑하세요? 그 많은 사람 중에 왜 하필 나를 이렇게까지 치유해 주면서 사랑하세요?" 하게 되었다. 이 모두가 주의 은혜가 아닌가! 처음에 날 치유해 주고 영국에 가신 사모님과 세 번째 치유자가 동일하게 말한 부분이 있다.

"이상하게 사모님은 치유가 무척 잘 이루어집니다. 같은 치유자에게 사역을 받아도 똑같은 역사가 일어나지는 않거든요. 근데 사모님은 정말 잘 이루어지네요. 특히 남을 치유해 주어야 하는 은사가 있는 사람이 그렇습니다."

'아멘!'이다. 그분들을 통해 하나님의 놀라운 치유를 경험하니 삶에 기쁨이 찾아왔다. 이 기쁨을 다른 이들에게도 나누고픈 마음이 간절하다.

## 하나님이 내 생명을 구하시다

살아오면서 풀리지 않던 의문이 하나 있었다. 고등학교 3학년 때의 일인데, 동네 친구와 주변 사람들도 다 기억하는 내용이다.

후암동에 살던 시절 누군가가 칼을 들고 날 쫓아왔다. 그가 금방이라도 나를 찔러 죽일 것만 같았다. 너무 무서워 얼른 방으로 도망가 문을 잠갔다. 절대 문을 열지 못하도록 손잡이를 있는 힘껏 붙잡았다. 뒤쫓아온 그는 나를 죽일 요량으로 거칠게 문을 잡아당기며 소리쳤다.

"문 열어, 문 열어! 안 열면 확 부수고 들어가 죽여버릴 거야!"

나는 공포에 휩싸여 덜덜 떨었다. 문을 꽉 붙잡고 주저앉아 큰소리로 외쳤다.

"거기 누구 없어요? 제발, 제발 나 좀 살려주세요! 제발요!"

그러나 아무리 목이 터져라 외쳐도 도와주는 사람이 없었다. 많은 사람들이 세 들어 사는 것을 분명히 알고 있는데도 말이다. 소동이 일어나자 다들 몰려와 웅성웅성하면서도 도움의 손길은 없었다. 나중에는 더는 힘이 없어 주저앉으며 문고리를 스르륵 놔버렸다. 나는 이제 죽었다고 생각했다. 그런데 이게 웬일인가! 분명히 내가 칼에 맞아 피가 낭자한 채 죽어가야 하는데, 칼 든 자가 소리 소문도 없이 조용히 사라져버렸다. 이 사건은 내 삶에서 풀리지 않는 미스터리 중 하나였는데 성령님께서 그 사건을 떠올리게 하셨다.

치유자가 물었다.

"사모님, 분명히 그가 칼을 들고 문을 열려고 했고 사모님을 찌르려 했지요?"

"네."

"그다음에 어떻게 됐어요?"

"모르겠어요. 이상하게도 난 안 죽었어요."

그땐 정말 이상했다. 분명히 힘에 부쳐 잡고 있던 문고리를 놓아버렸는데도 살아 있었기 때문이다.

"그 자리에 계신 주님께서 칼을 빼앗으셨네요. 주님이 안 지켜주셨으면 사모님은 아마 진작에 이 세상 사람이 아니었을 거예요."

주님께서 강도의 칼을 빼앗자 그가 너무 놀란 나머지 달아난 것이다. 하나님은 어떤 방법으로든 우리를 도우실 수 있는 분이었다. 우리가 이해하든 이해하지 못하든, 수많은 전쟁에서 승리하게 하신 이스라엘의 역사만 봐도 알 수 있지 않은가? 주님은 분명히 그 장소에 계셨다. 언제 어디서나 나를 지키시고 보호하시는 분! 내가 가장 힘들었던 시간에 보고 계셨고, 내가 알지 못하는 시간에도 돕고 계셨다. 주님에 대한 오해가 한 꺼풀 더 벗겨지는 시간이었다.

> "여호와께서 너를 실족하지 아니하게 하시며 너를 지키시는 이가 졸지 아니하시리로다…여호와께서 너를 지켜 모든 환난을 면하게 하시며 또 네 영혼을 지키시리로다"(시 121:3-7).

주님은 그의 택하신 자녀를 불꽃 같은 눈으로 지켜 보고 계시며, 그의 능력으로 보호하신다. 주님이 작정하신 사람은 어떠한 방법으로든 부르신다. 절대 포기하지 않으신다. 주님이 나를 가장 잘 아시고, 나를 꺾을 자도 주님밖에 없다. 난 내가 죽을 수도 있는 상황이었는데도 구경만 하고 있었던 자들을 용서했다. 나를 죽이려 했던 칼 든 자도 용서했다. 주님이 날 용서해 주시고 사랑해 주셨기에 가능한 일이었다.

### 포악한 성격이 치유되다

내 어릴 적 꿈은 그랜드 피아노 앞에서 많은 학생들에게 레슨을 하는 것이었다. 그토록 바라던 꿈이 이루어졌는데 학생들을 가르칠 때마다 난폭함이 드러났다. 신경을 곤두세워 레슨을 해야 민감하게 다듬어줄 수 있기 때문에 갈수록 신경질적이 되고 포악해져갔다. 어떤 날은 소리만 지르다 레슨이 끝나버렸다. 어떤 학생은 다른 학생이 레슨받는 것을 구경하다가 사시나무 떨듯 벌벌 떨더니 돌아가버렸다. 지레 겁을 먹은 모양이었다. 우리 집 앞 골목만 들어서면 가슴이 철렁했다고 하는 학생도 있었다. 내 눈빛과 말투에 분노가 담겨 있으니 그걸 보는 사람들이 오죽했을까? 내가 언니에게 무섭게 배우기도 했지만, 내 안에서 해결되지 않은 분노가 표출되었을 것이다. 그 포악함이 나를 죽이고 있었다. 하나님께서는 내게 이러한 부분도 회개가 필요하고, 치유받아야 함을 말씀하셨다. 학생들에게 혈기를 부리며 심하게 굴었던 것을 회개하고, 연락이 끊겨버린 학생들에게는 마음으로부터 용서를 구했다.

한번은 치유 장소에 있는 기물을 장시간 때려 부수고 온 적도 이었다. 모든 사람이 꼭 이 방법으로 치유받아야 하는 것은 아니지만, 내게는 필요한 시간이었다고 생각한다. 대학 시절 신경정신과 병원에 있던 기물을 다 집어던졌을 때처럼 내 안에 있던 분노와 억울함이 다 떠나가도록 실컷 때려 부수며 소리쳤다.

"억울해요, 너무 억울해요!"

그러고 나니 속이 후련했다. 이미 많은 기물을 때려 부쉈는데도 치유자는 맘 놓고 얼마든지 더 하라고 했다. 갈 때마다 그렇게 했더니 쌓여 있던 분노가 산산조각 나며 떠나가는 듯했다. 치유에서 꼭 물리적인 힘을 써야 하는 것은 아니지만 그러한 방법 또한 내게 도움이 되었던 것 같다.

그런데 치유가 끝남과 동시에 레슨을 받던 많은 학생들이 갑자기 다 떨어져 나갔다. 엄청났던 수입도 자연스레 줄어들었다. 학생들이 일시에 떨어져 나가는 일은 내 생애에 세 번에 걸쳐 일어났다. 고등학교 졸업 후 대학에 가려 했을 때, 남편이 신학교에 갈 때, 그리고 나의 내적치유가 어느 정도 이루어졌을 때다. 처음엔 당황스러웠지만 그 또한 주님의 인도하심이었다. 바람처럼 나를 밀고 인도하시는 하나님의 획기적인 방법이랄까? 나의 내면이 치료됨으로 더 나은 삶을 살게 되는 과정이었다.

아들에게 "나는 이 지구상에서 주님으로부터 치유를 가장 많이 받은 사람"이라고 자랑하면, 아들은 내가 잘난 척한다며 놀리곤 한다.

어느 날 첫째아들이 다정하게 이야기했다.

"엄마, 엄마가 레슨을 안 하면서 성격이 완전히 변했어. 그 전에는 신경질만 내고, 어디만 갔다 오면 화를 냈는데, 이제는 성격이 너무 좋게 변했어요."

하나님은 내 포악한 성격도 치유해 주셨다. 내 아버지로, 보호자로 품어주시고, 그 사랑으로 나를 점점 변화시키셨다. 그 사랑을 받아 다른 사람들을 사랑할 수 있게 된 것이 놀랍기만 하다.

"사랑합니다."

내가 이런 사랑 표현을 하고 살 것이라곤 생각지도 못했다. 하나님의 은혜라고밖에는 달리 설명할 길이 없을 것 같다. 50세부터 시작된 치유는 20년이 지난 지금도 계속되고 있다. 내가 경험한 치유는 매우 광범위하고 세밀한데, 지면에 다 담을 수 없음이 안타까울 뿐이다. 주님이 여러 번 하신 말씀이 있다. "먼지 하나도 남기지 않고 다 치유해 주겠다"는 말씀이다. 주님은 선하시며 약속을 지키시는 분이기에 그 말씀을 이루실 것이다. 우리는 말씀 그대로를 믿어야 한다. 주님의 말씀이 상황에 따라 달라 보일 수 있어도 분명 하나님의 섭리 가운데 이끌어가신다.

### 실타래는 주님이 푸신다

그 후에도 주님은 아버지의 시신이 들어왔던 내가 태어난 집 마당으로 또다시 날 이끄셨다. 치유자가 말했다.

"이 장면이 사모님의 인생을 좌우한 가장 중요한 장면이기 때문에 치유가 계속 필요합니다. 특히 사모님은 다른 사람보다 더해요. 내면 깊은 곳의 상처는 오래, 여러 번 치유받아야 되는 경우도 많이 있습니다."

이번엔 더욱 깊은 치유가 일어났다. 그때 내가 무슨 색, 어떤 모양의 옷을 입고 있었는지가 첫 치유 때보다 더 정확하게 보였다. 나는 사랑하는 아버지의 모습을 보기가 두려워 대문 뒤로 도망갔다. 키가 작아 아버지의 시신이 잘 안 보여 까치발로 서서 두 눈을 가리고 아버지의 시신을 빼꼼히 쳐다보았다. 아버지 시신 앞에서 사진을 찍을 때 나를 한참 찾았다는 것은 하도 들어서 알고 있는 사실이나, 내가 어디로 도망갔는지는 나를 비롯해 우리 가족들도 몰랐다. 그러나 주님은 바로 그 자리에서 다 보고 계셨다. 내가 기억하지 못하는 순간에도 함께하셨음을 깨닫게 해주셨다.

주님은 이 글을 읽는 모든 분들의 삶 속에도 함께 계신다. 당신이 가장 고통스럽고 슬픈 순간이나 기쁜 순간에도 주님이 보고 계신다는 것을 기억하길 바란다. 과거, 현재, 미래 모두에 계셔서 언제나 우리를 도우신다. 우리는 하나님이 이해가 안 되어서 이렇게 질문할 때가 있다.

"하나님, 그때 왜 날 안 도와주셨어요? 좋으신 하나님이라면서 왜 나에게 이런 일을 허용하신 거예요? 하나님이 계시다면 내 삶에 이런 일이 없었어야 하지 않나요?"

하나님은 잘못이 없으시다. 우리 삶에 일어나는 나쁜 일은 하나님이 하신 게 아니다. 다만, 하나님이 허용하실 때가 있다. 우리가 하나님의 뜻을 다 이해하지 못할 때 중요한 것은, 그럼에도 여전히 하나님의 선하심을 믿는가 하는 것이다. 모든 것이 합력하여 선을 이루게 하심을 안다 해도 이미 일어난 일에 대해서는 어떻게 반응해야 할까? 하나님의 선하심을 신뢰해야 한다. 하나님은 우리가 고통 가운데 있을 때 지켜보시기만 하는 게 아니라 그 고통 속으로 들어오신다. 그게 십자가의 의미다. 지금은 이해할 수 없어도 하나님을 신뢰하면 때가 되었을 때 하나님의 뜻을 깨닫게 해주신다.

주님은 더 과감하게 날 치유해 주셨다. 내가 상처받은 것도 회개해야 했고, 다른 사람을 억울하게 한 것도 치유받아야 했다. 날 버리고 간 아버지를 미워하고 용서하지 못한 것에 대해서도 하나님께 용서를 구했다. 당연히 회개와 용서가 전제되었다. 내 삶에 아버지의 죽음을 끌어들여 스스로 비극을 초래했다는 것을 그제야 알았다. 나를 비참하게 만든 것을 다 파하고 끊어내니 깊은 평안이 찾아왔다. 하나님을 향한 신뢰가 점점 쌓여가고 있었다.

토요일이 치유받는 날이라 난 일주일 내내 그날만 기다렸다.

한 번 가면 1시간 30분 정도 치유를 받는데, 그 시간 내내 성령의 불로 차디찬 몸과 마음을 태우고 왔다. 치유자가 "사모님은 더욱더 많이 태워야 해요"란 말을 자주 했다.

성경에 여호와는 "소멸하는 불"신 4:24이라고 하였다. 하나님이 모든 죄와 상처들을 태우는 불과 같다는 뜻인데, 하나님의 거룩한 불 앞에 차갑게 굳어져 있던 내 마음과 몸이 녹아내렸다. 내면에 채워져 있던 온갖 쓰레기도 성령의 불로 다 소멸되어갔다. 할렐루야!

고등학교 졸업 후에 한 친구와 같이 생활한 적이 있다. 무척 착한 애인데 나중에 알고 보니 세상 말로 팔자가 사나웠다. 구체적으로 말하긴 어렵지만, 그녀의 삶은 복잡한 문제로 가득했다. 그때는 그 친구가 그런 환경인 줄 전혀 몰랐다. 내 거처 문제가 심각한 상황이라 그녀와 함께 며칠 생활했는데, 그 친구와 헤어지고 난 뒤 그녀가 겪고 있던 문제를 내가 똑같이 겪게 되었다.

그 친구가 갖고 있던 문제와 똑같은 문제를 치유받게 되던 날, 성령님은 처음 방에서 어떤 문제를 해결하다 말고 갑자기 다른 방으로 나를 데리고 가셨다. 그 방에서 한 이미지를 떠올리게 하셨는데,

물레방아가 빙글빙글 돌고 있는 것이었다. 무슨 뜻인가 의아해하는데 함께 있던 보조 치유자가 '제자리걸음'이라고 했다. 우리는 성령의 인도하심에 따라 물레방아가 돌던 방을 나와 그 문제와 연결된 또 다른 방으로 갔다. 그 방에서 연결되어 있던 문제를 끊고, 다시 물레방아가 돌던 방으로 들어가 핵심 문제를 끊고 처음 방으로 돌아갔다. 그리고 그 방을 나왔다. 정말 신기한 하나님의 방법이었다. 그러고서야 그 문제가 나에게서 떨어져 나가며 해결되었다. 이미 지나간 과거는 되돌릴 수 없지만, 예수님 안에 치유가 있음을 기억하라. 예수님이 우리를 구출하신다. 꼬인 실타래는 주님만이 푸실 수 있다.


### 말의 독소

어렸을 때 언니는 내가 피아노를 열심히 안 친다며 종종 회초리로 때리고 호되게 다그쳤다. 그리고 피아노를 잘못 칠 때마다 이렇게 말하곤 했다.

"바보야, 이것도 하나 못 치니?"

내가 좋은 피아니스트가 되길 바라는 마음에서 모질게 말했음을 이해한다. 그러나 그 말의 위력은 대단했다. 지나친 애정에서 나오는 독소 섞인 말이 내 머리와 마음에 쫙 퍼졌다. 그 말들이 나를 바보로 만들었고, 낮은 자존감을 형성하게 했다.

'난 바보야!'

치유 시간에 하나님이 그 부분을 떠올리게 해주셨다. 나를 왜곡해서 보게 하고 돌머리로 만든 몹쓸 말들. 그것을 고스란히 받아들인 것에 대해 용서를 구하고 회개했다. 그 말을 받아들임으로 스스로에게 미친 모든 영향력을 예수의 이름으로 파쇄했다. 그 뿌리를 예수 이름의 능력으로 끊어버리자 난 그 말의 영향력으로부터 해방되었다. 할렐루야!

내가 피아노 연습을 안 한다고 여러 차례 회초리로 때린 언니도 용서했다. 낮아질 대로 낮아진 자존감도 되찾았다.

주님께서 가르쳐주신 대로 거울을 보며 선포했다.

"손동연! 너는 주님의 최고의 걸작품이다, 걸작품! 너는 이 세상에서 최고야."

이 글을 읽는 당신도 분명 하나님의 최고의 걸작품이다. 바보가 아니다. 모자란 사람도 아니다. 내가 연약할 때 주님이 나의 강함 되심을 기억하라. 주님이 옆에 계시며 일으켜주신다. 당신은 승리자다. 일어나라! 주님께서 우리에게 생명까지 주셨기에 우리는 스스로를 가치 없게 여겨서는 안 된다. 자신을 하찮게 여기는 것은 생명까지 주신 예수님의 은혜를 무시하는 것과 같다. 은혜를 받지 않겠다고 거절하는 것과 같다. 낮은 자존감을 갖고 사는 사람을 보면 몹시 안타깝다. 많은 사람들이 자신의 단점이 자신의 전부인 양 생각하는데, 그것은 사실과 전혀 다르다. 과거의 나처럼 자기 스스로가 만든 허상이며 거짓이다. 나는 철저하게 속았었다.

내가 만났던 두 사람의 이야기가 있다. 한 사람은 인생이 순탄치 않고 계속 꼬이기만 했다. 결국 가정이 파탄 날 지경에 이르렀다. 어렸을 적, 어머니가 전교 꼴찌를 한 자신을 향해 "저거 갖다 버려!"라고 했단다. 그는 그 말을 평생 가슴에 지니고 자신은 쓸모없는 인간이라 생각하며 자포자기하고 생을 살았다.

또 한 사람은 사춘기 시절에 하도 속을 썩여 부모가 야단치며 말했다.

"너는 다리 밑에서 주워 온 자식이지, 우리 아들이 아니야."

아들은 그 말을 고스란히 믿었다. 평생 자신이 어디서 왔는지 고민하며 혼돈 가운데 지냈다. 실제로 그는 64세가 될 때까지 그 고민에 빠져 있었다.

말 한마디가 누군가의 인생에 미치는 영향이 얼마나 큰지 알겠는가? 그러므로 말 한마디라도 함부로 할 일이 아니다. 살아오면서 들었던 잘못된 말이 있다면 그 말의 뿌리를 예수 이름의 능력으로 끊으라. 나에게 잘못된 말을 했던 사람을 용서하고, 스스로 그 말에 동의하며 받아들였던 것을 회개해야 한다. 우리 모두 사람들을 사랑하며 살기를 바란다.

많은 사람들이 자신의 장점은 모른 채 오히려 단점만 보며 사는 것이 안타까울 뿐이다. 그 사실을 말해 주어도 전혀 믿지 않고 오히려 강하게 부정하는 사람들도 많았다. 오랫동안 자연스레 뿌리 박혀 온 인식 때문인데, 자신에게 속았다고나 할까? 이 인식을 무엇으로 바꿀 수 있을까? 사람들이 나에 대해 잘못 말한 것으로부터 용기 있게 벗어나야 한다. 하나님께서 아브람과 야곱의 이름을 바꿔주신 것을 생각해 보라. 내가 누군지를 정의해 주시는 분은 하나님이시지 사람들이 아니다. 하나님께서 내게 뭐라 말씀하시는지가 중요하다. 주님께 묻고 그 음성을 들으라.

하나님은 나를 누구라 하시는가?

## 음악 치유

내게 가장 소중하지만 나를 가장 힘들게 한 피아노, 꽤 오랜 세월 피아노를 칠 수 없었기에 그 이유를 주님께 여쭈었다.

"주님, 왜 제가 피아노를 칠 수 없었나요? 연습하면 할수록 더 안 되고 머리가 아파 도저히 칠 수가 없었어요. 얼마나 오랜 시간 열심히 연습했는지 주님은 다 아시지 않습니까?"

"동연아, 잘 들어라. 이 세상의 모든 음악은 다 하나님을 찬양해야 한단다. 음악은 선한 마음과 남을 사랑하는 마음으로 해야 해. 그런데 너는 악으로 피아노를 쳤다. 경쟁심과 이기심, 욕심으로 가득 차서 마치 전쟁에 나가는 것처럼 음악을 했지. 너처럼 경쟁심과 욕심으로 음악을 하면 악이 틈타는 거야. 음악이 우상이 되고 만다. 그래서 네가 피아노를 칠 수 없게 된 것이다. 내가 그렇게 만든 것이 아니고 네 스스로 그렇게 만들었다."

주님의 말씀은 명확한 사실이었다. 그 말씀을 들으니 너무나 창피하고 부끄러워 후회가 밀려왔다. 주님은 내가 피아노 연습을 할 때도, 연주할 때도 옆에 계셨다. 그 추운 날 콘트라베이스 통에서 잘 때도 보고 계셨다. 출세를 위해 경쟁심과 욕심으로 가득해 피아노를 칠 때도 다 보고 계셨다.

경쟁심과 악으로 피아노를 쳤으니 내가 과거에 했던 음악은 빙빙 돌며 헛고생한 것이었다. 알코올 중독자가 술을 먹지 않으면 못 견디듯, 나는 한시라도 피아노를 치지 않으면 못 견딜 정도로 피아노에 중독되어 있었다. 피아노 연습을 하면 할수록 머리가 아프고 쥐어짜야만 했다. 도대체 음악을 이렇게 해서야 되겠는가?

이번엔 기도를 매우 많이 했다. 피아노에 중독된 것을 예수의 이름으로 끊어버렸다. 예수님께서 십자가의 능력으로 나를 자유케 하셨다. 할렐루야! 음악을 하는 가장 쉬운 방법은 주님이 주신 지혜와 마음으로 하는 것이다. 그동안은 피아노 연주 음반을 내기 위해 수없이 도전을 했어도 잘 되지 않았다.

## 하나님이 주시는 최고의 선물, 치유

그날은 치유자가 주님께서 옷에 대한 부분을 치유하신다고 했다. 하나님은 항상 내가 치유 장소에 오면 그날 치유할 것을 치유자에게 생각나게 하셨다. 치유자가 옷에 관해 뭐 생각나는 것이 없느냐고 물었다. 갑자기 세종대에서 학생을 가르치던 시기의 일이 생각났다. 장충동 국립극장 대극장에서 오케스트라와 협연할 때다. 미처 생각하지 못했는데 드레스 밖으로 속옷 끈이 나오는 바람에 너무 수치스러웠던 기억이 떠올랐다. 그 후로 연주 때 왔던 사람을 만나기도 싫고, 그때 일은 생각하기도 싫었다.

주님이 말씀하셨다.

"그것은 너만 아는 것이고, 다른 사람은 별로 신경 쓰지 않는 부분이다. 관중 쪽에서는 잘 보이지도 않으니 너무 마음 쓰지 않아도 된다."

주님의 그 한마디로 나는 자유하게 되었다. 나 혼자 쓸데없이 눌리고 걱정했던 것이다. 주님께서는 나를 그 망신의 상처로부터 탈출시켜주셨다. 다른 사람들의 시선으로부터, 수치스럽고 부끄러웠던 기억으로부터….

당신에게 생각하기도 싫은, 떠올리면 민망하고 부끄러운 기억이 있다면 예수님께 내어드리라. 그 부분을 치유해 주실 것이다. 예수님을 바라보면 다른 사람들의 시선이나 상황이 나를 흔들 수 없다는 것을 알게 된다.

그날 치유 이후로 아무 옷이나 손에 닿는 대로 입고 다니는 버릇도, 여름에 겨울옷을 입는 버릇도 없어졌다. 과거의 수치심에 매여 있던 나를 풀어 자유케 해주시니 하나님의 치유 방법은 참으로 신비롭고 다 이해할 수 없는 세계였다. 내 어린 시절의 시련과 고통은 나의 신앙에, 그리고 마음이 상한 자들을 위로하고 이해하는 데 큰 도움이 되었다. 치유받은 후부터는 사람을 겉모습으로 판단하지 않고 그 동기나 원인, 뿌리를 살피게 되었다. 아버지가 감옥에서 "나를 옥에 가둠은 나에게 유익이요 하나님의 축복입니다"라고 한 말이 조금은 이해가 된다.

참으로 고난은 믿음에 도움이 된다.

### 예수 보혈의 능력

어느 날 자다 악몽을 꾸고 소스라치게 놀라며 깨어났다. 꿈속에서 나 하나를 죽이려 여섯 명의 마귀가 맹렬한 기세로 달려드는 것이 아닌가! 두 명씩 짝을 짓더니 세 줄로 서서 무기를 들고 나를 죽이는 연습을 하고 있었다. 얼마나 살기등등하던지 나는 꿈속에서도 놀라 다른 길로 피해 달아났다. 그 꿈을 꾼 다음 날부터 난 시름시름 앓기 시작했다. 급기야 자리에서 일어나지도 못했다. 이러다 죽는구나 싶었다. 아무 이유도 없고 원인도 몰랐다. 살고 싶은 마음이 간절해 옆집에 사는 전도사 부부를 집으로 모셔와 기도를 받았다. 그분들이 나를 부축하여 집 근처에서 열리고 있던 큰 집회에 데리고 갔다. 외국인 집회 강사가 말했다.

"여러분 중에 혹시 질문하고 싶은 분 있으면 일어나세요."

나는 주님이 주신 기회다 싶어 창피를 무릅쓰고 어떤 질문을 했다. 그런데 그분은 내 질문에는 관심도 보이지 않고 깜짝 놀라며 말했다.

"성도님, 당신 등 뒤에 큰 칼이 세 개 꽂혀 있네요! 옆에 계신 분 빨리 일어나서 예수의 이름으로 그 칼을 빼세요." 마귀가 날 공격했던 모양이다.

그때 내 옆에 있던 어떤 목사님 같은 분이 일어나 큰소리로 "예수 이름으로, 예수 보혈의 능력으로 칼이 빠질지어다!" 하며 내 등 뒤에서 칼을 힘껏 빼는 시늉을 했다. 눈에 보이는 칼은 아니었지만 그분은 믿음으로 그 칼을 뽑았다.

그런데 그 이후로 내 병세가 점점 호전되었다. 예수의 보혈이 무엇이길래! 이 세상의 아무리 강한 세력도 '예수의 피' 앞에서 아무 힘도 쓸 수 없음을 보게 되었다. 사용하지 않으면 아무 능력이 없기에 나는 거의 이 말을 입에 달고 다녔다.

"예수의 피, 예수의 보혈!"

난 예수의 보혈의 능력으로 치유받고 완전히 다른 사람이 되어 그곳을 나오게 되었다. 치유의 과정 가운데 정말 중요한 것은 보혈의 능력을 믿는 것이다. 죄를 깨끗하게 하시고, 상처를 치유하시며, 악한 세력으로부터 자유케 하시고 보호하시는 그 능력을!

### 열등감의 치유

어떤 날은 치유자가 하나님이 열등감을 치유하실 것이라고 말했다. 나에게 분명히 열등감이 있긴 한데 무엇이 원인이며, 어떤 방법으로 치유하실지 자못 궁금했다. 하나님이 떠올리게 해주신 것은 음식에 관한 열등감이었다. 나는 정말 요리를 못했다. 이 점은 친정 식구들이 다 아는 사실이다. 첫째아들이 이렇게 말한 적도 있다.

"엄마는 무슨 음식이든 만들었다 하면 다 버려놔. 너무 맛이 없어!"

둘째아들도 어렸을 때 다른 건 몰라도 내가 만든 음식은 진짜 못 먹겠다고 했다. 커서도 내가 만든 음식이 맛없었던 것만 기억에 남는다고 할 정도였다.

어렸을 때는 떠돌아다녔기 때문에, 그리고 결혼 전엔 레슨과 연주로 바빠 요리를 해볼 기회가 없었다. 우리 집엔 항상 도우미 아주머니가 있었다. 결정적으로 대학 때부터 머리가 심각하게 아프기 시작해 더더욱 음식을 만들 수가 없었다. 그런 연유로 '난 요리를 못한다'라는 열등감에 시달렸고, 혹 요리를 해야 하는 상황이 되면 피해버리기 일쑤였다.

내가 요리를 잘 못한다는 사실은 이미 시댁에까지 소문이 나 있었다. 난 시댁에 가기 전부터 주눅이 들어 있었다. 그런데 그 부분을 치유해 주신다니 사뭇 기대가 되었다. 내면에 숨어 있고 틈새에 끼어 있는 감정이었기에 이 부분까지 만져주시리라고는 상상하지도 못했다.

다른 치유처럼 구체적인 방법이 생각나지 않는 것이 조금 아쉬운데, 그날 성령의 인도하심에 따라 예수의 보혈로 열등감을 끊어버렸다. 또 요리를 잘하도록 능력을 부어주시고 도와달라고 믿음으로 구했다. 과연 그 후로는 제법 맛있는 음식을 만들게 되었다. "역시 주님은 최고의 치유자야!"라는 감탄이 저절로 나올 정도다. 남편이 말한다.

"당신, 이제 음식 맛있게 만들잖아."

두 아들도 이제 그런 말을 하는데 결코 농담이 아니다. 주님은 이런 부분까지 치유해 주시는 선한 분이시다.

# 3. 하나님의 용서와 사랑

### 용서와 사랑의 능력

나는 대단한 바보였다. 가장 가까운 곳에 든든하고 절대적인 보호자가 있었는데도 눈치채지 못했다. 아니, 없는 존재로 여기며 살아왔다. 두 눈을 감고 귀를 닫고 살았기에 지금껏 고아 아닌 고아로 살아온 게 당연하지 않은가? 보호자 없던 내 50여 년의 세월은 억울함과 허무함만 가득했다. 그 옛날 오갈 곳이 없을 때 주님을 보호자로 생각했더라면, 주님을 향한 믿음을 갖고 의지했더라면 내 인생은 진작 달라졌을 것이다.

그러나 지금이라도 주님을 만나게 되어 얼마나 감사한지 모른다. 지금도 잊을 수가 없다. 주님이 나를 만나주셨던 그 시간들을…. 그분의 인자하심과 자상함, 사랑을 어떻게 잊을까? 주님은 나의 머리부터 발끝까지, 신체의 전 기관을 새롭게 해주셨다. 분노와 울분으로 50여 년 동안이나 고장 나 있던 신체의 모든 기관을 고쳐주셨다.

피와 뼈와 살, 그리고 오장육부 등 모든 기관이 회생불능이었던 나를 성령의 능력을 탑재한 무적의 영적 인생으로 만들어주셨다.

이제 내 마음엔 하나님을 향한 사랑과 신뢰가 굳게 자리 잡고 있다. 내 앞을 가로막고 있던 담이 다 허물어지고, 응어리로 남아 있던 토치카도 와르르 무너졌다. 내가 경험한 모든 치유의 현장에는 용서와 회개, 용서를 넘어선 사랑이 가득했다. 사랑을 동반한 용서는 치유에 필요한 엄청난 능력을 가져온다.

비로소 나는 깨닫게 되었다.

왜 우리 아버지가 예쁜 막내딸을 버렸는지, 나와 오래도록 행복하게 살 수 있었는데 왜 먼저 하늘나라로 갔는지, 나보다 훨씬 더 밉고 냄새까지 지독한 한센인들을 왜 나보다 더 사랑했는지를, 그리고 돌아가실 때도 눈을 감지 못해 어머니가 뜬 눈을 감겨드리며 "애양원 걱정 그만하고 이제 편안히 눈 감고 가소" 하고 말했는지를….

그것은 모두 하나님을 향한 사랑의 표현이었다. 하나님의 놀라운 사랑을 받은 아버지는 자신의 삶을 사랑의 예물로 하나님께 올려드린 것이다.

두 아들을 죽인 자를 양자로 삼을 수 있었던 것은, 하나님이 아버지의 마음을 움직이셨기 때문이다. 아버지는 하나님의 사랑 때문에 한센인들을 사랑하게 되었고, 순교할 수 있었다. 아버지는 주님께서 보이신 화해와 용서, 사랑의 본보기로 이 땅에 심부름 온 작은 자일 뿐이다. 우리가 보기에 위대한 사람도 하나님 앞에서는 한낱 인생일 뿐이다. 아버지는 어디까지나 사람이지 신이 아니다. 아버지가 특별해서도 아니요, 오직 성령님께서 역사하심으로 원수를 사랑하도록 하신 것이다. 하나님이 우리를 먼저 사랑하셔서 우리가 다른 이들을 용서하고 사랑할 수 있게 되었으니 주께만 영광 돌릴 일이다.

# 4.
# 나는 하나님의 막내딸

### 나에게 목말을 태워주신 또 다른 아버지

어느 치유의 날이었다. 치유 시작과 함께 어느새 난 세 살 때로 돌아가 있었다. 치유가 한창 진행되고 있을 무렵 치유자가 말했다.

"어머나, 사모님! 주님이 아기인 사모님을 팔에 안고 자장자장 재워주시네요."

치유자는 내가 어렸을 적 아버지가 나에게 해주셨던 모습 그대로를 재연했다. 아버지가 나를 안고 손으로 자장자장 재우는 모습이다. 그 치유자는 그때까지도 내가 누구인지, 또 나의 과거에 대해 아무것도 몰랐다. 주님이 그때 그 장면을 치유자에게 보여주신 것이 지금 생각해도 놀랍다.

내가 '아버지가 아기인 나를 재우려 할 때 내가 아버지 수염에 찔릴까 봐 이 방 저 방으로 도망 다니지 않던가요? 아버지가 나를 억지로 붙잡아 재우시진 않던가요?' 하고 물어볼까 하는데, 놀랍게도 치유자가 연이어 말했다.

"어머나, 사모님! 아버지 대신 하나님께서 아기인 사모님을 목에 앉혀놓고 목말을 태워주시네요."

그러면서 자신의 목에 손을 대며 목말 태우는 시늉을 했다. 나는 그 자리에서 고꾸라지고 말았다.

우리 자신의 내면을 무엇으로 채우는지가 얼마나 중요한지 생각해 보았는가? 나는 나의 내면을 아버지의 시신과 온갖 죄악, 상처라는 쓰레기로 채웠다. 아버지는 나의 우상이었다. 피아노도, 남편도, 세상의 출세도 전부 나의 우상이었다. 우상덩어리, 우상투성이…. 언제나 하나님을 최우선순위로 두어야 하는데, 온갖 다른 것들로 하나님의 자리를 채우려 했다. 그런데 내 삶을 망가뜨렸던 그 모든 것으로부터 하나님이 날 자유케 하셨다. 내 아버지가 되셨다. 이제 나는 하나님 아버지의 영원한 막내딸 손동연이다.

내 아버지가 이 땅에 온 것은 하나님의 사랑을 실천하기 위함이었다. 어렸을 때 아버지는 하늘의 별이라도 따달라면 따주고, 겨울에 여름 과일을 찾아서라도 사다 주실 분이었다. 그런데 하나님은 그보다 더한 것도 주실 분이었다. 독생자 예수님까지 주시지 않았는가? 내가 순교자의 자녀라는 이유만으로 주님께서 이런 축복을 주신 거라곤 생각하지 않는다. 주님은 그 모든 자녀에게 이러한 축복을 주길 원하신다. 그래서 지금도 우리에게 물으신다.

"네가 낫고자 하느냐?"

나는 진짜 낫고 싶었다. 낫고자 하는 나의 갈망이 너무 컸기에 끝까지 치유해 주셨다고 주님께서 여러 번 말씀하셨다. 하나님은 간절함으로 찾고, 두드리고, 마음을 열어드릴 때 치유하신다. 진정한 치유자는 오직 하나님뿐이다. 주님을 모르고 내 힘으로 산 세월은 구겨진 종잇장 같은 인생이었다. 뒤죽박죽, 엉망진창, 진흙탕에서 뒹구는 인생이었다. 온몸에 진흙이 묻은 것도 모른 채 살았다. 왜 그토록 치열하게 내 힘으로 살았을까 생각하면 지금도 후회가 가득하다. 사람의 인생이란 무엇일까? 예수님을 알고 그분을 믿는 것이 전부가 아닐까? 내가 태어난 안마당은 나를 잊을지라도 주님만 나를 버리시지 않으면 그것으로 충분하다.

"마당아, 이제 우리 집에 얽힌 그 모진 기억을 잊어도 괜찮으리."

예수를 믿어보세

손동연

한 줌 흙으로 가는 인생인데
뭘 그토록 욕심부리며 살았소
솔로몬은 헛되고 헛되며 모든 것이 헛되도다 하였으니
이제 그만하면 되었구려
되돌아올 수 없는 인생
살 만큼 살았으면 욕심 없이 허허허 웃고 사세!
이제 예수를 잘 믿어보세
크고 두려운 날이 오기 전에

예수를 진심으로 믿어야 한다. 주님은 성경 속에만 계신 분이 아니고, 원하는 자 누구에게든지 '지금' 생수를 주시는 분이다.

이제 내 안에 저장되어 있던 아버지의 시신이 온데간데없이 사라졌다. 울지 않는 병에 걸려 절대 울지 않던 내가 지금은 은혜받고 얼마나 잘 우는지 모른다. 웃음도, 피아노도, 예전에 잃어버렸던 모든 것을 다 되찾았다. 무엇보다 중요한 것은 하나님을 되찾았다는 사실이다. 치유가 깊어질수록 상처가 줄어들고 모든 외부의 문제들이 다 풀려갔다. 상처받을 일이 올 것 같으면 믿음의 방패를 들고 적당히 대처할 수 있게 되었다. 하나님으로 인해 이런 치유의 기쁨을 누리게 된 것이 얼마나 감사한지 모른다. 내 인생에 강력하게 영향을 준 사건은 크게 세 가지로 말할 수 있다.

아버지의 죽음을 목도한 것과 피아노를 만난 것, 그리고 내적치유를 받으며 하나님을 만난 것이다.

이 모든 치유의 과정을 하나님의 은혜로 통과했음을 고백한다. 하나님의 은혜를 빼고는 내 인생을 설명할 수가 없다.

치유받기 전에는, 부모님이 어떻게 살았는지조차 돌아볼 마음의 여유가 없었다. 그 일을 대면하는 것은 내게 크나큰 아픔을 주는 것이었다. 대단한 용기가 필요한 일이었다. 그러나 하나님께서 내 삶에 개입하시기 시작했을 때 아버지와 어머니의 삶을 돌아볼 용기가 생겼다. 부모님이 어떻게 이렇게 사실 수 있었을까? 부모님이 대단해서가 아니라 그분들이 하늘에 소망을 두었기 때문이다.

살아 계신 하나님께 소망을 둔 자는 이 세상 너머에 더 좋은 세상이 있음을 이미 본 사람이다. 천국이 있음을 확실히 믿고, 하나님이 가장 좋은 것을 주시는 분임을 믿는 사람이다. 우리가 그런 사람이라면 이 땅에서 하나님을 향한 '믿음', 천국을 향한 '소망', 하나님의 '사랑'으로 살아야 하지 않을까?

살다 보면 슬픈 일도 있고, 기쁜 일도 있다. 억울할 때도 있고, 유쾌할 때도 있다. 그리고 우리 어머니처럼 사신 분도 있다. 어머니는 한평생 슬픔과 억울함을 안고 살 수도 있었지만 하나님만 의지함으로 고난과 고통을 헤쳐 나갔다. 어쩌면 어머니가 겪은 고난은 나중 영광을 위한 것이 아니었을까? 때론 넘어질 때도 있었으나 주님이 지켜주시고 힘 주셨기에 일어날 수 있었다.

어머니와 내가 고통 가운데 허덕이고 있을 때도 주님은 역사하고 계셨다. 창조주 하나님, 하나님 아버지께서 항상 지키시고 인도해 주셨다. 주님은 분명히 살아 계시며 항상 우리 편이시다. 영원히 우리를 떠나지 아니하리라고 약속하셨다. 나를 사랑하는 막강한 지원자가 계신다는 사실을 믿을 때 용서를 넘어선 사랑을 할 수 있다.

다시 강조하지만, 마음속으로 미워하는 사람이 있다면 용서하길 바란다. 내 원수, 내가 미워하는 사람, 나를 억울하게 한 자가 중요한 게 아니다. 천국과 지옥은 분명히 있는데, 미워하고 용서하지 못해 가장 중요한 하늘나라를 놓치고 있지는 않은지 생각해 봐야 한다.

그런 일로 천국을 빼앗길 순 없지 않은가? 천국은 실망할 일도, 억울할 일도, 시험당할 일도 없으며 끔찍한 일도 없다. 하나님의 영광이 천국을 비추사 어두움이 조금도 없다. 완전한 기쁨과 평안이 가득한 곳, 내 눈물을 닦아주시는 아버지의 사랑이 충만한 곳이다.

언젠가 아버지와 두 오빠, 어머니를 마주하게 될 그날, 무엇보다 사랑하는 하나님 아버지를 온전히 뵙게 될 그날은 말할 수 없는 기쁨이 충만하리라. 이 땅에서의 삶은 결국 천국을 소망하며 예수님을 알아가는 시간이 아닐까? 생을 마감하는 그날까지 주어진 시간을 누리자. 고난 가운데서도 주님을 향해 달려갔던 사도 바울처럼….

"오! 내가 주를 더 알기를 원하나이다."

## 마치는 말

얼마 전 어떤 분의 장례식장에 갔다. 그 유가족이 80세가 넘어 보이는 할머니에게 나를 소개했다.

"할머니, 이분이 손양원 목사님 셋째 딸이에요."

내 소개를 들은 할머니가 무척 반가워하며 이야기를 쏟아내기 시작했다.

"네가 손 목사님 막내딸 동연이냐? 아따, 세월이 벌써 이렇게 흘렀다냐. 내가 느그 집에 같이 산 적도 있고, 바로 옆집에 산 적도 있재. 느그 집 창문 앞을 오가다 보면, 느그 아버지가 어찌나 너를 안고 뽀뽀하고 물고 빨고 하던지 말도 못했어야. 너 겁나게 이뻤어야. 느그 아버지가 니가 이뻐서 말도 못했재. 너가 네 살 때 아버지가 돌아가셨당께. 널 두고 어찌 죽어부렀는지…."

너무나도 생생하게 아버지와 나를 기억하고 있었다. 그분의 기억 속에는 아버지가 날 사랑하던 모습만 가득한 것 같았다. 나를 보니 더욱 옛 생각이 나는지 끝도 없이 이야기가 이어졌다. 계속 듣다가는 아버지 생각에 눈물이 쏟아질 것만 같아 얼른 화제를 돌려버렸다.

이분은 차진국이 아버지의 유언을 전해줄 때도 동네 사람들과 함께 그 자리에 있었다. 차진국의 증언 부분이 마무리가 안 되어 시간만 흘려보내고 있었는데, 뜻밖에도 이분을 통해 차진국의 이야기를 듣게 되었다. 잃어버린 퍼즐 한 조각을 또 찾은 기분이랄까? 얼마나 놀라운 하나님의 인도하심인지….

어쩌면 당신은 자신의 인생의 퍼즐 조각 하나가 어디에 있는지 아직은 모를 수 있다. 그러나 하나님의 인도하심을 구한다면 분명히 그 조각을 찾을 수 있을 것이다.

하나님은 우리 아버지가 날 너무나도 사랑했다는 이야기를 수십 년이 지난 지금까지도 듣게 하신다. 문득 오래전 하나님이 내게 찾아오셔서 나를 치유해 주신 기억이 떠올랐다.

"동연아, 너를 사랑한다."

그 하나님은 여전히 날 사랑하고 계신다. 내 아버지와 하나님 아버지의 사랑을 생각하면 지금도 마음이 울컥한다. 어찌 그 놀라운 사랑을 전하지 않을 수가 있을까? 그래서 난 지금도 하나님의 살아계심과 인도하심에 대해 나눌 기회가 있을 때마다 힘을 다해 간증하며 살아간다.

## 참고 문헌

백영희, 《백영희 목회설교록 181호》, 부산: 백영희목회연구소, 1989.

손동희, 《나의 아버지 손양원 목사》, 서울: 아가페출판사, 2014.

손동희, 《사랑의 순교자 손양원 목사 옥중 목회》, 서울: 보이스사, 2003.

손양원, 《성경대로 살자》, 여수: 손양원목사순교기념사업회, 1991.

신윤식 편, 《순교자의 길》, 산돌손양원기념사업회, 2015.

안용준, 《사랑의 원자탄》, 서울: 성광문화사, 2011.

애양원, 《애양원과 손양원 목사》, 여수: 애양원 성산교회, 2005.

이광일, 《손양원 목사의 생애와 사상》, 여수: 손양원목사순교기념사업회, 1999, p.31.

이상규, "손양원 목사의 삶과 신앙", 순교 66주년 예배 강연, 2016.

이영인, 《신풍의 90년 교회사》, 백영희목회연구소, 2009.

차종순, 《애양원과 사랑의 성자 손양원》, 서울: 한국고등신학연구원(KIATS), 2008.

칠원교회, 《칠원교회사》, 2009.

# 손양원의 유산

1판 1쇄 인쇄 _ 2024년 7월 15일
1판 1쇄 발행 _ 2024년 7월 20일

지은이 _ 손동연
펴낸이 _ 이형규
펴낸곳 _ 쿰란출판사

주소 _ 서울특별시 종로구 이화장길 6
편집부 _ 745-1007, 745-1301~2, 743-1300
영업부 _ 747-1004, FAX 745-8490
본사평생전화번호 _ 0502-756-1004
홈페이지 _ http://www.qumran.co.kr
E-mail _ qrbooks@daum.net / qrbooks@gmail.com
한글인터넷주소 _ 쿰란, 쿰란출판사
페이스북 _ www.facebook.com/qumranpeople
인스타그램 _ www.instagram.com/qrbooks
등록 _ 제1-670호(1988.2.27)

책임교열 _ 이주련·신영미

ⓒ 손동연 2024  ISBN 979-11-6143-868-9  03230

책값은 뒤표지에 있습니다.
이 출판물은 저작권법에 의해 보호를 받는 저작물이므로 무단 복제할 수 없습니다.
파본(破本)은 구입처에서 교환해 드립니다.